道路照明测量技术

ROAD LIGHTING MEASUREMENT TECHNOLOGY

编 著

秦大为

编 委

杜 晓　尤 源　任军军

陈忠军　征 汶　虞秋波

钱 伟　宋金德

南京大学出版社

图书在版编目(CIP)数据

道路照明测量技术 / 秦大为编著. --南京:南京
大学出版社,2021.6
ISBN 978-7-305-24610-4

Ⅰ. ①道… Ⅱ. ①秦… Ⅲ. ①公路照明-电气测量
Ⅳ. ①U491.5

中国版本图书馆 CIP 数据核字(2021)第 116593 号

出版发行　南京大学出版社
社　　址　南京市汉口路 22 号　　　　邮　编　210093
出 版 人　金鑫荣

书　　名　**道路照明测量技术**
编　　著　秦大为
责任编辑　吕家慧　　　　　　　　编辑热线　025-83686531

照　　排　南京南琳图文制作有限公司
印　　刷　徐州绪权印刷有限公司
开　　本　787×1092　1/16　印张 15.5　插页印张 0.25　字数 430 千
版　　次　2021 年 6 月第 1 版　2021 年 6 月第 1 次印刷
ISBN 978-7-305-24610-4
定　　价　120.00 元

网址:http://www.njupco.com
官方微博:http://weibo.com/njupco
官方微信号:njupress
销售咨询热线:(025)83594756

　　秦大为 教授，毕业于浙江大学电气工程及其自动化专业，CIE高级会员、CSEE高级会员，我国道路照明现场检测技术的开拓者，现任盐城师范学院电光源检测技术研究所所长。长期从事电光源类的课程教学与科研工作，曾被教育部授予全国高等学校实验室先进工作者、被江苏省教育厅授予江苏省优秀教育工作者等光荣称号。在道路照明检测技术领域公开发表学术论文60多篇，出版学术专著3部，获得国家发明专利10余项，有5项专利技术填补了国内道路照明现场检测技术领域的空白，其中一项发明专利技术荣获2020年度阿拉丁神灯奖——最佳技术奖。先后主持了江苏省电光源检测中心等多家第三方检测机构和城市路灯管理部门的电光源检测中心的规划、设计及检测人员培训工作。近年来共指导50余名学生参加全国大学生创新创业大赛和物理技术及实验作品大赛10余次，分获一等奖3次，二等奖4次，为推动我国道路照明技术的科技进步和人才培养作出了积极的贡献。

前　言

　　每当夕阳西下,夜幕降临之际,明亮而温馨的路灯和夜景照明便陆续亮起。夜色中的道路照明与居民的万家灯火交相辉映,点亮了城市的每一个角落,给行人和车辆出行带来了安全保障,给美丽的城市增添了一道道亮丽的风景线。与之相伴的道路照明工程的设计、施工、验收、维修及管理工作也逐步增加,势必需要依靠管理体系的科学化和城市照明的技术进步提供支撑。作为道路照明技术的一个重要领域——道路照明检测技术的应用与推广,无论是对新的道路照明、城市夜景照明、施工工程质量验收检测、老的路灯改造与维修和定期的道路照明质量检测,还是用户对照明电器、设备的使用性能和安全性能的验收测试都是保证施工质量、提高亮灯率、提高城市道路照明水平的一个重要环节。为此,国家和相关主管部门在近年来先后颁发了一系列有关城市道路照明的质量检测标准和技术规范,为城市道路照明的施工质量验收、常规的道路照明效果测量,以及主要照明电器的使用性能和安全性能的验收测试提供了科学、规范、可行的检测依据。

　　目前,系统地介绍道路照明测量技术,尤其是道路照明现场测量技术方面的书籍几乎是空白,显然不能适应我国城建事业迅速发展的需要。为此我们编写此书,以推广普及道路照明测量原理与检测技术,促进道路照明事业的科技进步。本书共分为九章,有常用电光源光学、电学参数的名词解释,道路照明常用光学参数的测量,道路照明常用电学参数的测量等。书中的内容大多是目前道路照明领域最前沿的研究热点,如道路照明眩光测量方法、道路照明的光污染测量方法、夜景照明效果测量方法和照明效果测量机器人、现场测量数据共享云平台数据等。另外,书中还介绍了作者已获得国家专利权的原始创新技术,如新型道路照明测量技术及仪器的研发和应用案例,道路照明管理部门的电光源检测中心的建设方案等全新课题。本书旨在为从事城市道路照明工作的工程技术人员、道路照明产品研发人员和第三方检测机构以及大专院校相关专业的师生提供指导和帮助。作为附录,作者有针对性地收录了相关国家标准与行业规范,供读者参考。

　　路漫漫其修远兮,道路照明测量技术领域尚有许多课题有待我们去探索,去实践。我们将不忘初心,努力前行,并愿意与所有志同道合者携手,努力为祖国的道路照明技术进步作出新的更大的贡献。

　　由于编者水平有限,时间仓促,不当之处在所难免,敬请批评指正。

编　者

2021 年 3 月

目　录

第一章　光学、电学基础知识

　　道路照明测量技术是一门新兴的综合检测领域,其重要性不言而喻,而且该项技术涉及光学、电学等诸多物理量的测量。仅光学物理量而言,它涉及对道路照明的照度、亮度、照度均匀度、平均亮度、亮度均匀度与显色指数、色温指数、光谱曲线以及眩光闪烁、光源的光通量、发光效率、灯具的配光曲线等十余项技术参数。同样在道路照明的电学参数测量中将涉及电压、电流、功率、功率因数、效率、谐波、电磁兼容、电阻、电容、电感等十余种技术参数。为此,本章将对本书所涉及的主要光学、电学参数进行简要的介绍。

1.1　光学基础知识

　　光是以电磁波形式传播的辐射能。电磁波的波长范围极其宽广,最短的如宇宙线,其波长仅 $10^{-14} \sim 10^{-16}$ m,最长的电磁波长可达数千米。波长范围在 $380 \sim 780$ nm(1 nm= 10^{-9} m)的电磁波能使人眼产生光感,这部分电磁波就被称之为可见光。波长大于 780 nm 的红外线、无线电波;波长小于 380 nm 的紫外线、X 射线,这些都不能引起人眼的视觉反应,人眼是看不见的。而不同波长的可见光,在人眼中又产生不同的颜色感觉。可见光部分又分解成红光、黄光、橙光、绿光、青光、蓝光、紫光等七种基本单色光。可见光光谱图如图 1-1 所示。

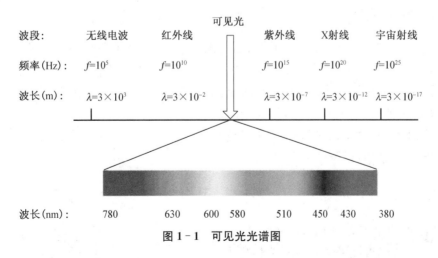

图 1-1　可见光光谱图

　　光和其他所有的电磁辐射一样,在真空中以每秒 30 万千米的速度沿直线传播。当光通过某种物质时如水或空气,其传播速度会减慢。光在真空中的速度和在媒质中的速度比值称为该媒质的折射率,在折射率不同的两种媒质的界面上,入射光线产生折射与发射现象。此外,光在传播过程中还会产生散射、漫反射等现象。

1.1.1 光通量

照明的效果最终由人眼来评定,因此仅用能量参数来描述各类光源的光学特性是不够的,还必须引入基于人眼视觉的光量参数光通量来衡量。

光源在单位时间内向周围空间辐射出去,并使人眼产生光感的能量,称为光通量,用符号 Φ 表示,单位为流明(lm)。

由于人眼对黄绿光最敏感,在光学中以它为基准做出规定:当发出波长为 555 nm 黄绿色光的单色光源,其辐射功率为 1 W 时,则它发出的光通量为 680 lm。由此,可得出某一波长的光源的光通量计算公式如下:

$$\Phi_\lambda = 680V(\lambda)P_\lambda \tag{1-1}$$

式中:Φ_λ——波长为 λ 的光源的光通量(lm);

$V(\lambda)$——波长为 λ 的光的相对光谱光效率;

P_λ——波长为 λ 的光源的辐射功率(W)。

只含有单一波长的光称为单色光。大多数光源含有多种波长的单色光,称为多色光。多色光光源的光通量为它所含的各单色光的光通量之和,即

$$\Phi = \Phi_{\lambda 1} + \Phi_{\lambda 2} + \cdots + \Phi_{\lambda n} = \sum \left[680V(\lambda)P_\lambda\right] \tag{1-2}$$

常见电光源的光通量范围(lm):

白炽灯:225～1500;日光灯:640～3200;钠灯:5600～480 000;白色 LED:400～52 000。

1.1.2 发光强度

光源在空间某一方向上的光通量的空间密度,称为光源在这一方向上的发光强度(简称光强),以符号 I_θ 表示,单位为坎德拉(cd)。光源发出的光线是向空间各个方向辐射的,因此,必须用立体角度作为空间光束的量度单位计算光通量的密度。

图 1-2 所示是一个球体,其半径为 r。由数学理论得知,球面上的某块面积 A 对球心形成的角称为立体角,以符号 ω 表示,且

$$\omega = \frac{A}{\gamma^2} \tag{1-3}$$

立体角的单位是球面度(Sr)。当 $A = r^2$ 时,$\omega = 1$ Sr,整个圆球面所对应的立体角为

$$\omega = \frac{4\pi r^2}{r^2} = 4\pi(\text{Sr}) \tag{1-4}$$

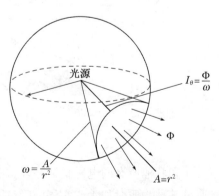

图 1-2 发光强度示意图

综上所述,参看图 1-2,发光强度定义为

$$I_\theta = \frac{\Phi}{\omega} \tag{1-5}$$

式中:I_θ——光源在 θ 方向上的光强(cd);

$\quad\quad$ Φ——球面 A 所接受的光通量(lm);

$\quad\quad$ ω——球面所对应的立体角(Sr)。

1 坎德拉表示在 1 球面度立体角内,均匀发出 1 lm 的光通量,即

$$1\,cd = \frac{1\,lm}{1\,Sr} \tag{1-6}$$

常见光源发光强度(cd):太阳 $2.838 \times 10^{\hat{}}(27)$cd;高亮手电 10 000 cd;5 mm 超高亮 LED15 cd。

1.1.3　发光效率(lm/W)

每一瓦电力所发出的光量,其数值越高表示光源的效率愈高,所以对于使用时间较长的场所,如办公室走廊、走道、隧道等,效率通常是一个重要的考虑因素。

发光效率中的功率通常要根据情境而定,但在很多情况下都指代不明。有时叫辐射发光效率,有时也称电源发光效率。电源发光效率为一种测量电能提供光源发出可见光的效率,也就是辐射通量对输入电功率的比值。辐射发光效率描述为光源提供可见光的效率,也就是光通量对辐射通量的比值。因人眼的结构,并非所有波长的光能见度都一样。红外光和紫外光的光谱对于发光效率不造成影响。光源的发光效率与光源把能量转化为电磁辐射的能力以及人眼感知所发出的辐射能力有关。

1.1.4　光照度

对被照面而言,其单位面积上所接受的光通量,称为被照面的照度,照度用符号 E 表示,单位为勒克斯(lux)。照度的定义式为:

$$E = \frac{\Phi}{A} \tag{1-7}$$

式中:E——被照面 A 的照度(lx);

$\quad\quad$ Φ——A 面所接受的光通量(lm);

$\quad\quad$ A——A 面的面积(m^2)。

常见照度(lux):阳光直射(正午)下:110 000;阴天室外:1000;商场内:500;阴天有窗室内:100;普通房间灯光下:100;满月照射下:0.2;道路照明:8~30。

1.1.5　光亮度

在房间内同一位置,并排放着一个黑色和一个白色的物体,虽然它们的照度一样,但人眼看起来白色物体要亮得多,说明被照物体表面的照度并不能直接表达人眼对它

的视觉感觉。这是因为人眼的视觉感觉是由被视物体的发光或反光(透光),在眼睛的视网膜上形成的照度而产生的。视网膜上形成的照度愈高,人眼就感到愈亮。白色物体的反光比黑色物体要强得多,所以感到白色物体比黑色物体亮得多。被视物体实际上是一个发光体,视网膜上的照度是被视物体在沿视线方向上的发光强度造成的。

发光体在视线方向单位投影面积上的发光强度,称为该发光体的表面强度,以符号 L 表示,单位为坎德拉每平方米(cd/m²)。参看图 1-3 表面亮度的定义式为:

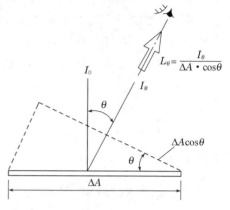

$$L_\theta = \frac{I_\theta}{A\cos\theta} \qquad (1-8)$$

式中:L_θ——发光体沿 θ 方向的表面亮度(cd/m²);

I_θ——发光体沿 θ 方向的发光强度(cd);

$A\cos\theta$——发光体在视线方向上的投影面(m²)。

图 1-3 表面亮度的定义示意图

常见发光体的亮度(cd/m²):红色激光指示器:2×10^{10};太阳表面:2×10^9;白炽灯灯丝:1×10^7;阳光下的白纸:3×10^4;人眼能习惯的亮度:3×10^3;满月表面:2.5×10^3;人眼能比较好地分辨出颜色的亮度:1;满月下的白纸:0.07;无月夜空:1×10^{-4};道路照明:0.5~2。

1.1.6 色品坐标

类似于(x,y)在直角坐标系上的坐标,色品坐标指颜色在标准色度图上的位置,目前 CIE 规定了多种颜色表示方法及颜色表示坐标系,常见的有 CIE1931、CIE1964、CIE1976 等。

图 1-4 称为 CIE1931 色品坐标。在图中红(R)、绿(G)、蓝(B)三基色坐标点为顶点,围成的三角形内的所有颜色可以由三基色按一定的量匹配而成。

根据色度学原理,所有颜色均可由红、绿、蓝三种颜色匹配而成,这三种颜色称为三基色。为了定量地表示颜色,常用的方法是采用"三刺激值",即红、绿、蓝三基色的量,分别用 X、

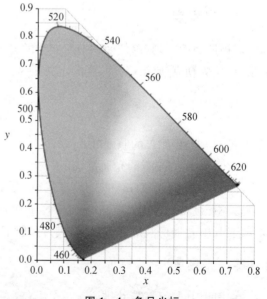

图 1-4 色品坐标

Y、Z 表示。

国际照委会制定的 CIE1931 色品坐标如图 1-5。色度图中的弧形曲线上的各点是光谱上的各种颜色即光谱轨迹,是光谱各种颜色的色度坐标。红色波段在图的右下部,绿色波段在左上角,蓝紫色波段在图的左下部。

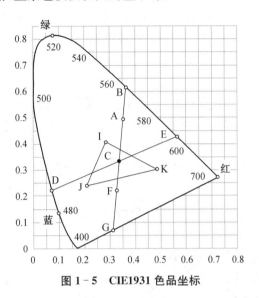

图 1-5　CIE1931 色品坐标

1.1.7　主波长

任何一种颜色都可以看作为用某一个光谱色按一定比例与一个参照光源(如 CIE 标准光源 A、B、C 等)相混合而匹配出来的颜色,这个光谱色就是颜色的主波长。颜色的主波长相当于人眼观测到的颜色的色调(心理量)。

1.1.8　色温

从照明环境的光谱能量分布和颜色引入色温这个表示光源颜色的量。当光源所发出的光的颜色与黑体在某一温度下辐射的颜色相同时,黑体的温度就称为该光源的颜色温度 T_C,简称色温(CT),用绝对温标(K)表示。

不同的色温会引起人们在情绪上不同的反应,一般把光源的色温分成三类:

(1)暖色光:暖色光的色温在 3300 K 以下,它与白炽灯光色相近,红光成分较多,给人以温暖、健康、舒适的感觉,适用于家庭、住宅、宿舍、医院、宾馆等场所,或温度比较低的地方。

(2)暖白光:又叫中间色,它的色温在 3300～5300 K 之间,暖白光光线柔和,使人有愉快、舒适、安祥的感觉,适用于商店、医院、办公室、饭店、餐厅、候车室等场所。

(3)冷色光:又叫日光色,它的色温在 5300K 以上,光源接近自然光,有明亮的感觉,使人精力集中,适用于办公室、会议室、教室、绘图室、设计室、图书馆的阅览室、展览橱窗等场所。

1.1.9　相关色温

对于某些光源(主要是线光谱较强的气体放电光源),它发射的光的颜色和各种温度下的黑体辐射的颜色都不完全相同,这时就不能用一般的色温概念来描述它的颜色。为了便于比较,采用相关色温的概念,若光源发射的光与黑体在某一温度下辐射的光颜色最接近,则黑体的温度就称为该光源的相关色温(CCT)。

1.1.10　显色性

原则上,人造光线应与自然光线相同,使人肉眼能正确辨别事物的颜色。当然,这要根据照明的位置和目的而定。光源对于物体颜色呈现的程度称为显色性,通常叫做"显色指数"(Ra),也就是颜色的逼真的程度。显色性高的光源对颜色的表现较好,所看到的颜色也就较接近自然颜色;显色性低的光源对颜色的表现较差,所看到的颜色偏差也较大。

照明光源对物体色表的影响,是由于观察者有意识或无意识地将它与参比光源下的色表相比而产生的。

我们一般以显色指数表征显色性。标准颜色在标准光源的辐射下,显色指数定为100。当色标被试验光源照射时,颜色在视觉上的失真程度,就是这种光源的显色指数。显色指数越大,则失真越少,反之,失真越大,显色指数就越小。

不同的场所对光源的显色指数要求是不一样的。在国际照明协会中一般把显色指数分成五类,如表1-1,各种电光源色温及显色指数范围如表1-2。

表1-1　显色指数的分类及适用范围

类别	显色指数(Ra)	适用范围
1A	>90	美术馆、博物馆及印刷等行业及场所
2B	80~90	家庭、饭馆、高级纺织工艺及相近行业
2	60~80	办公室、学校、室外街道照明
3	40~60	重工业工厂、室外街道照明
4	20~40	室外道路照明

表1-2　电光源色温和显色指数

灯具名称	色温(K)	显色指数(Ra)
普通白炽灯	2850	95~99
卤钨灯	2850	95~99
荧光灯	3000~6500	70~80
高压汞灯	3450~3750	30~40
高压钠灯	1950~2200	20~25

（续表）

灯具名称	色温(K)	显色指数(Ra)
金属卤化物灯	4000~4300	65~85
无极灯	2700~6500	≥70
LED灯	2700~6500	75~90

1.1.11 闪烁

光源在交流或脉动直流电源的驱动下,随着电流幅值的周期性变化,光通量、照度或亮度发生相应的变化,在人的视觉上表现为光的周期性闪烁。

根据闪烁被人类感知方式的不同,可分为以下几类:

(1) 可见闪烁:亮度的改变可以被眼睛看到或有意识地察觉到。

(2) 不可见闪烁:光的闪烁无法被有意识地察觉,而是通过其他空间感知效应被发现。

(3) 感知:经过一段时间的照射后,眼睛、大脑或神经系统能感受到外部光的变化并产生一定的神经反应。

闪烁对于人体健康的潜在影响主要有:

(1) 光敏性癫痫或者闪光引起的癫痫发作。

(2) 偏头痛或严重的阵发性头痛,通常还伴有恶心、视觉模糊等。

(3) 自闭症患者重复行为增加。

(4) 弱视,包括眼疲劳、大脑疲劳、视觉模糊、头痛、视觉性能下降等。

1.1.12 光的反射、透射、折射

借助于材料表面反射的光或材料本身透过的光,人眼才能看见周围环境中的人和物。也可以说,光环境就是由各种反射与透射光的材料构成的。

光在均匀介质中沿直线传播,它在空气中的传播速度接近 3×10^8 m/s(30 万千米/秒),在不同介质中光速的精确值列于表 1-3。

表 1-3　光速与折射指数

介质种类	光速(m/s)	折射指数	介质种类	光速(m/s)	折射指数
真空	2.99792×10^8	1.000000	水	2.24900×10^3	1.333000
空气	2.99704×10^8	1.000293	玻璃	1.98210×10^8	1.512500

光在传播过程中遇到新的介质时,会发生反射、透射与吸收现象。一部分光通量被介质表面反射(Φ_ρ),一部分透过介质(Φ_τ),余下的一部分则被介质吸收(Φ_α),如图 1-6。

根据能量守恒定律,入射光通量(Φ_i)应等于上述三部分光通量之和:

$$\Phi_i = \Phi_\rho + \Phi_\tau + \Phi_\alpha \quad (\text{lm}) \qquad (1-9)$$

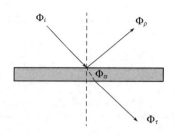

图 1-6 光通量的反射、透射与吸收

将反射光通量与入射光通量之商,定义为反射比(反射系数),以 ρ 表示:

$$\rho = \Phi_\rho / \Phi_i \tag{1-10}$$

透射光通量与入射光通量之商,定义为透射比(透射系数),以 τ 表示:

$$\tau = \Phi_\tau / \Phi_i \tag{1-11}$$

被吸收的光通量与入射光通量之商,定义为吸收比(吸收系数),以 α 表示:

$$\alpha = \Phi_\alpha / \Phi_i \tag{1-12}$$

$$\rho + \tau + \alpha = 1 \tag{1-13}$$

1. 反射

辐射由一个表面返回,组成辐射的单色分量的频率没有变化,这种现象叫做反射。反射光的强弱与分布形式取决于材料表面的性质,也同光的入射方向有关。例如,垂直入射到透明玻璃板上的光线约有 8% 的反射比;加大入射角度,反射比也随之增大,最后会产生全反射。

反射光的分布形式有规则反射与扩散反射两大类。扩散反射又可细分为定向扩散反射、漫反射、混合反射等。

(1) 规则反射:也叫镜反射,其特征是光线经过反射之后仍按一定的方向传播,立体角没有变化。规则反射的规律为:① 入射光线与反射光线以及反射表面的法线同处于一个平面内;② 入射光与反射光分居法线两侧,入射角等于反射角。

光滑密实的表面,如玻璃镜面和磨光的金属表面形成规则反射。在照明工程中常利用规则反射进行精确的控光,如制造各种曲面的镜面反光罩获得需要的光强分布,提高灯具效率。几乎所有的节能灯具都使用这类材料做反光罩,其中有阳极氧化或抛光的铝板、不锈钢板、镀铬铁板、镀银或镀铝的玻璃和塑料等。

(2) 定向扩散反射:保留了规则反射的某些特性,即在产生规则反射的方向上,反射光最强,但是反射光束被"扩散"到较宽的范围,经过冲砂、酸洗或锤点处理的毛糙金属表面具有定向扩散反射的特性。

(3) 漫反射:反射光的分布与入射光方向无关,在宏观上没有规则反射,反射光不规则地分布在所有方向上。无光泽的毛面材料或由微细的晶粒、颜料颗粒构成的表面产生漫反射。可以把这些微粒看作是单个的镜反射器,但是由于微粒的表面处在不同的方向,所以将光反射到许多角度上。

（4）混合反射：多数的材料表面兼有规则反射和漫反射的特性，这称为混合反射。光亮的搪瓷表面呈现漫反射与镜面反射结合的特性。在漫反射表面涂一层薄的透明清漆，当光入射角很小时，近似漫反射；入射角更大，约有 5%～15% 的入射光为镜面反射；入射角很大时，则完全是镜面反射。

2. 透射

光线通过介质，组成光线的单色分量频率不变，这种现象称为透射。玻璃、晶体、某些塑料、纺织品、水等都是透光材料，能透过大部分入射光。材料的透光性能不仅取决于它的分子结构，还同它的厚度有关。非常厚的玻璃或水将是不透明的，而一张极薄的金属膜或许是透光的，至少可以是半透光的。

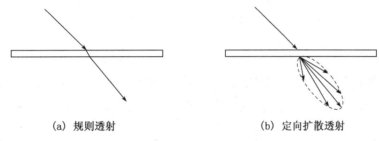

(a) 规则透射　　　　(b) 定向扩散透射

图 1-7　透射光的分布

3. 折射

光在透明介质中传播，当从密度小的介质进入密度大的介质时，光速减慢；反之，光速加快。由光速的变化而造成光线方向的改变，这就是折射。光的折射规律是：① 入射线、折射线与分界面的法线同处于一个平面内，且分居于法线的两侧；② 入射角正弦和折射角正弦的比值，对确定的两种介质来说，是一个常数。

$$\frac{\sin i}{\sin \gamma} = \frac{n_2}{n_1} \tag{1-14}$$

式中：n_1——第一种介质的折射率；

　　　n_2——第二种介质的折射率；

　　　i——入射角（见图 1-8）；

　　　γ——折射角。

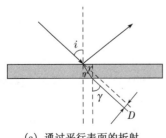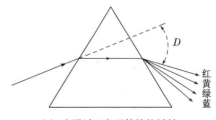

(a) 通过平行表面的折射　　　　(b) 光通过三角形棱镜的折射

图 1-8　光的折射

1.2 电学基础知识

电是物质内所含的电子等载流子运动时的一种能量表现形式,从实质上讲,电是一种能量,也常称作电能。电在人们的生产和生活中获得了极其广泛的应用,如电的光效应,通电后可以使电光源发光;电的热效应,通电后可以使电炉发热;电的动力效应,通电后可以使电动机转动;电的化学效应,通电后可以进行电解;电的磁效应,通电后电磁铁会产生强的吸引力等。可见电具有许多功能,它可以转化为其他多种形式的能量。正是由于电具有如此巨大的做功本领和能力,所以通常把电功率表示的电能称为电力。我国执行的供电电压等级分为:0.22/0.38 kV、6 kV、10 kV、35 kV、110 kV、220 kV、330 kV、500 kV、750 kV。路灯部门的常用电压等级为 220 V 或 380 V。

1.2.1 电压

电荷 q 在电场中从 A 点移动到 B 点,电场力所做的功 W_{AB} 与电荷量 q 的比值,叫做 A、B 两点间的电势差(A、B 两点间的电势之差,也称为电位差),用 U_{AB} 表示,则有:

$$U_{AB} = \frac{W_{AB}}{q} \tag{1-15}$$

式中:W_{AB}——电场力所做的功;

q——电荷量。

同时,也可以利用电势这样定义

$$U_{AB} = \varphi_A - \varphi_B \tag{1-16}$$

如果电压的大小及方向都不随时间变化,则称之为稳恒电压或恒定电压,简称为直流电压,用大写字母 U 表示。如果电压的大小及方向随时间变化,则称为变动电压。对电路分析来说,一种最为重要的变动电压是正弦交流电压(简称交流电压),其大小及方向均随时间按正弦规律作周期性变化。交流电压的瞬时值要用小写字母 u 或 $u(t)$ 表示。在电路中提供电压的装置是电源。

电压在国际单位制中的主单位是伏特,简称伏,用符号 V 表示。1 伏特等于对每 1 库仑的电荷做了 1 焦耳的功,即 $1V = 1J/C$。强电压常用千伏(kV)为单位,弱小电压的单位可以用毫伏(mV)、微伏(μV)。

1.2.2 电流

电流的强弱用电流强度来描述,电流强度是单位时间内通过导体某一横截面的电荷量,简称电流,用 I 表示。

电流强度是标量,习惯上常将正电荷的运动方向规定为电流的方向。在导体中,电流的方向总是沿着电场方向从高电势处指向低电势处。在国际单位制中,电流强度的单位是安培(A),它是 SI 制中的七个基本单位之一。

一些常见的电流:电子手表 1.5 μA~2 μA,白炽灯泡 200 mA,手机 100 mA,空调 5 A~10 A,高压电 200 A,闪电 20 000 A~200 000 A。

定义公式:

$$i = \frac{\mathrm{d}Q}{\mathrm{d}t}$$ (1-17)

即:在一段时间 t 内,通过导体横截面的电荷量 Q,单位是库仑;t 为电荷通过导体的时间,单位是秒。

电流分为交流电流和直流电流。

交流电流:电流大小和方向都发生周期性变化。生活中插墙式电器使用的是民用交流电源。交流电在家庭生活、工业生产中有着广泛的应用,生活民用电压 220 V、通用工业电压 380 V,都属于危险电压。

直流电流:电流方向不随时间发生改变。生活中使用的可移动外置式电源提供的是直流电。直流电一般被广泛使用于手电筒(干电池)、手机(锂电池)等各类生活小电器等。干电池(1.5 V)、锂电池、蓄电池等被称之为直流电源。因为这些电源电压在一般情况下都不会超过 36 V,所以属于安全电源。

1.2.3 功率

电流在单位时间内做的功叫做电功率。它是用来表示消耗电能快慢的物理量,用 P 表示,它的单位是瓦特(Watt),简称"瓦",符号是 W。

作为表示电流做功快慢的物理量,一个用电器功率的大小数值上等于它在单位时间内所消耗的电能。用电器的电功率为:

$$P = \frac{W}{t}$$ (1-18)

电功率等于导体两端电压与通过导体电流的乘积。

对于纯电阻电路,计算电功率还可以用公式

$$P = I^2 \times R$$ (1-19)

或者 $$P = \frac{U^2}{R}$$ (1-20)

每个用电器都有一个正常工作的电压值叫额定电压;用电器在额定电压下正常工作的功率叫做额定功率;用电器在实际电压下工作的功率叫做实际功率。

有功功率又叫平均功率。交流电的瞬时功率不是一个恒定值,功率在一个周期内的平均值叫有功功率。

有功功率是保持用电设备正常运行所需的电功率,也就是将电能转换为其他形式能量(机械能、光能、热能)的电功率。

无功功率是在具有电感和电容的交流电路里,由于电感或电容的特性,造成电压和电流的相角不一致。

视在功率是在具有电阻和电抗的电路内,电压与电流的乘积。

有功功率、无功功率、视在功率三者之间的关系如图1-9所示。

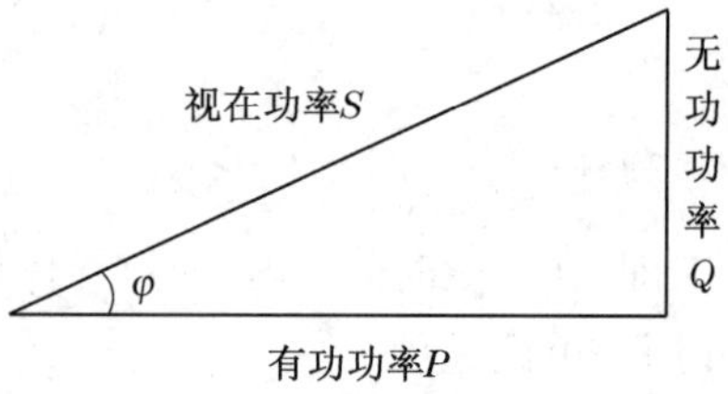

正弦交流电无功功率计算公式:

$$Q = UI \sin\varphi \qquad (1-21)$$

正弦电路有功功率计算公式:

$$P = UI \cos\varphi \qquad (1-22)$$

图 1-9　三种功率的关系

正弦电流视在功率计算公式:

$$S = \sqrt{P^2 + Q^2} \qquad (1-23)$$

1.2.4　功率因数

在交流电路中,电压与电流之间的相位差(Φ)的余弦叫做功率因数,用符号 cos Φ 表示,在数值上,功率因数是有功功率和视在功率的比值,即

$$\cos\Phi = \frac{P}{S} \qquad (1-24)$$

功率因数的大小与电路的负荷性质有关,如白炽灯泡、电阻炉等电阻负荷的功率因数为1,一般具有电感或电容性负载的电路功率因数都小于1。功率因数是电力系统的一个重要的技术数据,也是衡量电气设备效率高低的一个系数。功率因数低,说明电路用于交变磁场转换的无功功率大,从而降低了设备的利用率,增加了线路供电损失。因此,供电部门对用电单位的功率因数有一定的标准要求。

1.2.5　频率

交流电的频率是指单位时间内周期性变化的次数,单位是赫兹(Hz),与周期成倒数关系。日常生活中交流电的频率一般为 50 Hz 或 60 Hz,而无线电技术中涉及的交流电频率一般较大,达到千赫兹(kHz)甚至兆赫兹(MHz)的度量。

1.2.6　谐波

谐波(harmonic wave)是电流中所含有的频率为基波的整数倍的电量,一般是指对周期性的非正弦电量进行傅立叶级数分解,其余大于基波频率的电流产生的电量。从广义上讲,由于交流电网有效分量为工频单一频率,因此任何与工频频率不同的成分都可以称之为谐波,这时"谐波"这个词的意义已经变得与原意有些不符。正是因为广义的谐波概念,才有了分数谐波、间谐波、次谐波等说法。

谐波产生的原因主要有:由于正弦电压加压于非线性负载,基波电流发生畸变产生谐波。主要非线性负载有 UPS、开关电源、整流器、变频器、逆变器等。泛音是物理学上的谐波,但次数的定义稍许有些不同,基波频率 2 倍的音频称之为一次泛音,基波频率 3 倍的音频称之为二次泛音,以此类推。

谐波的频率必然也等于基波频率的整数倍,基波频率 3 倍的波称之为三次谐波,基波频率 5 倍的波称之为五次谐波,以此类推。不管几次谐波,它们都是正弦波。

1.2.7 电磁兼容

国际电工委员会标准 IEC 对电磁兼容的定义为:系统或设备在所处的电磁环境中能正常工作,同时不会对其他系统和设备造成干扰。

EMC 包括 EMI(电磁干扰)及 EMS(电磁耐受性)两部分:EMI 是指机器本身在执行应有功能的过程中所产生不利于其他系统的电磁噪声;EMS 是指机器在执行应有功能的过程中不受周围电磁环境影响的能力。

电磁兼容是各种电气或电子设备在电磁环境复杂的共同空间中,以规定的安全系数满足设计要求的正常工作能力,也称电磁兼容性。它的含义包括:

(1) 电子系统或设备之间在电磁环境中的相互兼顾。

(2) 电子系统或设备在自然界电磁环境中能按照设计要求正常工作。若再扩展到电磁场对生态环境的影响,则又可把电磁兼容学科内容称作环境电磁学。

电磁兼容的研究是随着电子技术逐步向高频、高速、高精度、高可靠性、高灵敏度、高密度(小型化、大规模集成化)、大功率、小信号运用、复杂化等方面的需要而逐步发展的。特别是在人造地球卫星、导弹、计算机、通信设备和潜艇中大量采用现代电子技术后,使电磁兼容问题更加突出。

1.2.8 电阻

导体对电流的阻碍作用就叫该导体的电阻。电阻是一个物理量,在物理学中表示导体对电流阻碍作用的大小。导体的电阻越大,表示导体对电流的阻碍作用越大。不同的导体,电阻一般不同。导体的电阻通常用字母 R 表示,电阻的单位是欧姆,简称欧,符号为 Ω。常用的电阻单位还有千欧姆($k\Omega$)、兆欧姆($M\Omega$),它们的关系是:$1\ k\Omega = 1000\ \Omega$,$1\ M\Omega = 1000\ k\Omega$。

在电原理图中为了简便,一般将电阻值中的“Ω”省去,凡阻值在千欧以下的电阻,直接用数字表示;阻值在千欧以上的,用“k”表示;兆欧以上的用“M”表示。

电阻值影响因数:

(1) 长度:当材料和横截面积相同时,导体的长度越长,电阻越大。

(2) 横截面积:当材料和长度相同时,导体的横截面积越小,电阻越大。

(3) 材料:当长度和横截面积相同时,不同材料的导体电阻不同。

(4) 温度:对大多数导体来说,温度越高,电阻越大,如金属等;对少数导体来说,温度越高,电阻越小,如碳。

电阻是导体本身的一种属性,因此导体的电阻与导体是否接入电路、导体中有无电流、电流的大小等因素无关。超导体的电阻率为零,所以电阻为零。

1.2.9 电容

电容器所带电量 Q 与电容器两极间的电压 U 的比值,叫电容器的电容。在电路学里,给定电势差,电容器储存电荷的能力,称为电容,标记为 C。

$$C = \frac{Q}{U} \tag{1-25}$$

在国际单位制里,电容的单位是法拉,简称法,符号是 F,由于法拉这个单位太大,所以常用的电容单位有毫法(mF)、微法(μF)、纳法(nF)和皮法(pF)等,换算关系是:

1 法拉(F)= 10^{-3} 毫法(mF)= 10^{-6} 微法(μF)= 10^{-9} 纳法(nF)= 10^{-12} 皮法(pF)

1.2.10 电感

电感是衡量线圈产生电磁感应能力的物理量。给一个线圈通入电流,线圈周围就会产生磁场,线圈就有磁通量通过。通入线圈的电源越大,磁场就越强,通过线圈的磁通量就越大。实验证明,通过线圈的磁通量和通入的电流是成正比的,它们的比值叫做自感系数,也叫做电感。如果通过线圈的磁通量用 Φ 表示,电流用 I 表示,电感用 L 表示,那么

$$L = \frac{\Phi}{I} \tag{1-26}$$

电感的单位是亨(H),也常用毫亨(mH)或微亨(μH)做单位。1 H = 1000 mH,1H = 1 000 000 μH。

电感只能对非稳恒电流起作用,它的特点是两端电压正比于通过他的电流的瞬时变化率(导数),比例系数就是它的"自感"。

电感起作用的原因是它在通过非稳恒电流时产生变化的磁场,而这个磁场又会反过来影响电流,因此,任何一个导体,只要它通过非稳恒电流,就会产生变化的磁场,就会反过来影响电流,所以任何导体都会有自感现象产生。

在主板上可以看到很多铜线缠绕的线圈,这个线圈就叫电感。电感主要分为磁心电感和空心电感两种:磁心电感电感量大常用在滤波电路;空心电感电感量较小,常用于高频电路。电感的特性与电容的特性正好相反,它具有阻止交流电通过而让直流电顺利通过的特性。电感的特性是通直流、阻交流,频率越高,线圈阻抗越大。电感器在电路中经常和电容一起工作,构成 LC 滤波器、LC 振荡器等。另外,人们还利用电感的特性,制造了阻流圈、变压器、继电器等。

电感的作用:通直流,阻交流。

通直流:在直流电路中,电感的作用就相当于一根导线,不起任何作用。

阻交流:在交流电路中,电感会有阻抗,即 XL,整个电路的电流会变小,对交流有一定的阻碍作用。

第二章　道路照明常用光学参数的测量

在介绍具体道路照明现场测量方法之前,首先要阐明道路照明现场测量的特殊性。不同于通常的电光源检测中心的室内测量,由于现场测量在户外进行,且大部分检测参数都需要在夜间测量,其测量过程与测量结果势必受到天气、大气污染、被测路灯周边的边灯和广告牌以及来往车辆的前大灯等诸多干扰因素的影响,往往会给测量结果带来一定的误差,为此提醒测量人员在进行道路照明现场测量时,应注意以下几点:

（1）在进行道路照明的平均照度、平均亮度、色温指数、显色指数和眩光等参数现场测量时,最好选择天气晴朗、空气质量良好的夜间 11 点钟之后进行测量,以尽量减少雾霾、空气污染以及发光广告牌和来往车辆前大灯的影响。

（2）对新安装的路灯进行光度学、色度学等参数测量时,考虑到电光源的工作稳定周期,应在被测路灯工作时间超过 2000 小时后方可测量。考虑到高压钠灯、金卤灯等气体光源工作的特征,一般应在开灯一小时之后待其工作状态稳定时方可测量。

（3）为了提高测量结果的准确性和可靠性,建议每次测量同一个路段,同一盏路灯,同一个参数时都要坚持连续测量三次,然后取其三次测量结果的平均值以尽量消除偶然误差。

（4）值得提醒的是测量人员在进行现场测量时,要认真研读相关国家标准和行业规范及仪器使用说明书中的相关操作方法,确保测量方法符合国家标准和行业规范,保证测量结果的科学性和准确性。

（5）特别需要强调的是现场测量人员在选择测量路线和测量机位时,一定要考虑到来往车辆所构成的安全威胁,确定人身安全和测量仪器安全。

2.1　道路照明的照度测量方法

2.1.1　照度测量的概述

道路照明设计、施工,须保证各种机动车辆的驾驶者和其他行人在夜间能随时辨认出道路上的各种情况而不觉过分疲劳,对减少夜间交通事故、消除车辆堵塞十分重要。此处,如果照明系统和设备选择得当,对美化城市环境、维护社会治安也有良好的促进作用。照明装置在道路路面上照度水平是决定道路照明质量的一个主要指标。因此,对新建、改建或运行中的道路照明装置应该进行照度测量。

对道路照明的照度进行现场测量可以达到如下目的:

（1）检验实测照度值是否达到预期的设计目标。

（2）检验实测照度值是否达到路灯行业现定的相关标准。

（3）了解不同照明装置产生的效果并进行分析、比较，取得设计、施工和灯具采购的经验。

（4）确定是否需要对照明装置进行改造或维护。

2.1.2　照度计

1. 照度计的构造

测量照度的仪器是照度计，或称勒克斯计。照度计通常是由硒光电池或硅光电池和微安表组成，如图 2-1。硒光电池是把光能直接转换成电能的光电元件。当光线射到硒光电池表面时，入射光透过金属薄膜到达半导体硒层和金属薄膜的分界面上，在界面上产生光电效应。产生电位差的大小与光电池受光表面上的照度有一定的比例关系。这时如果接上外电路，就会有电流通过，电流值从以勒克斯(lux)为刻度的微安表上指示出来。光电流的大小取决于入射光的强弱和回路中的电阻。照度计有变挡装置，因此可以测高照度，也可以测低照度。

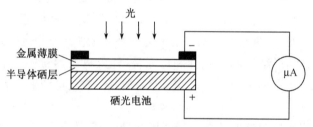

图 2-1　硒光电池照度计原理图

2. 照度计的技术要求

照度计的质量由以下四个方面的因素决定：

（1）光谱响应

硒光电池或硅光电池的基本光谱响应不同于人的视觉系统的光谱响应。如果光电池不加修正而直接使用，在测量光谱能量分布不同的光源，特别是测量具有非连续光谱的气体放电灯产生的照度时，就会出现较大的误差。为了获得精确的照度测量，必须把光电池的光谱响应修正到人的视觉系统的光谱响应［以 CIE"平均人眼"的光视效率 $y(\lambda)$ 数据为标准］。这种修正可以是直接采用在光电池上加滤光片的方法，也可以间接采用在不同光源下校准光电池提供修正系数的方法。精密的照度计都是给光电池匹配一个合适颜色的玻璃滤光片，构成颜色修正光电池。颜色修正光电池的光谱灵敏度与 $y(\lambda)$ 曲线的相符程度越好，照度计的精度就越高。具有颜色修正的光电池可以用于所有光源下的照度测量。光电池的相对光谱灵敏度曲线与 CIEV(λ)曲线的比较见图 2-2。

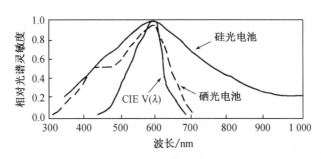

图 2‑2　光电池的相对光谱灵敏度曲线与 CIEV(λ)曲线的比较

（2）余弦响应

照度计对光以不同的方向入射到光电池的响应叫做光的斜入射响应或余弦响应。具体地说,当光线以倾斜方向照射光电池时,光电流输出应当符合余弦法则,即这时的照度应等于光线垂直入射时的法线照度与入射角余弦的乘积。但是,由于光电池表面的镜面反射作用以及固定光电池部件的遮挡,在光线入射角大时,会从光电池表面反射和遮挡掉一部分光线,从而使光电流小于上面所说的正确值。为了修正这一误差,通常在光电池上外加一个用均匀漫射材料制成的余弦校正器。

（3）响应的线性

在测量范围内,照度计的读数应与投射到光电池受光表面上的光通成正比,也就是说,照度计的示值应该与光电池受光面上的照度值呈线性关系。照度计响应的线性主要由光电池输出连接线路的电阻和受光量决定,照度越高,阻值越大,引起的非线性越严重。

（4）对温度的敏感性

照度计对温度改变的敏感性也受到光电池所连接的电路内阻的影响,如果内阻大而温度过高,则会引起测量误差。硒光电池比硅光电池对温度更敏感。如果将硒光电池连续曝光在 50 ℃ 以上,那么它将会受到持久的损害。光电池应当在环境温度为 25 ℃ 左右使用,照度计的使用说明书上都列有该照度计对温度的适应范围。

总的来说,一个好的照度计应该有颜色修正和余弦响应、响应的线性、不受环境温度的影响。

按照国家标准 GB5700—85《室内照明测量方法》的规定,照度测量宜采用精度为二级以上的照度计(指针式或数字式),并按 JJG245—81《光照度计检定规程》进行检定。JJG245—81 规程按示值误差对照度计精度的分级如表 2‑1 所示。

表 2‑1　照度计精度分级

级别	示值误差不超过满量程的(％)
一级	±4
二级	±8
三级	±12

2.1.3 数字式照度计

数字式照度计有国产 TES-1330 型数字式照度计、日本 CL-200A 手持式色彩照度计等规格型号。

1. 主要技术参数

显示：31/2 位液晶显示器显示，最大读数值 1999；

测量范围：0.01 lux～20 000 lux；

性质：读数锁定、可锁定测量值，自动校正、自动调零，测量精度高、反应速度快；

仪器量程：20 lux、200 lux、2000 lux、20 000 lux；

准确度：±3%；

重复测试：±2%；

温度特性：±0.1%/℃；

取样率：2.0 次/秒；

感光体：光二极体附滤光镜片；

操作温湿度：-10 ℃～40 ℃，0～80%RH；

过载显示：最高位数"1"显示；

电源：单个 9 V 电池，型式 006P 或 IEC6F22 或 NEDA1604；

电池寿命：连续使用约 200 小时（Alkaline 电池）；

光检测器引线长度：150 cm；

光检测器尺寸：100(L)×60(W)×27(H)mm；

电表尺寸：135(L)×75(W)×33(H)mm；

重量：250 g；

附件：使用说明书、皮套、电池。

3. 机动车辆交通道路照明参考表

表 2-2　机动车道路面照度号考表

级别	道路类型	路面照度		环境比 SR 最小值
		平均照度 $E_{h.av}$(lux)维持值	均匀度 UE 最小值	
Ⅰ	快速路、主干路	20/30	0.4	0.5
Ⅱ	次干路	15/20	0.4	0.5
Ⅲ	支路	8/10	0.3	—

注：环境比是指机动车道路缘石外侧带状区域内的平均水平照度与路缘石内侧等宽度机动车道上的平均水平照度之比。带状区域的宽度取机动车道路半宽度与机动车道路缘石外侧无遮挡带状区域宽度二者之间的较小者，但不超过 5 m。

2.1.4 道路照明的照度测量

1. 测量地段的选择和布点方法

测量时依据国家标准 GB/T 5700—2008 照明测量方法,CJJ45—2015 城市道路照明设计标准进行测量。

（1）测量地段的选择

选择测量地段时,应从灯具的间距、高度、悬挑、仰角等的安装规整性及光源的一致性等方面选择有代表性的路段。照度测量的范围,在纵方向（沿道路走向）应在被测量道路的同一侧的两个灯杆之间的区域;而在横方向,单侧布灯时应为整个路宽,双侧交错布灯、对称布灯或中心布灯时可为1/2路宽。

（2）布点方法

布点方法有四点法和中心法两种。

① 四点法:把同一侧两灯柱间的测量路段分成若干个大小相等的矩形网格,把测点设置在每个矩形网格的四角,图2-3为四点法布点时的测点布置图。

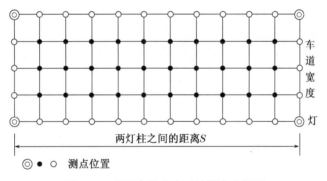

◎ ● ○　测点位置

图 2-3　为四点法布点时的测点布置图

② 中心法:把同一侧两灯柱间的测量路段划分成若干个大小相等的矩形网格,把测点设在网格中心。图2-4为中心法布点时的测点布置图。道路弯曲部分的测量方法如图2-5所示。

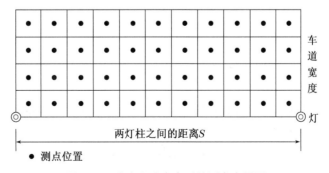

● 测点位置

图 2-4　为中心法布点时的测点布置图

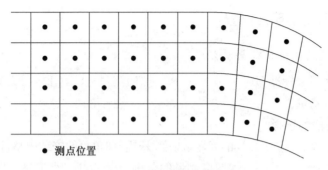

● 测点位置

图 2－5　跑到弯曲部分测点布置

当路面照度均匀度比较差或对测量精度要求比较高时,划分的网格数应多一些,即测点布得密一些。当两灯柱的间距 $S \leqslant 50$ m 时,通常沿道路纵方向把间距 S 分成十等分;当 $S > 50$ m 时,按每一网格边长 $\leqslant 5$ m 的原则进行等间距划分,而在道路横方向把每条车道二等分(四点法)或三等分(中心法)。当路面照度均匀度比较好或对测量精确度要求比较低时,则在道路的横方向可取车道的宽度作为网格的宽度而不需再划分。

2. 道路水平平均照度及其均匀度的计算

(1) 水平平均照度的计算

① 按四点法布点的计算:若 M 为纵方向划分的网格数,N 为横方向划分的网格数,则 $M \cdot N$ 为总网格数。根据每个网格四个角上四个测点的照度平均值 E_{av} 可代表该网格的假定照度值,则 E_{av} 的计算式为:

$$E_{av} = \frac{1}{4M \cdot N} \left(\sum E_{\ominus} + 2 \sum E_{\bigcirc} + 4 \sum E_{\bullet} \right) \tag{2-1}$$

式中:$E_{\ominus}$——图 2-5 测量区四个角处测点的照度;

$E_{\bigcirc}$——图 2-5 除四个角处四条外边上测点的照度;

$E_{\bullet}$——图 2-5 测量区四个外边以内测点的照度。

② 按中心布点法计算:测量照度时,路面平均照度计算式为:

$$E_{av} = \frac{\sum E_i}{n} \tag{2-2}$$

式中:E_{av}——路面的平均照度,lux;

E_i——每个测量点的照度值,lux;

n——测点数。

测点数越多,得到的平均值越精确,不过也相应地增加了工作量。

(2) 照度均匀度的计算

路面照度均匀度 U 是路面上最小照度 E_{min} 与平均照度 E_{av} 之比,即

$$U = \frac{E_{min}}{E_{av}} \tag{2-3}$$

式中：U——路面照度均匀度；

E_{min}——路面上最小照度；

E_{av}——平均照度。

E_{av}按式(2-1)或(2-2)计算，E_{min}为测点中照度最低点的测量值，在规则布点的测点上测得的照度中找出。

3. 测量条件、方法和测量记录

(1) 测量条件

① 根据需要，点燃必要的光源，排除其他无关光源的影响。

② 测量照度时应待光源的光输出稳定后再进行测量。因此，测量开始前，若是白炽灯，需点燃 5 min；若是荧光灯，需点燃 15 min；若是高强气体放电灯，则需点燃30 min。对于新安装的照明系统，宜在点燃 100 h(气体放电灯)和 10 h(白炽灯)后再测量其照度。

(2) 测量主要事项

① 测量时，照度计先用大量程挡，然后根据指示值的大小逐渐找到合适的挡数，原则上不允许指示值在最大量程 1/10 范围内读数。

② 照度示值稳定后再读数。数字式照度计显示的读数，最后一位有时不稳定，应该记录出现次数较多的数字。

③ 测量人员宜着深色服装，防止测量人员、围观者的身影对接收器的影响。

④ 在测量中宜使电源电压保持稳定，在额定电压下测量；如果做不到，应测量电源电压，当与额定电压不符时，应按电压偏差对光通量的变化予以修正。

⑤ 为提高测量的准确性，一个测点可取 2~3 次读数，然后取其平均值。

(3) 记录内容

测量结果应记人事先准备好的表格，再进行道路照明的测量记录。

记录内容如下：

① 测量日期、时间、气候条件、测量人员姓名；

② 测量部位(包括城市、街道、路段名称)；

③ 光源和灯具的型号和规格；

④ 灯具安装方式、间距、高度、仰角、悬挑长度；

⑤ 测量现场条件(包括环境条件、供电条件等)；

⑥ 光源和灯具的使用时间、最近一次清洗日期；

⑦ 标有尺寸的照度测点布置图；

⑧ 各测点的照度测量值；

⑨ 平均照度及照度均匀度计算结果；

⑩ 照度计型号、编号、检定日期。

2.2 道路照明的亮度测量方法

2.2.1 亮度测量的概述

道路照明的根本目的在于为驾驶者(包括机动车和非机动车)和行人提供良好的视觉条件,以便提高交通效率,且降低夜间的交通事故或帮助道路使用者看清周围环境,辨别方位;或照亮环境,吓阻犯罪发生。随着社会经济的发展,人们在夜晚到户外的公共空间休闲、购物、观光等活动越来越多,良好的道路照明也起到丰富生活、繁荣经济,以及提升城市形象的作用。

在道路照明的诸多目的中,为机动车驾驶者提供安全舒适的视觉条件始终是第一位的。因此,评价一条道路(机动车道路)的所有质量指标,都是从机动车驾驶者角度来衡量,考虑其视觉的功能和舒适性两个方面。概括而言,主要指道路的平均亮度、亮度的均匀性,对使用者产生的眩光控制水平,道路周围的环境照明系数,以及视觉引导性等。

2.2.2 路面的平均亮度

路面的平均亮度是全路面所有计算点亮度的算术平均值,表示为:

$$L_{av} = \sum_{i}^{n} L_i / n \qquad (2-4)$$

式中:L_{av}——路面平均亮度;

L_i——第 i 个计算点的亮度;

n——计算点总数。

从机动车驾驶员的视觉功能角度考虑,路面的亮度影响着驾驶员视觉的对比灵敏度和路面上物体相对于路面的亮度对比度(夜晚的路灯照明相对于人眼在白天的一般视觉状态而言是比较低的,这时人眼处于中间视觉状态,对物体颜色的差异不敏感,主要依靠物体和背景之间的亮度差异来辨别)。为了研究平均亮度对视觉功能的影响,提出了显示能力 RP(revealing power)的概念。显示能力是指路面上设置的一组目标物被看到的百分比。研究表明,随着路面平均亮度的上升,显示能力随之上升,如图 2-6 所示。图中平均亮度和显示能力关系曲线的条件是,路面整体均匀度 U_0 为 0.4,阈值增量为 7%,两者保持不变。

从图 2-6 中可看出,当路面平均亮

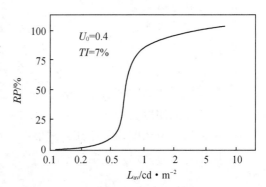

图 2-6 平均亮度 L_{av} 与显示能力 RP 的关系

度从 0.5 cd/m² 上升到 1 cd/m² 时,显示能力迅速上升;而当路面平均亮度达到2 cd/m² 时,显示能力达到 80%;但超过 2 cd/m² 后,显示能力随着亮度的上升逐渐趋于平缓。

在道路照明实践中,同时考虑到显示能力和经济性,路面平均亮度应在 0.5～2.0 cd/m² 之间。

2.2.3　路面的亮度均匀度

不论对视觉功能还是对视觉舒适性而言,合适的亮度均匀度都是重要的。如果路面的亮度均匀性不好,视线区域中太亮的路面可能会产生眩光,而太暗的区域则可能出现视觉暗区,人眼无法辨别其中的障碍物。

从视觉功能性角度考虑,希望路面有良好的整体均匀度。整体均匀度 U_0 定义为路面上最小亮度和平均亮度的比值,即

$$U_0 = L_{\min}/L_{\mathrm{av}} \tag{2-5}$$

式中:L_{av}——平均亮度;

$L_{\min}$——最小亮度。

一般说来,路面的亮度均匀度不得低于 0.4。从图 2-7 中可以看出,在相同的阈值增量下,即使路面的平均亮度相同,但若路面均匀度越低,则显示能力越小。

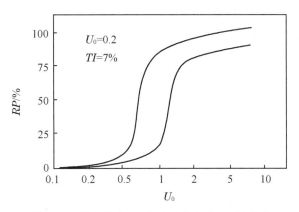

图 2-7　显示能力 RP 与亮度均匀度 U_0 的关系

考虑到视觉舒适性,即使道路照明达到良好的整体均匀度,如果道路上连续出现明显的亮和暗带,即俗称的"斑马线效益",也会造成驾驶员的眼睛不停地调节适应,从而容易造成视觉疲劳。CIE 引入了纵向均匀度 U_l 概念,是指对在车道中间轴线上面对交通车流方向观察的观察者而言的最小亮度与最大亮度的比值,即

$$U_l = L_{\min}/L_{\max} \tag{2-6}$$

车道纵向均匀度的要求要比全路面均匀度高。

2.2.4 亮度计

1. 普通亮度计

(1) 国产 XYL-Ⅲ型亮度计、日本 CS-150 手持式色彩亮度计

XYL-Ⅲ型全数字亮度计采用数字 $V(\lambda)$ 感器,以全数字亮度信号检测系统替代现有的模拟信号检测系统,改变了以模拟信号检测方法为基础的现有亮度计。由于应用了数字技术,该仪器不产生零点漂移,并应用计算机软件定标,系统稳定性高。其结构原理如图 2-8 所示。

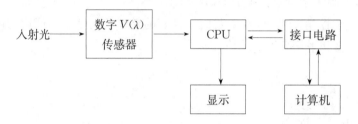

图 2-8 全数字式亮度计

(2) XYL-Ⅲ型全数字亮度计主要技术参数

动态范围:$0.1\sim100,000\ cd/m^2$;

仪器精度:优于 $\pm5\%$;

分辨率:$0.001\ cd/m^2$;

重复性:$0.001\ cd/m^2$;

性质:数字 $V(\lambda)$ 传感器光谱响应达国家一级标准、全量程测量、无换挡误差,3-1/2 位 LCD 显示,RS232 接口、可用于计算机远程监控,具有保持功能;

温度系数:$-0.1\%/\text{℃}$;

刷新频率:3 次/s($\geqslant1\ cd/m^2$),1 次/2 s($<1\ cd/m^2$);

供电电源:9 V 电池;

主机尺寸:$135\ L\times72\ W\times33\ H(mm)$。

2. 瞄点式亮度计

(1) 国产 LM-3 型亮度计、XYL-Ⅴ全数字瞄点式亮度计

瞄点式亮度计是利用透镜成像原理,通过望远光学系统,能够在非接触状态下测定光源或物体的亮度。一般有四种视场角可供切换($2°$、$1°$、$0.2°$、$0.1°$),依据视场角的不同,测量时所覆盖的范围有所不同。

(2) 仪器特性

① 多视场角切换:$2°$、$1°$、$0.2°$、$0.1°$多视场角切换。既适用于细小如指示灯、仪表盘的测量,也可用于户外 LED 显示屏等大尺寸发光体的测量;

② 测量范围宽:满足低至 $0.001\ cd/m^2$,高达 $4\ 000\ 000\ cd/m^2$ 的亮度测量;

③ 自带显示屏测试便捷;

④ 0.4 m～无穷远测量距离:配大口径高像质的从微距到无穷远的国际顶级物镜,可实现近距到远距离测量;

⑤ 测试功能:亮度(Y);

⑥ 镜头焦距:$f=85$ mm;

⑦ 观察视场:8°;

⑧ 测试距离:0.4 m～无限远(近摄镜可选配);

⑨ 测量视场角:2°、1°、0.2°、0.1°;

⑩ 最小测量尺寸(0.4 m 距离):～Φ11 mm、～Φ5.6 mm～Φ1.1 mm～Φ0.55 mm;

⑪ 亮度测量范围 cd/m² (A 光源):0.001～4 000 000(不同视场角测量范围不同);

⑫ 亮度测量范围 cd/m² (A 光源):±2.5%±1 个字/±3%±1 digit。

3. 机动车辆交通道路照明参考表

表 2-3　机动车道路面亮度参考表

级别	道路类型	路面亮度		
		平均亮度 L_{av} (cd/m²)维持值	总均度 U_0 最小值	纵向均匀度 U_L 最小值
Ⅰ	快速路、主干路(含迎宾路、通向政府机关和大型公共建筑的主要道路,位于市中心或商业中心的道路)	1.50/2.00	0.4	0.7
Ⅱ	次干路	1.00/1.50	0.4	0.5
Ⅲ	支路	0.5/0.75	0.4	—

注意:

① 计算路面的维持平均亮度时应根据光源种类、灯具防护等级和擦拭周期。

② 表中各项数值仅适用于干燥路面。

③ 表中对每一级道路的平均亮度给出了两挡标准值,"/"的左侧为低挡值,右侧为高挡值。

④ 对同一级道路选定照明参考值时,交通控制系统和道路分隔设施完善的道路,宜选择上表中的低挡值,反之宜选择高挡值。

2.2.5　道路照明的亮度测量

1. 测量地段的选择和布点方法

测量时依据国家标准 GB/T 5700—2008《照明测量方法》,CJJ45—2015《城市道路照明设计标准》进行测量。

(1)测量地段的选择

选择测量地段时,应从灯具的间距、高度、悬挑、仰角等的安装规整性及光源的一致性等方面选择有代表性的路段。亮度测量的范围,在纵方向(沿道路走向)应包括同一侧的两个灯杆之间的区域;在横方向,单侧布灯时应为整个路宽,双侧交错布灯、对称布灯或中心布灯时可为1/2路宽。

（2）布点方法

布点方法有四点法和中心法两种。

① 四点法：把同一侧两灯柱间的测量路段分成若干个大小相等的矩形网格，把测点设置在每个矩形网格的四角，图2-9为四点法布点时的测点布置图。

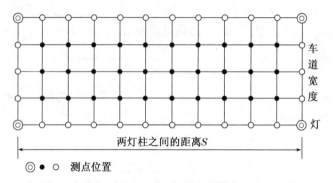

◎ ● ○ 测点位置

图2-9 双车道道路采用四点法布点时的测点布置图

② 中心法：把同一侧两灯柱间的测量路段划分成若干个大小相等的矩形网格，把测点设在网格中心。图2-10为中心法布点时的测点布置图。

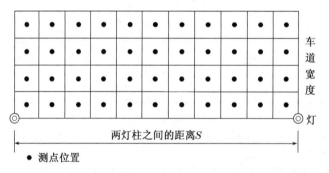

● 测点位置

图2-10 双车道道路采用中心法布点时的测点布置图

当路面亮度均匀度比较差或对测量精度要求比较高时，划分的网格数应多一些，即测点布得密一些。当两灯柱的间距 $S \leqslant 50$ m 时，通常沿道路纵方向把间距 S 分成十等分；当 $S > 50$ m 时，按每一网格边长 $\leqslant 5$m 的原则进行等间距划分，而在道路横方向把每条车道二等分（四点法）或三等分（中心法）。当路面亮度均匀度比较好或对测量精确度要求比较低时，则在道路的横方向可取车道的宽度作为网格的宽度而不需要再划分。

2. 道路水平平均亮度及其均匀度的计算

（1）按四点法布点的计算

若 M 为纵方向划分的网格数，N 为横方向划分的网格数，则 $M \cdot N$ 为总网格数。根据每个网格四个角上四个测点的亮度平均值 L_{av} 可代表该网格的假定亮度值，则 L_{av} 的计算式为：

$$L_{av} = \frac{1}{4M \cdot N}(\sum L_\ominus + 2\sum L_\bigcirc + 4\sum L_\bullet) \tag{2-7}$$

式中：$L_\ominus$——图 2-10 测量区四个角处测点的亮度；

$L_\bigcirc$——图 2-10 除四个角处四条外边上测点的亮度；

$L_\bullet$——图 2-10 测量区四个外边以内测点的亮度。

（2）按中心布点法计算

按中心布点法测量亮度时，路面平均亮度计算式为：

$$L_{av} = \frac{\sum L_i}{n} \tag{2-8}$$

式中：L_{av}——路面的平均亮度，lux；

L_i——每个测量点的亮度值，lux；

n——测点数。

测点数越多，得到的平均值越精确，不过也相应地增加了工作量。

（3）亮度均匀度的计算

路面亮度均匀度 U 是路面上最小亮度 L_{min} 与平均亮度 L_{av} 之比，即

$$U = \frac{L_{min}}{L_{av}} \tag{2-9}$$

L_{av} 按式（2-7）或式（2-8）计算，L_{min} 为测点中亮度最低点的测量值，在规则布点的测点上测得的亮度中找出。

3. 测量条件、方法和测量记录

平均亮度、亮度均匀度的测量条件、方法和测量记录与 2.1.4 章节中的平均照度、照度均匀度测量条件、方法和测量记录一致。

2.3　道路照明的光谱测量方法

2.3.1　光谱测量的概述

道路照明的目的是为行人和车辆驾驶提供良好的视觉环境，照明质量与交通运行、安全以及环境美化息息相关。道路照明质量的评价指标主要有照度、照度均匀性、亮度、亮度均匀性等。随着社会的发展，人们对日常生活、工作、出行的要求更高。就道路照明而言，人们更希望有良好的显色指数和色温的照明环境，使日常的出行更加安全快捷。本书介绍了道路照明的光谱检测现场测量的细则，探究道路照明中距路灯光源的不同位置的显色指数与色温的差异性，并介绍了一种新的自动检测道路路灯光谱参数的方案。为道路照明的光谱测量提出了全新的改进方案，使光谱现场测量更便捷、安全。

2.3.2 光谱仪的介绍

1. 光谱仪的构造

光谱仪用于测定辐射源的光谱分布,能够同时建立目标或背景的强度、光谱特性,也称为光谱辐射计或光谱分析仪。以光电倍增管等光探测器测量谱线不同波长位置强度的装置,其构造由一个入射狭缝,一个色散系统,一个成像系统和一个或多个出射狭缝组成。以色散元件将辐射源的电磁辐射分离出所需要的波长或波长区域,并在选定的波长上进行强度测定。

图 2-11 为光栅光谱仪的简单结构。光源发出的光通过狭缝后,近似于点光源发射出光线,由准直面镜将光线变成平行光,再由平面光栅将各波长的光线分开,光线经过光栅色散后由聚焦面镜将同一波长的光聚集在一起,由线型 CCD 等检测器件进行收集信号并交由后期电路分析计算,就能得到光源的光谱信息。

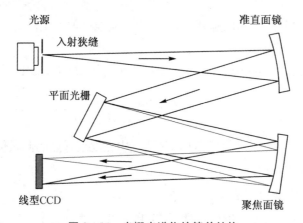

图 2-11 光栅光谱仪的简单结构

2. 光谱仪主要技术参数

(1) 光谱范围

光谱范围是光谱仪所能采集分析的光源的波长范围,此参量决定了光谱仪的应用范围。

(2) 色散率

色散率是光谱仪把不同波长的光分散开的能力,与光谱仪色散系统的优劣有关。

(3) 带宽

光谱仪把有复合光照明的狭缝经过分光系统而变为若干个单色的狭缝像,这些单色的狭缝像即为谱线,它的空间宽度 δ_L(线色散)所对应的 δ_λ(光谱宽度)即光谱带宽。光谱带宽表示了光谱仪分辨光谱的能力,光谱带宽越窄,则意味着仪器的分辨力越高。

2.3.3 光谱辐射照度分析仪

常用的光谱辐射照度分析仪有国产 HP350C 系列光谱分析仪、日本 CL-70F 显色照度计。

1. 特点

高光学分析度 4.2～5 nm FWHM;超小体积;低设置成本;可程式设计微控制器。

2. 主要技术参数

光谱解析度:4.2～5 nm FWHM;

波长范围:380～780 nm;

杂散光:0.3%;

光谱误差值:0.12%;

积分时间:1 ms～24 s。

2.3.4　道路照明色温与显色指数测量

1. 测量地段的选择和布点方法

测量时依据国家标准 GB/T 5700—2008《照明测量方法》,CJJ45—2015《城市道路照明设计标准》进行测量。

(1) 测量地段的选择

最好选择在灯具的间距、高度、仰角和光源的一致性等方面能代表被测路段的典型路段。

(2) 布点方法

现场的色温和显色指数测量,每个场地测量点的数目不应少于 9 个测点,然后求其算术平均值作为该被测照明现场的色温和显色指数。

为了使数据更加准确,减少测量时造成的误差,我们把道路同一侧三个灯杆间的一半路段作为测量路段,并分成若干个大小相等的矩形网格,把测点设置在每个矩形网格的四角,图 2-12 为布点时的测点布置图。

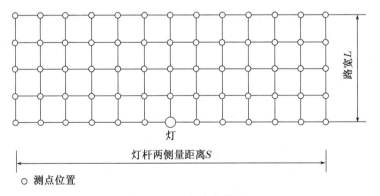

○ 测点位置

图 2-12　测点布置图

这样每个网格的边长≤2 m,使得测量点的数量多于测量要求,得到的整体数据会更准确。

2. 道路现场的色温和显色指数计算

（1）平均色温的计算

按照 GBT7922—2008《照明光源颜色的测量方法》的要求，路面平均色温计算为：

$$E_{av} = \frac{\sum E_i}{n} \qquad (2-10)$$

式中：E_{av}——路面的平均色温，K；

E_i——每个测量点的色温，K；

n——测量点总数。

测点数越多，得到的平均值越精确，不过也相应地增加了工作量。

（2）平均显色指数的计算

与式（2-10）相同，平均显色指数的计算也是求现场所有测量点的算术平均值。

3. 测量条件、方法和测量数据分析

（1）测量条件

① 被测光源宜满足要求：白炽灯和卤钨灯累计点燃时间在 50 h 以上；气体放电灯类光源累计燃点时间在 100 h 以上。

② 现场测量应在下列时间后进行：白炽灯和卤钨灯应点燃 15 min；气体放电灯类光源应点燃 40 min。

（2）测量方法

① 为提高测量的准确性，测量时应等待示值稳定后再读数。

② 测量人员宜着深色服装，防止测量人员、其他物体的影子对接收器的影响。

（3）测量结果及数据分析

我们选取了某六车道道路的正向 3 条车道进行测量，所用灯具为钠灯，路面平均照度在 30 lux 左右。3 条车道总宽 10.7 m，将其横向均匀分成 5 组，以一盏灯杆的正下方为中心向两边测量，每隔 2 m 测量一个点，共 85 个测量点。表 2-4 为显色指数的数据列表，其中 9 号测试点为灯杆正下方的点，1 号点和 17 号点为灯杆两侧与下一灯杆的中间点。

表 2-4　显色指数数据列表

测量点	第一组	第二组	第三组	第四组	第五组
1	39.9	40	41.4	48	50.9
2	39.2	39.2	38.6	49.2	50
3	38.8	38.2	38	47.2	49.2
4	34.9	38.2	35.3	43.2	44.8
5	34.1	38.3	35	38.6	41.1
6	32.8	37.1	36.3	36.5	43.6

（续表）

测量点	第一组	第二组	第三组	第四组	第五组
7	38.3	37.3	36.6	36	39.8
8	34.2	34.1	35	34.9	36.3
9	31.9	33.9	33.5	35.3	37.4
10	36.6	35.2	34.4	37.3	38
11	33.4	32.7	34.4	36.5	40.5
12	36.8	33	37.9	38.2	37.6
13	37.3	35.9	42.6	38.7	41.3
14	42.1	40.5	44.5	44.6	45.2
15	37.7	42.1	44.1	45.5	47.2
16	43.6	42.2	45.6	48.5	53.3
17	44.2	42.7	40	47.4	54.8
平均值	37.4	37.7	38.4	41.5	44.2

我们选取表 2-4 中第四组与第五组的数据进行数据拟合作图，可得图 2-13。

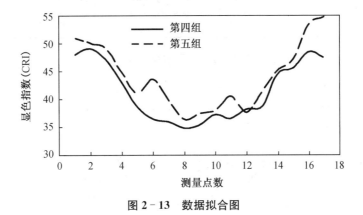

图 2-13 数据拟合图

从数据中可看出，在路灯的正下方是显色指数最小的，即为此处反映的数据为钠灯光源的显色指数，而越往灯的两边则显色指数呈上升趋势，原因就是受天空环境光的影响因素逐步变大，所测得的数据是钠灯光源与环境光复合光的显色指数。

表 2-5 色温数据列表 单位/K

测量点	第一组	第二组	第三组	第四组	第五组
1	2198	2207	2250	2345	2421
2	2192	2174	2219	2381	2388
3	2220	2136	2206	2330	2380

（续表）

测量点	第一组	第二组	第三组	第四组	第五组
4	2155	2110	2193	2268	2304
5	2149	2106	2210	2218	2254
6	2148	2078	2220	2214	2292
7	2213	2080	2210	2206	2230
8	2148	2036	2178	2230	2170
9	2070	2148	2170	2185	2192
10	2107	2160	2119	2128	2193
11	2050	2170	2129	2176	2237
12	2110	2170	2151	2170	2160
13	2116	2215	2219	2172	2238
14	2195	2230	2280	2291	2263
15	2128	2260	2260	2272	2281
16	2234	2219	2314	2326	2449
17	2255	2207	2229	2310	2482
平均值	2158.1	2159.2	2209.2	2248.3	2290.2

根据图 2-13 的分析，我们选取表 2-5 中两组比较，如图 2-14 为第一组与第三组的色温曲线。

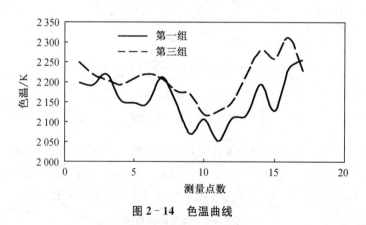

图 2-14　色温曲线

从曲线上可以发现，色温较显色指数的变化更小一点，但也存在着在路灯正下方的色温为钠灯本身的色温，而越往两边色温就呈上升趋势，原因就是越远离灯杆受到环境光的影响就越大，导致了测得的数据向两边逐渐偏高。

2.4　一种动态测量照度、亮度、显色指数、色温的综合测量方法

2.4.1　概述

　　近年来,随着城市道路建设事业的不断发展和城市道路照明技术的不断进步以及道路照明测量技术标准逐步与国际标准接轨,城市路灯管理部门所承担的道路照明照度检测工作量也日益增大。由于传统的手工测量道路照度的方法存在着测量工作量大,数据记录、处理繁杂,而且对已通车的道路测量存在诸多安全隐患。针对这种情况,盐城市丰登电子有限公司研发成功了 CZXT‐1 型车载式道路照明检测系统,该动态检测系统由测量传感器、主机、计算机等组成。将该系统安置在汽车上,以 10～60 km/h 的速度沿被测道路行驶即可,准确、快捷、方便地测量被测路面的平均照度和照度均匀度、平均亮度和照亮度均匀度及环境比等主要技术参数。该系统与传统的静态的人工逐点测量方法相比,具有测试效率高、测量误差小、安全可靠、使用方便等优点,并且可以实现对道路照明的照度、亮度的同时测量。利用该系统还可精确测量高压钠灯、金卤灯、LED 灯、节能灯等各种路灯光源的色温指数、显色指数、光谱波长、色品坐标等近 10 项路灯光源色度学与光度学方面的主要技术参数,为路灯光源色度学指标的现场测量提供了科学可靠的技术支持。仪器实物图如图 2‐15。

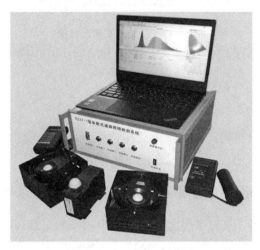

图 2‐15　CZXT‐1 型车载式道路照明检测系统

2.4.2　工作原理

　　车载式道路照明检测系统工作原理如图 2‐16 所示。

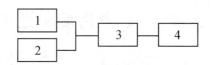

图 2-16 工作原理图

1—照度传统感器;2—光谱分析模块传感器;3—主机;4—计算机

2.4.3 系统硬件安装方法

1. 系统传感器的安装方法

测量前应将系统的两只照度传感器安装在汽车发动机盖板的前端,并相距 1 m,将传感器调整水平,将光谱分析模块传感器安置于汽车顶部中央,将传感器信号线引入车内连接到主机上,并拧紧航空插头,以免滑落。传感器安装示意图如图 2-17 所示。

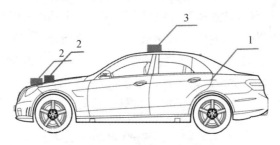

图 2-17 传感器安装示意图

1—小汽车;2—照度传感器;3—光谱分析模块传感器

系统主机及计算机均安置在汽车中。

2. 主机的安装方法

系统的主机及计算机均安置在车内后排位置。用 RS-232 数据线连接到系统主机,RS-232 数据线另一头 USB 接口连接在计算机上。

2.4.4 车载式道路照明检测系统光度学指标检测注意事项

(1) 使用时首先将一只光谱传感器安装于小汽车的车顶,两只照度传感器并排安装于小汽车前引擎盖板上,相距 1 m,并将传感器头调整水平,以便传感器可以准确地测量出测得的信号。

(2) 汽车行驶路程中应该尽量避开周围汽车强光车灯的干扰。

(3) 汽车可选用黑色或灰色的小轿车,这样可减少由于车身的反射光而引起的测量误差。

(4) 检测时,当车辆以规定的速度(20 km/h)沿待测道路匀速行驶,汽车内的计算机即可接收到沿途由传感器所获得的所有照明信息并实时进行处理、分析、显示。

(5) 在检测道路长,检测工作量比较大的情况下,建议采用变车道测量方法。该方法是由原来的单车道测量改成了变车道快速测量方法,如图2-18所示,这种方案在满足精度要求的前提下,再次提高了检测速度、减少现场检测时间、提高工作效率。

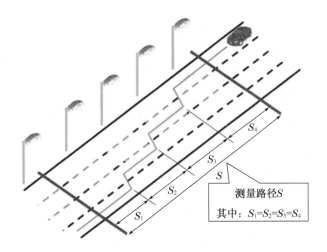

图 2-18　快速测量方法

2.4.5　测试结果

分别对道路的照度、亮度、色温、显色指数进行测量后得到测试界面,如图2-19和图2-20所示。

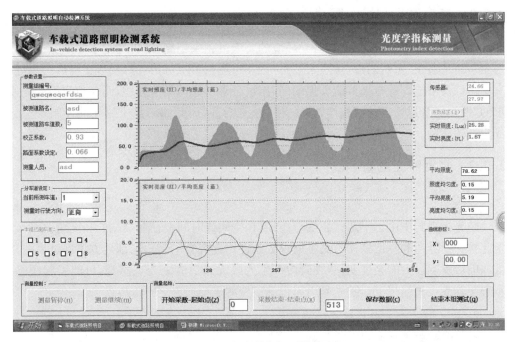

图 2-19　光度学指标测量界面图

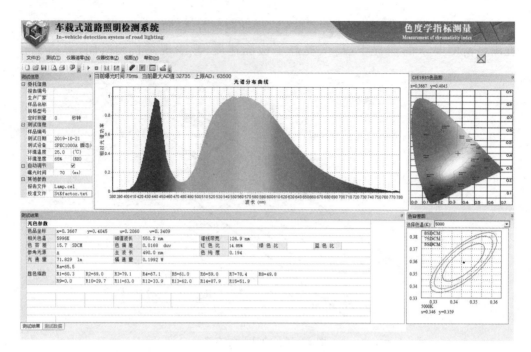

图 2‑20　色度学指标测量界面图

2.5　道路照明的眩光测量方法

2.5.1　亮度眩光测量的概述

随着生活水平的提高,人们对光环境的要求也越来越高,不再局限于"灯能点亮、看得见",而是追求"照明的舒适性、人性"。近几年随着 LED 灯具的兴起,在淘汰白炽灯、高压钠灯及节能灯等带来节能环保的同时,也带来了光污染等问题,而这与我们人类追求的"照明的舒适性、人性"相悖,其中尤以眩光为甚,因此如何对于眩光的控制及检测成为新的话题。

2.5.2　亮度眩光测量

1. 眩光

眩光指视野中由于不适宜亮度分布,或在空间或时间上存在极端的亮度对比,以致引起视觉不舒适和降低物体可见度的视觉条件。在视野中某一局部地方出现过高的亮度或前后发生过大的亮度变化,视野内产生人眼无法适应之光亮感觉,可能引起厌恶、不舒服甚或丧失明视度。眩光是引起视觉疲劳的重要原因之一。

2. 眩光的几个主要参数

(1) 眩光源的亮度;

(2) 环境光的亮度;

（3）光源对照射区域形成的立体角；

（4）眩光源的空间位置。

2.5.3　眩光检测仪

常见的眩光检测仪有丰登电子仪器有限公司 CZXG－1 型车载式道路照明系统眩光检测系统、德国 LMK Mobile Air 眩光测试仪。

1. 眩光测量的工作原理

CIE 推荐采用 TI（阈值增量）作为街道照明眩光参数的可接受值：非常用路段为10%，繁忙路段 15%。阈值增量 TI 表明街道、道路照明对能见度的提高程度，也是 DIN EN 13201－3：2003 规定的测试项目（该规范同时对于平均亮度、整体均匀性、纵向均匀性等做了要求）。由于灯泡、灯管类型差别，以及几何条件因素，仍然有可能会产生眩光效应。其计算公式为：

$$TI = \frac{65}{(L_{av})^{0.8}} \cdot L_{s}　　　　　　　　　（2-11）$$

式中：TI——阈值增量；

L_{av}——行驶方向车道的平均亮度；

L_{s}——光幕亮度。

（1）获取光源的亮度和背景光的亮度

CZXG－1 型车载式道路照明眩光检测系统根据 CIE 标准照明体 A 进行校正。同时，对曝光时间、光圈、焦距、变焦等设置对测试结果的影响，都根据图像数据非线性等进行了修正；对镜头的 SHADING 效应（中心亮四周暗的情况）进行修正。仪器相机实物如图2-21所示。

图 2－21　实物图

相机进行亮度测试原理:相机 CMOS 芯片上镀有对应的 RGB 膜,通过 RGB 滤光片实现与人眼视觉函数的匹配。由 RGB 信号合成亮度分布如图 2-22 所示。

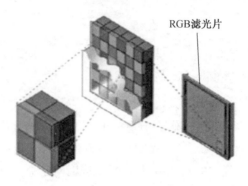

RGB滤光片

图 2-22　RGB 信号合成亮度分布图

利用成像式亮度计一次性捕获整个视场中的亮度分布图像,通过软件里提供的算法,可以分离出光源和背景进行单独计算得到光源的平均亮度和背景的平均亮度。

(2) 获取眩光源的空间立体角信息。

眩光检测仪计视场中的亮度 $L(i,j)$ 具有空间位置信息,亮度图像中的像素坐标 (i,j) 分别对应光轴相关的角度信息,如图 2-23 为亮度和空间位置信息标定示意图。

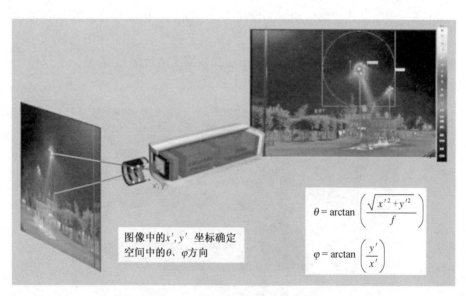

$$\theta = \arctan\left(\frac{\sqrt{x'^2+y'^2}}{f}\right)$$

$$\varphi = \arctan\left(\frac{y'}{x'}\right)$$

图像中的 x'、y' 坐标确定空间中的 θ、φ 方向

图 2-23　眩光源的空间立体角信息

$$\theta = f_\theta(i,j) \tag{2-12}$$

$$\varphi = f\varphi(i,j) \tag{2-13}$$

因此亮度图像中每一个像素点 (i,j) 不仅提供了视场中的亮度信息 $L(i,j)$,还提供了相关的空间位置信息 (θ,φ) 以及相对应的立体角信息 (Ω)。

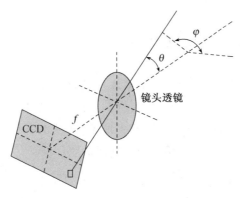

图 2 – 24　亮度和空间位置信息标定示意图

（3）各种眩光参数的计算

利用软件对图像进行整理分析，根据眩光计算公式所需的各种信息，整合得到包含立体角信息的加权图像以及其他计算所需的信息，最后得到眩光参数。

2. 亮度眩光的测量条件

（1）根据需要，点燃必要的光源，排除其他无关光源的影响。

（2）测量亮度眩光时，应等待光源的光输出稳定后再进行测量。因此，测量开始前，若是白炽灯，需燃点 5 min；若是高强气体放电灯、LED 路灯，则需燃点 30 min。对于新安装的照明系统，宜在燃点 100 h（气体放电灯、LED 路灯）和 10 h（白炽灯）后再测量其亮度眩光。

（3）测量时眩光测试仪位置如图 2 – 25 所示。

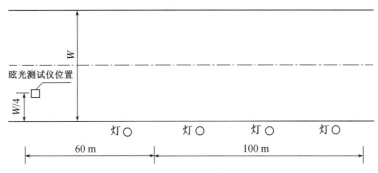

图 2 – 25　眩光测试仪位置示意图

3. 机动车道眩光标准值

表 2 – 6　机动车道眩光标准值

级别	道路类型	眩光限制阈值增量 $TI(\%)$ 最大初始值
Ⅰ	快速路、主干路	10
Ⅱ	次干路	10
Ⅲ	支路	15

2.6 道路照明的蓝光测量方法

随着城市建设事业的迅速发展,人们对光环境的要求也越来越高,照明光源的生物安全性问题越来越受到生产厂家以及老百姓的重视。随着 LED 光源的大范围应用,而其光谱中的蓝光成分较多,由此带来的"蓝光危害"问题也引起了政府和学界的广泛重视。因此,如何对于蓝光的控制及检测成为新的话题。

2.6.1 蓝光危害测量

1. 蓝光危害

蓝光危害是指人眼受到波长介于 380~500 nm 的辐射后,引起的光化学作用导致视网膜损伤的潜能。它属于光生物安全相关问题的一种。

光生物安全是指波长在 200~3000 nm 范围内的光辐射对没有防护的人眼和皮肤在过度曝辐时可能会引起非可逆性病变的描述。光辐射对人体的危害,主要包括对人体皮肤危害、对人体眼睛前表面(角膜、结膜和晶状体)危害以及对人体视网膜危害三种。光辐射对人体的生物反应是由多种能量传递过程产生的,一般可大致分为光化学作用和热作用。其中,紫外和蓝光等波长较短的光辐射主要对人体产生光化学作用,而红外辐射波长较长,主要起到热辐射作用。

2. 蓝光危害的计算

为了得到蓝光危害等级及对应的蓝光加权辐照度,通过以下计算程序得到结果:

(1) 通过光谱传感器,可以得到辐照度,即投射到包含该点的面元上的辐射通量 $\mathrm{d}\Phi$ 除以该面元面积 $\mathrm{d}A$。

$$E = \frac{\mathrm{d}\Phi}{\mathrm{d}A} \tag{2-14}$$

(2) 进而得到光谱辐照度,即入射在一个面元上的一定波长间隔内发出的辐射功率 $\mathrm{d}\Phi(\lambda)$ 与该面元的面积 $\mathrm{d}A$ 和波长间隔 $\mathrm{d}\lambda$ 之商。

$$E_\lambda = \frac{\mathrm{d}\Phi(\lambda)}{\mathrm{d}A \cdot \mathrm{d}\lambda} \tag{2-15}$$

(3) 蓝光辐照度包含的光谱辐照度之内,即光谱辐照度中波长在 380~500 nm 之间的数据之和。

$$E_b = \sum_{380}^{500} E_\lambda \tag{2-16}$$

(4) 最后得到视网膜蓝光危害加权辐照度,即光源不同波长的光谱辐照度与蓝光危害加权函数相乘,然后对波长积分,可得蓝光加权辐照度。

$$E_B = \sum_{380}^{500} E_\lambda \cdot B(\lambda) \cdot \Delta\lambda \qquad (2-17)$$

式中:E_λ——光谱辐照度,单位为 $W \cdot m^{-2} \cdot nm^{-1}$;

　　　$B(\lambda)$——蓝光危害加权函数;

　　　$\Delta\lambda$——波长带宽,单位为 nm。

(5)视网膜蓝光危害加权函数,如图 2-26 所示。

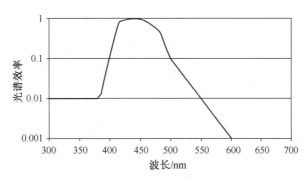

图 2-26　蓝光危害加权函数

(6)最后根据 IEC 62471—2006 和 GB/T 20145—2006《灯和灯系统的光生物安全性》、GB7000.1—2015《灯具一般要求与试验标准》等相关标准中蓝光危害等级及对应的蓝光加权辐照度表,对于蓝光加权辐照度 E_B 超过 $0.01\ W \cdot m^{-2}$ 的光源,最大允许的辐照度时间由公式 $t_{max} = 100/E_B$ 计算得到。对于一般照明的灯具,应将危险值报告为在产生 500 勒克斯照度的距离处的辐照度值或辐射值,但距离不得小于 200 mm。

表 2-7　蓝光危害等级及 t_{max} 范围

危险组别数字	蓝光加权辐照度($W \cdot m^{-2}$)	危险组别名称	相应的 t_{max} 的范围(s)
RG0	$E_B < 0.01$	免除	$> 10\ 000$
RG1	$0.01 \leqslant E_B \leqslant 1$	低危险	$100 \sim 10\ 000$
RG2	$1 < E_B \leqslant 400$	中等危险	$0.25 \sim 100$
RG3	$E_B > 400$	高危险	< 0.25

2.6.2　蓝光检测系统

1. 系统构成图

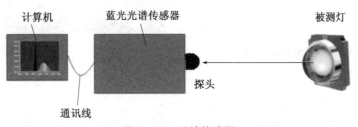

图 2-27　系统构成图

2. 蓝光光谱仪的原理

光源发出的光通过余弦修正及滤光片后被衍射光栅进行分光处理,CCD 传感器接受单色光,进行光电转换,得到需要的信号后进一步放大处理,模数转换,最终在电脑软件上显示出来。为了精确地测量光源的蓝光分量,本系统所使用的光谱仪在兼顾可见光光谱检测功能的基础上,刻意提高了在 380～500 nm 蓝光区域内的检测精度和分辨率。

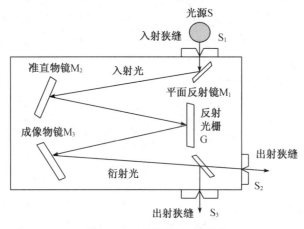

图 2-28 光谱仪的结构图

3. 测试条件

(1) 选取合适的测量点:光源干扰少,路况安全,没有树荫遮挡。

(2) 将测试车停在路灯正下方,把蓝光分析仪置于车顶,放置在路灯的正下方,用 USB 线连接操作电脑。现场安全测试如图 2-29 和图 2-30 所示。

图 2-29 传感器安装图

图 2-30 现场测试图

4. 蓝光测试软件

通过测试软件,一键测量可以将灯具的蓝光辐射照度等相关蓝光安全参数、光谱图、RGB 占比都测出来，通过软件计算最终得出视网膜蓝光危害加权辐照度，并依据标准划分蓝光危害等级。软件界面如图 2 - 31 所示。

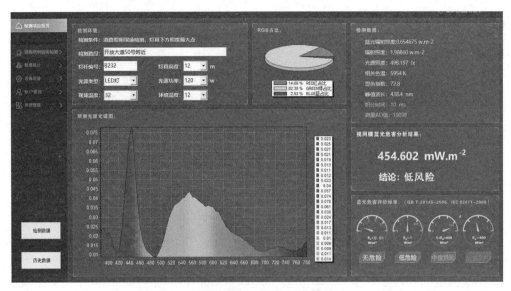

图 2 - 31　软件界面

5. 测量的注意事项

（1）测量时必须在夜间 12 点以后，这样尽量避免受到周围杂光的干扰。

（2）测量时必须停在测量光源的正下方，确保避免其他光的干扰。

（3）测量时应该测量三次取平均值，避免偶然误差。

（4）测量时要注意将蓝光光谱传感器和电脑之间的连接线检查好，确保通信正常。

2.7　光污染的测量方法

2.7.1　概述

室外照明一方面满足了夜间人们交通出行、工作娱乐、安全安保、美化装饰、广告显示的需求，另一方面也可能对周边居民、道路使用者、观光客、自然环境以及天文观测产生不利影响，这种不利影响就称之为光污染。光污染是继废气、废水、废渣和噪声等污染之后的一种新的环境污染源，主要包括白亮污染、人工白昼污染和彩光污染。光污染正在威胁着人们的身体健康和正常工作。在日常生活中，人们常见光污染的状况多为由镜面建筑反光所导致的行人和司机的眩晕感，以及夜晚不合理灯光给人体造成的不适感。要减少光污染这种都市新污染的危害，关键在于加强城市规划管理，合理布置光源，加强对广告灯和霓虹灯的管理，禁止使用大功率强光源，控制使用大功率民用激光装置。同时，实时监测周围环境的光照强度等措施势在必行。

2.7.2 检测对象的研究

1. 光污染对居住区影响

居住区室外照明对居住者的影响主要有两个方面:一是夜间室外照明灯光进入居室影响人们的正常休息;另一方面是室外照明强光进入室内可能产生眩光,影响人们的日常生活,甚至威胁人们身体健康。

2. 光污染对交通车辆的影响

各种交通线路上的照明设备或附近的体育场和商业照明设备发出的光线都会对车辆的驾驶者产生影响,降低交通的安全性。主要表现在:

(1)灯具或亮度对比很大的表面产生眩光,影响到驾驶者的视觉功能,使驾驶者应对突发事件的反应时间增加,从而更容易发生交通事故。

(2)出现在驾驶者视野内的亮度很高的表面使各种交通信号的可见度降低,增加了交通事故发生的可能性。

(3)规则布置的灯具会对高速行驶的车辆驾驶者产生闪烁,当闪烁的频率出现在一定的范围内时,会使驾驶者产生不舒适感,甚至催眠作用。在隧道等场所的照明中应尽量避免这种闪烁引起的视觉功能的降低。

(4)光污染对轮船和航空也会有相同的不良影响,同时因为这两种交通方式在夜间对灯塔等灯光导航系统有更高的依赖性,安装得不合适的照明设备会对驾驶人员产生误导。安装在道路或桥梁上的灯具发出的光线,经水面反射后也会对驾驶人员产生影响。

3. 光污染对行人的影响

当道路照明或广告照明设备安装不合理时,会对附近的行人产生眩光,导致降低或完全丧失正常的视觉功能。这一方面影响到行人对周围环境的认知,同时增加了发生犯罪或交通事故的危险性。具体的危害表现在:

(1)安装不合理的道路或广告照明灯具,其本身产生的眩光使行人感到不舒适,甚至降低视觉功能。

(2)当灯具本身的亮度或灯具照射路面等处产生的高亮度反射面出现在行人的视野范围内时,因为出现很大的亮度对比,行人将无法看清周围较暗的地方,使之成为犯罪分子的藏身之处,不利于行人及时发现并制止犯罪。

2.7.3 城市环境亮度分区等级

根据 GB/T 35626—2017《室外照明干扰光限制规范》城市区位的功能性质,将其按照环境亮度等级进行划分,对应环境亮度的区域划分见表 2-8。

表 2 - 8　城市环境亮度的区域划分

环境亮度类型	严格控制照明区域	低亮度区域	中等亮度区域	高亮度区域
区域代号	E1	E2	E3	E4
对应区域	森林公园、自然保护区	城郊居住区	城市居住区及一般公共区	城市中心区、商业区

2.7.4　检测方法

本测量方法根据 GB/T 35626—2017《室外照明干扰光限制规范》和 CJJ45—2015《城市道路照明设计标准》，采用国产 GWL - 1 型光污染检测系统进行测量。

1. 居住区光污染分析与测量

居住区的干扰光限制应采用住宅建筑居室窗户外表面上的垂直面照度限值和照明灯具朝向居室窗户的发光强度限值两个主要指标进行综合评价。

（1）居住建筑窗户外表面上所接受到的干扰光源的垂直照度

根据 GB/T 35626—2017《室外照明干扰光限制规范》，住宅建筑居室窗户外表面上的垂直面照度限值见表 2 - 9。

表 2 - 9　照度限值

时段	环境区域			
	E1	E2	E3	E4
熄灯时段前	2 lux	5 lux	10 lux	25 lux
熄灯时段	0 lux	1 lux	2 lux	5 lux

如果是道路照明灯具产生的影响，此值可提高至 1 lux。

（2）居住建筑窗户外表面上的垂直照度的测量方法

测量方法如图 2 - 32 所示。

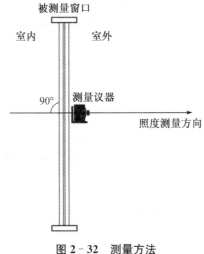

图 2 - 32　测量方法

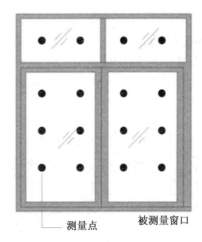

图 2 - 33　布点方法

① 测量时应打开窗户,并将仪器照度测量镜头与窗户处于垂直状态,同时将仪器放置在尽量靠近窗户位置。

② 对受干扰光影响的居室窗户的外表面的垂直照度进行测量,并取其平均值。

③ 采取"中心布点法",将居室窗户外表面划分成矩形网格,在矩形网格中心点测量垂直照度。当窗面积小于 1 m² 时,测点应不少于 6 个;当窗面积大于或等于 1 m² 时,测点应不少于 9 个;同时,应均匀布置。测量布点方法如图 2-33 所示。

④ 窗户外表面垂直照度平均值按式(2-18)计算:

$$E_a = \frac{1}{n}\sum_{i=1}^{n} E_i \qquad (2-18)$$

式中:E_a——平均垂直照度,单位为勒克斯(lux);

E_i——第 i 个测量点的垂直照度,单位为勒克斯(lux);

n——总测量点数。

(3) 居住建筑窗户外表面上接收到的干扰光源的光强度

根据 GB/T 35626—2017《室外照明干扰光限制规范》,住宅建筑居室窗户外表面上接收到的干扰光源的光强度限值见表 2-10。

表 2-10 光强度限值

时段	环境区域			
	E1	E2	E3	E4
熄灯时段前	2500 cd	7500 cd	10 000 cd	25 000 cd
熄灯时段	10 cd	500 cd	1000 cd	2500 cd
如果是道路照明灯具产生的影响,此值可提高至 500 cd。				

在受干扰光影响的居室窗户处,对产生干扰的照明灯具的亮度、发光面面积和夹角进行测量。

① 测量方法:采用二维成像亮度计测量现场对产生干扰光的照明灯具亮度 L 和发光面表面积 A,并通过激光测距仪现场距离测量得出 $\cos\theta$,θ 为发光面法线方向与观察者视线的夹角。

测量方法示意图如图 2-34 所示。

② 数据处理:按式(2-19)计算灯具发光强度:

$$I = LA\cos\theta \qquad (2-19)$$

式中:I——灯具发光强度,单位为坎德拉(cd);

L——测量亮度值,单位为坎德拉每平方米(cd/m²);

A——发光面表面积,单位为平方米(m²);

θ——发光面法线方向与观察者视线的夹角,单位为度(°)。

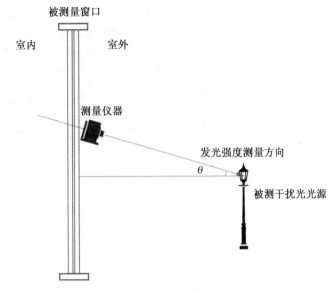

图 2-34 测量方法

2. 道路照明干扰光分析与测量

机动车道路干扰光是以道路眩光阈值增量来评价的,标准要求道路的非道路照明设施对机动车驾驶员产生的眩光的阈值增量不应大于15%,并符合CJJ45的相关规定要求。

对道路交通干扰的测量,相关 GB/T 35626—2017《室外照明干扰光限制规范》和 CJJ 45—2015《城市道路照明设计标准》标准数据见表 2-11。

表 2-11　机动车道照明标准值

| 级别 | 道路类型 | 路面亮度 | | | 路面照度 | | 眩光限制阈值增量 $TI(\%)$ 最大初始值 | 环境比 S_R 最小值 |
		平均亮度 $L_{av}(cd/m^2)$ 维持值	总均匀度 U_0 最小值	纵向均匀度 U_L 最小值	平均照度 $E_{h.av}$ (lux) 维持值	均匀度 U_E 最小值		
Ⅰ	快速路、主干路	1.50/2.00	00.4	0.7	20/30	0.4	10	0.5
Ⅱ	次干路	1.00/1.50	00.4	0.5	15/20	0.4	10	0.5
Ⅲ	支路	0.50/0.75	00.4	—	8/10	0.3	15	—

道路交通干扰光的测量,应对机动车驾驶员产生眩光的阈值增量进行测量。

(1)测量对象:对机动车驾驶员造成光干扰的非道路照明设施。现场测试见图 2-35。

(2)测量位置:观测点位于距离道路右侧路缘 1/4 道路宽度处,观测点高度为路面上方 1.5 m,观察视线与道路轴线平行,且与平行路面的平面向下成 1°。

图 2-35　现场测试图

（3）测量范围：应为垂直方向与视线成 20°的平面以下的范围，参见图 2-36。

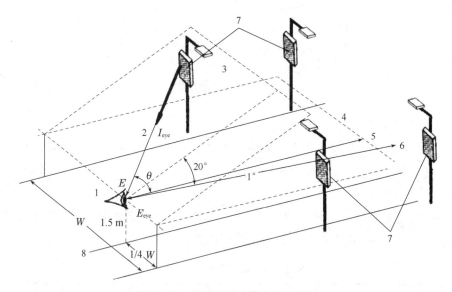

图 2-36　阈值增量计算参数示意图

图中：W——道路宽度；

I_{eye}——待测照明装置在与观测点连线方向上的光强；

1——观测点；

2——待测照明装置与观测点连线；

3——用于规定测量范围，垂直方向与视线成 20°的平面；

4——经过观测点，平行于路面的平面；

5——在平面 4 上，平行于道路轴线的方向；

6——视线；

7——测量范围内的待测照明装置；

8——道路轴线。

（4）测量方法：采用干扰光综合测量仪亮度测量模块测量机动车道路面平均亮度，采用干扰光综合测量仪照度测量模块测量视野中每个照明装置在观察者眼睛与待测照明装置连线方向上的照度 E。位于观测点的照度计探头应在垂直于观察者眼睛与待测照明装置连线的平面上,并利用光阑遮挡杂散光,逐一测量待测照明装置的直接照度。

（5）数据处理:根据测量的相关参数,计算阈值增量为:

$$TI = \frac{k}{L^a} \sum \frac{E_{\text{eye}}}{\theta^2} \qquad (2-20)$$

式中:TI——城市道路的非道路照明设施对机动车驾驶员产生干扰光的阈值增量;

　　　$\sum$——待测照明装置贡献之和;

　　　θ——各待测照明装置与观测点连线和假定视线之间的夹角,用于计算的 θ 单位为弧度,公式适用条件应为 $1.5° < \theta < 60°$;

　　　L——机动车道路面平均亮度,单位为坎德拉每平方米(cd/m^2);

　　　K——常数,当 $0.05 < L < 5\ \text{cd/m}^2$,取 650;当 $L \geqslant 5\ \text{cd/m}^2$ 时,取 950;

　　　α——常数,当 $0.05 < L < 5\ \text{cd/m}^2$,取 0.8;当 $L \geqslant 5\ \text{cd/m}^2$ 时,取 1.05;

　　　E_{eye}——某一待测照明装置在与假定视线方向正交的平面上观测点位置处产生的照度(初始值),单位为勒克斯(lux)。

3. LED 显示屏干扰光分析与测量

根据 GB/T 35626—2017《室外照明干扰光限制规范》,LED 显示屏的干扰光限制采用显示屏表面的平均亮度限值评价,其平均亮度限值见表 2-12。

表 2-12　平均亮度限值

LED 显示屏 （全彩色）	环境区域			
	E1	E2	E3	E4
平均亮度	不宜设置	200	400	600

LED 显示屏的干扰光测量应对产生干扰光的 LED 显示屏表面的平均亮度进行测量,如图 2-37 所示。

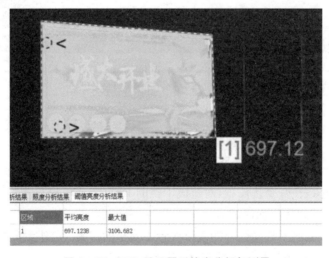

图 2-37　LED 显示屏干扰光分析与测量

（1）测量对象：确定受干扰的位置，对产生干扰光的 LED 显示屏进行测量。

（2）测量方法：将干扰光综合测量仪放置于安全的位置，被测目标物必须完整纳入镜头并且最大可能地占满检测仪镜头，使用应用软件测量；测量方向为测量位置与 LED 显示屏显示区域的连线，在显示屏正常播放时任意选择显示区域，用干扰光综合测量仪进行连续测量，采集时间不少于一个完整播放周期。

4. 媒体立面干扰光分析与测量

根据 GB/T 35626—2017《室外照明干扰光限制规范》，媒体立体墙面的干扰光限制采用墙体表面的平均亮度限值和最大亮度限值来评价，亮度限值见表 2-13。

表 2-13　亮度限值

表面亮度（白光）	环境区域			
	E1	E2	E3	E4
表面平均亮度	—	8	15	25
表面最大亮度	—	200	500	1000

LED 媒体墙的干扰光测量应对产生干扰光的媒体墙表面的平均亮度和最大亮度进行测量，如图 2-38 所示。

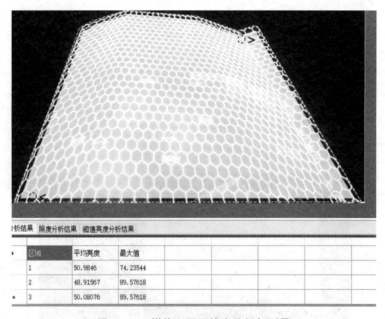

图 2-38　媒体立面干扰光分析与测量

（1）测量对象：在受干扰位置，对造成干扰的 LED 媒体墙进行测量；测量范围不包含待测立面上的非媒体立面区域。

（2）测量方法：将干扰光综合测量仪放置于安全的位置，被测目标物必须完整纳入镜头并且最大可能地占满检测仪镜头，使用应用软件测量。

2.7.5　国产 GWL-1 型光污染检测系统

1. 仪器模块结构

根据 GB/T 35626—2017《室外照明干扰光限制规范》和 CJJ45—2015《城市道路照明设计标准》,结合城市道路照明现场测量的实际需求,光污染综合测量仪的设计思想及工作原理主要解决光污染来源的光强度检测、亮度及照度检测等光学参数综合测量技术,并以由 Microsoft Visual Studio 2015 为平台的自行设计的软件解决其综合检测数据的实时处理问题,以实现对道路照明光污染的准确、方便的现场测量。该仪器主要由亮度检测模块、照度检测模块、光强度检测模块、激光测距模块等功能模块组成,通过 USB 数据接口与计算机连接。

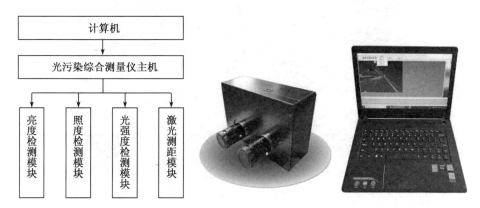

图 2-39　仪器模块结构原理图　　　　图 2-40　产品实物

2. 主要技术参数

亮度测量范围:0.01～10^5 cd/m^2,加滤光片可至 10^{10} cd/m^2;

亮度测量精度:5%;

照度测量范围:0.01～10^{+6} lux;

照度测量精度:3%;

光强度测量范围:0.01～10^{+6} cd;

光强度测量精度:5%。

2.8　景观照明的测量方法

2.8.1　概述

城市晚间照明基本可分为功能性照明和景观性照明。功能性照明是以满足人们晚间生活、工作、出行、安全等为主要目的,例如道路照明、商业街的照明、小区内的照明、广场照明等,城市广告和标志的晚间照明也可大体归属于此类范畴之中。其主要目的是照亮物体,其照明设计均有较为成熟的国家标准、技术规范和实施细则,在验收和评估时,可以用相关的技术规范和国家标准为依托。另一类是最近几年蓬勃发展起来的景观照明,包括建筑物的夜景照明、雕塑照明、园林景观照明、水景的夜景照明等。其主要目的是体现建筑物晚间的美,从艺术上和美学上创造出高尚、和谐的气氛,追求美的意境,提升城市的层次和级别,从精神上满足人们的艺术享受。景观照明的产生与发展丰富了城市景观的内涵,成为现代城市景观和都市生活不可缺少的重要组成部分,也是光文化研究的重点课题。景观照明图例如图 2-41 所示。景观照明是建筑学、照明技术、光学、色度学、生理学、园林学、美学、测量学等多科学领域的综合,因而对景观照明的测量与验收比功能性照明要复杂困难得多,因为其涉及诸多的测量元素。

图 2-41 景观照明

2.8.2 景观照明光色数据检测科学化、数量化

光环境是光源、灯具和被照射物组合后的整体光色效果,并包括与此相关的背景及夜天空的亮度与色度。

要提升光环境水平首先要科学、准确地表达和描述光环境。据感知觉实验,人眼可以分辨出十万种以上不同明度、色调、饱和度的物体,自然光的亮度由 10^{-4} cd/m² 到 10^4 cd/m² 以上,再丰富的语言也无法确切描绘这五彩缤纷的世界。大家有时用同一语言表达不同的颜色,有时又用不同的语言来表达同一颜色,用语言无法对客观世界做确切的描绘和表达,实际上失掉了进一步讨论、提高和改进夜景照明的必要和真实的前提。

对照明工程色度的评估与测量实际上比亮度更为复杂和困难,也更为重要,因为夜景照明下的景物绝对不应该是死气沉沉的黑白世界,而应该是五彩缤纷、充满活力的世界。

作为造型艺术的建筑,更离不开色彩的参与,可以说照明建筑本身就是不可分割的艺术整体。古往今来,色彩为建筑艺术增添了巨大的魅力,为城市增添了无数光彩,可以设想,如果一个城市到处都是单一的灰色,千楼一面,怎么能体现出城市的活力;只有色彩丰富、鲜艳夺目,才会使人感到兴旺昌盛,欣欣向荣。可见色彩所创造的心理效应和社会效益是多么重要。

颜色是主客观相结合的概念,在客观上取决于光源和物体在可见光波段上的光谱特性,在主观上取决于人眼视网膜上红锥、绿锥、蓝锥细胞对外界光的感受特性。因此,色度学是一门涉及物理光学、视觉生理、视觉心理、心理物理等交叉研究的学科。国际照明委员会色度学分技术委员会在大量实验基础上,并经计算提出了定量表示颜色的计算公式。

$$X = \int_{380\,nm}^{780\,nm} S(\lambda)P(\lambda)\bar{x}(\lambda)\mathrm{d}\lambda \qquad (2-21)$$

$$Y = \int_{380\,nm}^{780\,nm} S(\lambda)P(\lambda)\bar{y}(\lambda)\mathrm{d}\lambda \qquad (2-22)$$

$$Z = \int_{380\,nm}^{780\,nm} S(\lambda)P(\lambda)\bar{z}(\lambda)\mathrm{d}\lambda \qquad (2-23)$$

$$x = \frac{X}{X+Y+Z} \qquad (2-24)$$

$$y = \frac{X}{X+Y+Z} \qquad (2-25)$$

式中:$S(\lambda)$——照明光源在可见光波段 $380\sim780$ nm 的光谱分布;

$P(\lambda)$——被照体在可见光波 $380\sim780$ nm 的光谱分布;

$\bar{x}(\lambda)\bar{y}(\lambda)\bar{z}(\lambda)$——标准色度观察者光谱三刺激值;

X、Y、Z——三刺激值;

x、y——色度坐标。

上述公式可以使我们用数字和色度图定量确切地表达光源和物体的颜色。

光度学与色度学的发展可以用数据与图形对我们生活的自然界做出定量的描绘,并提供科学参数,也为交流、改进现有的照明设计打下必要的科学量化基础。这是提高光环境、光文化品位的重要关键。

2.8.3　检测方法

本测量方法依据 GB/T 35626—2017《室外照明干扰光限制规范》和 GB/T 38439—2019《室外照明干扰光测量规范》,采用国产 JGZM-1 型景观照明综合测量系统进行测量。

1. 照度测量

强烈的景观照明可能对周围造成很强的影响,对居住区、办公区的用户产生干扰光,这就需要景观照明对这些区域的照度进行测量,用于指示景观照明光照的强弱和物体表面积被照明程度的量。

将景观照明综合测量仪器照度测量镜头与窗户处于垂直状态,并将仪器放置在尽量靠近窗户位置;使用系统软件选择"照度检测",得到测量结果。

2. 亮度测量

景观照明检测需要测得局部亮度或建筑整体亮度,才能正确评估是否达到设计原定效果。如通过不同构件间的亮度对比来表现层次,需要分别知道某个构件上的亮度,此时不需要把其他非相关构件纳入测量区域;而测量整体建筑的表面亮度时,需将天空、地面以及其他相邻建筑区分开。图 2-42 采用顶、中、底三段式的照明方式,需要测试屋顶平均亮度、立柱平均亮度等。图 2-43 采用局部泛光照明方式,需要测试一个单元的局部亮度。图 2-44 采用整体泛光照明方式,需要测试立面整体平均亮度。景观照明的特点决定了能精确选定测试区域的亮度测试方法,则更具有实际使用意义。

图 2-42 顶、中、底三段式的照明方式

图 2-43 局部泛光的照明方式

图 2-44 整体泛光的照明方式

2.8.4　色温、显色指数测量

景观照明色彩多样,为了更好地对景观照明有总体的色度学数据了解,就需对色温、显色指数进行检测,本系统采用光谱分析传感器与其配套的软件系统对其进行分析测量。

光源对物体的显色能力称为显色性,是通过与同色温的参考或基准光源(白炽灯或画光)下物体外观颜色的比较。当光源光谱中很少或缺乏物体在基准光源下所反射的主波时,会使颜色产生明显的色差。色差程度越大,光源对该色的显色性越差。显色指数系数(Kau fman)仍为定义光源显色性的普遍方法。太阳光的显色指数定义为100,白炽灯的显色指数非常接近日光,因此被视为理想的基准光源。

使用系统软件选择"色度学检测",软件会一次性将景观照明的色温、显色指数等色度学数据检测出来,并可绘出光谱图、极坐标图。图2-45为LED光源的光谱曲线图。

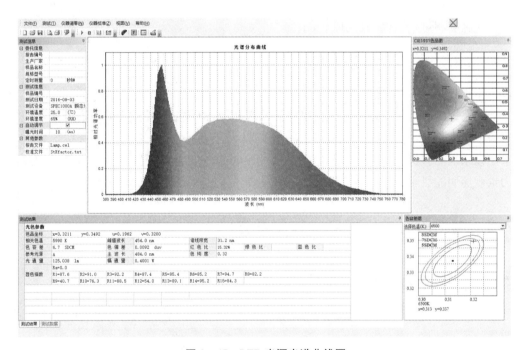

图2-45　LED光源光谱曲线图

2.8.5　国产JGZM-1型景观照明综合测量系统

结合景观照明检测的实际需求,JGZM-1型景观照明综合测量系统主要由亮度检测模块、照度检测模块、色温、显色指数等功能模块组成,通过USB数据接口与计算机连接。并以由Microsoft Visual Studio 2015为平台自行设计的软件解决其综合检测数据的实时处理问题,以实现对景观照明的准确、方便的现场测量。其仪器模块结构原理图如图2-46,实物图如图2-40所示。

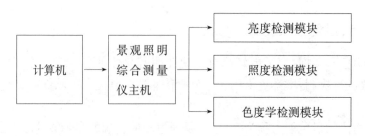

图 2‑46　仪器模块结构原理图

主要技术参数如下：

亮度测量范围：$0.01 \sim 10^5$ cd/m²，加滤光片可至 10^{10} cd/m²；

亮度测量精度：5%；

照度测量范围：$0.01 \sim 10^{+6}$ lux；

照度测量精度：3%；

光强度测量范围：$0.01 \sim 10^{+6}$ cd；

光强度测量精度：5%；

工作环境温度：$-30\ ℃ \sim 50\ ℃$；

工作环境湿度：10% $\sim$ 90%。

该系统的硬件主要结构与光污染检测系统相似，但数据处理软件系统有所区别，并对检测中的相对示值误差、非线性误差、均匀性误差、测量距离特性等进行系统修正。采用该系统能够快速、准确、方便地测量景观照明的照度、亮度、显色指数与色温指数，为景观照明的科学、定量、客观地分析和评估提供了必要的技术与设备支持。

2.9　电光源的光、色、电参数测量方法

2.9.1　光源光电性能及能效检测系统

能效是照明产品首要考虑的内容，光通量、色温、显色指数等也都是考量照明产品质量的重要参数。

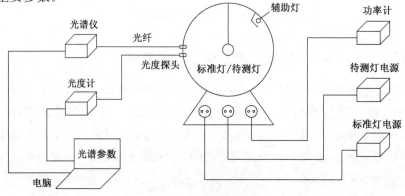

图 2‑47　系统连接图

1. 系统组成

（1）积分球：给光源测试提供环境，关键指标有两个：涂层漫反射率和积分球尺寸机构。

（2）供电系统

① 交直流电源——给标准灯、待测灯供电；

② 功率计——监测标准灯、待测灯电压电流功率等电参数。

（3）光谱仪：测试主机，连接电脑积分球。分为机械式光谱仪和 CCD 式光谱仪。

（4）标准灯：标准量值传递，用于对比测试光源。

（5）电脑：控制及显示功能。

2. 系统原理

在积分球内，用已知量值的标准灯定标光谱仪，再用光谱仪测试待测光源，把测试结果和标准的量值相比较，计算出待测光源的光通、色温、色品坐标等参数，同时采集待测光源的电参数，完成系统光、电、色性能及能效检测。

3. 测试方法

按照国家标准 GB/T 24907—2010《道路照明用 LED 灯性能要求》和 GB/T 24824《普通照明用 LED 模块测试方法》进行测量。使用国产 PCE 系列光色电综合测试系统、MCS‐1000 光色电综合测试系统进行测试。

（1）测试主机

可分为机械式光谱仪或者 CCD 式光谱仪。

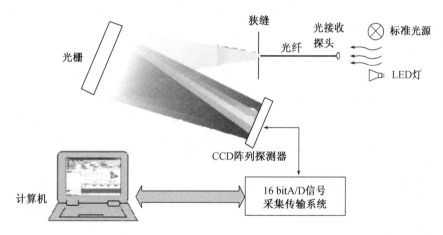

图 2‐48 CCD 光谱仪原理图

光纤将被测光信号引入 CCD 光谱仪的光学腔内，随后投射到光栅的表面，光栅对入射的光信号进行分光处理，使不同波长成分的单色光照射到 CCD 阵列探测器上，将光信号转换成不同强度的电信号，电信号经滤波放大电路等处理后，由 A/D 转换为 16 bit 的数字信号，通过 USB 通讯线或其他通讯方式上传到计算机，再由人机交换界面软件进行数据处理，最终输出测量结果。

① 机械式光谱仪：由光纤输入的光源光信号，经过光滤色片预分光，从入射狭缝进入光栅单色仪，经过光栅衍射后，某一波长的单色光从出射狭缝出射，并由高灵敏光电探测器接收，转换成电信号。该光电信号由放大电路放大，送到单片机板，经过 A/D 转换后，数字化信号再通过 RS-232 接口发到 PC 计算机上。同时，计算机发出光谱扫描信号，控制步进电机，驱动光栅转动，使每一对应波长的单色光相继从出射狭缝出射，并转换成电信号，最终一系列波长的光谱信号由 PC 计算机采样获得。

② 分析：机械式光谱仪需机械分光，测试速度慢。CCD 光谱仪可以做到快速测量。

（2）测试的指标

可分为三部分：光度值、光谱值、电参数。光度值为光通量；光谱值为色温、色品坐标、主波长、色容差等；电参数为电压、电流、功率、功率因数等。

（3）测试方法

可分为光度法、光谱法、光谱光度法。

① 光度法：在积分球内用已知光通量标准灯与被测灯做比较测试，从而定出被测灯的光通量。光通量测量的基本原理就是在积分球内放置被测光源，在积分球内壁涂以白色漫反射层，光源发出的光经球壁多次反射后，使整个球壁上的照度均匀分布，故通过球壁上的窗口射到光电探测器上的光通量应正比于光源所发射的总光通量。为了使球壁上的光电探测器的相对光谱灵敏度 $S(\lambda)$ 符合人眼的光谱光视效率 $V(\lambda)$，一般使用加滤光片组的方法进行修正。修正后的相对误差 f_1 在 3% 以内是比较好的探测器，1% 以内的探测器属于非常精密的光电探测器。相对误差 f_1 的影响主要是当待测光源和标准光源的相对光谱功率分布不同时，将会带来比较大的误差。这个误差一直是光测量存在的问题，避免这个问题的方法就是相对光谱功率分布相同的标准光源或者是 $S(\lambda)$ 要完全匹配 $V(\lambda)$。

② 全光谱法：先用已知每个波长辐射量的标准灯标定光谱仪，然后再放上待测灯，用单色仪或 CCD 测出每个波长的辐射量，经过标准灯每个相对应波长的修正之后，得出待测灯的每个波长的光谱辐射强度，再将算得的各波长的光谱辐射强度分别除以最大光谱辐射强度值（对应某一波长），得到待测光源的相对光谱功率分布 $P(\lambda)$。从而计算出被测光源的各项指标。

注：得出待测灯的相对光谱功率分布之后，首先进行光谱功率分布不同的修正，因为标准灯的相对光谱功率分布 $P(\lambda)$ 与待测灯的光谱功率分布 $P(\lambda)$ 不同时，将产生光通量测量误差。

③ 光谱光度法：分别用光度法测试光通量和光谱法测量色度参数。即：光谱法可以测试出光度值和光谱值，光度法只针对光通量测试。

光谱光度法已经是比较成熟稳定的光电测试系统，目前大部分实验室都采用光谱光度法测量光源的光电参数，但各个实验室比对结果差距还是比较大。一是由于光电探测器相对误差没有得到很好的控制，从 1% 到 8% 的光电探测器都有实验室在使用；二是大部分系统的定标不是以标准灯的每个波长的绝对辐射量来定标，大部分色度定标以同色温下黑体光谱功率分布值作为标定光谱仪的每个波长相对应的光谱功率值。这两个方面都会引入整个系统的较大不确定度分量。它的优点在于,对光电感光元件的依赖性不高,只需要测得相对功率分布即可,使整个系统可以在短时间内不用定标,有较好的稳定性。在测量标准灯与被测灯为相同光谱功率分布的测试中,较为精准。

全光谱法避免了光谱光度法的缺点,最大优点是不用对光电探测器进行修正,因为在标准灯是卤钨灯,而被测灯是荧光灯、LED、气体放电灯等光源测量时,有更精确的测量精度。但全光谱法的缺点是对光电倍增管或CCD感光元件的依赖性较高,由于需要测得绝对光谱值,对整个光谱仪的设计提出更高要求,且对测试环境的温度要求较高,最好进行温度控制。

4. 测试要求

(1) 环境温度

25 ℃±1 ℃(在距SSL产品1 m内,且与SSL产品同一高度测量)。

(2) 空气流动

只能有不影响电气和光度数据的空气流动。

(3) 电源要求

交流电源波形:应工作在谐波分量总和不超过3%基波的规定频率(如50 Hz/60 Hz)的正弦交流电压下;

电压稳定要求:交流或直流电源在有负载的情况下都应稳定在0.2%以内。

(4) 产品稳定

稳定时间:一般定为30 min(小的LED一体灯)至2 h以上(大的SSL灯具);

稳定条件:30 min(或以上),每15 min测试,光输出波动小于0.5%。

(5) 工作方位(安装位置)

被测样品测试及稳定时的安装方向应与实际使用时的方向一致。

电路要求:应布置电参数表监控被测样品的输入电压、输入电流,不确定度不大于0.2%。

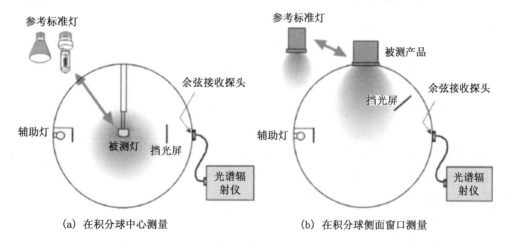

(a) 在积分球中心测量　　　　　　(b) 在积分球侧面窗口测量

图 2-49　4p 结构

能效：光通量和消耗功率之比，考核光源节能标准。

光辐射功率：单位时间内，发射的所有波长成分的辐射能量。单位是 W，其中能使人产生光视觉的这一部分能量，称为光通量。

5. 报告解读

（1）能效：光通量和消耗功率之比，单位 1 m/w，考核光源节能标准。

（2）色品坐标：它反映发光源的发光颜色，色温就是色品坐标计算得出的。

（3）色温：起源于物体被加热至不同温度时，它会表现出相对应的不同颜色，这样颜色和温度之间就有了一种联系。当温度升高时，物体的辐射会改变，导致颜色的变化。其他类特殊的余热发光物体，当被加热时，它会以 100% 的效率辐射，科学家们将这类理想的完全辐射称作黑体辐射，这种辐射体称为黑体。理想黑体辐射的颜色根据特定的温度而异，色相的范围可在 CIE 色度图上显示为一条曲线，这条线称作黑体辐射轨迹。当温度上升时，颜色从深红色转为橙色、黄色、白色，直至最终的略带蓝色的白色。

（4）相关色温：当光源的特性与完全辐射体的特征完全吻合时，色温的概念是非常适用的。当光源发出的光接近但不吻合于黑体辐射时，色温的概念就需要被延伸出去，这时如果要描述这样一类光源发射的光，就要用相关色温的概念。黑体辐射的色温与这样一类光源发射光的色温是相接近的，相关色温是由光源色彩所在点的等温线计算所得。

（5）峰值波长：光谱发光强度或辐射功率最大处所对应的波长。它是一种纯粹的物理量，一般应用于波形比较对称的单色光的检测。

（6）谱线带宽：指从单色器射出的单色光谱线强度轮廓曲线的二分之一高度处的谱带宽度。用来表征仪器的光谱分辨率。

（7）色容差：X、Y 值与标准光源之间的差别；数值越小，准确度越高。

（8）色偏差：指被测试光源偏离黑体发光轨迹的距离（色品图上的色品坐标点到黑体轨迹的最短距离）。

（9）红色比：指红光占所有光线的百分比。红光 580～780 nm（蓝色比：380～500 nm、绿色比：500～580 nm）。

（10）主波长：眼睛能看到光源发出的主要光的颜色所对应的波长为主波长；在 CIE1931 马蹄形坐标中，从 E 点（0.33，0.33）向被测物体做延长线与马蹄形曲线有交点对应的波长。

（11）色纯度：指颜色的纯度。例如单纯红光的色纯度就高于混合光，其为以主波长描述颜色时之辅助表示，以百分比计，定义为待测件色度坐标与 E 光源之色度坐标直线距离与 E 光源至该待测件主波长之光谱轨迹（SpectralLocus）色度坐标距离的百分比，纯度愈高，代表待测件的色度坐标愈接近其该主波长的光谱色，是以纯度愈高的待测件，愈适合以主波长描述其颜色特性，LED 即是一例。

（12）光通量：光源以电磁波的形式辐射能量，用通量来形容光能。光通量是对光源发射或是某表面接受光能流量的测定。通过估算与标准眼睛相对应的光度效率的辐射,从辐射通量得到光通量的数值。

(13) 辐射通量:这是源发射或者表面接受的辐射功率。也可被定义为通过某特定区域或某立体角辐射能量的速率。辐射通量的国际单位是瓦特。

(14) 显色指数:指光源光照射到物体上,物体所显示颜色。与标准光源照射到物体上,物体所显示颜色的差异。没差异为 100,差异大则数值小。

6. 技术参数

波长测量范围:380~780 nm(特殊:200~1050 nm);

波长测量准确度:±0.2 nm;

波长测量重复性:±0.1 nm;

光谱采样间隔:5 nm(特殊可定制 1 nm);

光度线性:0.3%;

光度准确度:一级(全范围);

色品坐标准确度:±0.0003(x,y)(相对于稳定度优于 0.0001 的标准光源和中国计量院直接传值);

色温测量范围:1000~100 000 k;

色温准确度:±0.3%(相对于稳定度优于±0.1% 的标准光源和中国计量院直接传值);

显色指数测量范围:0~100.0;

显色指数测量误差:±(0.3%rd+0.3);

色容差准确度:±0.5(相对于稳定度优于 0.15 的标准光源和中国计量院直接量传计算值);

环境温度测量范围:—10 ℃~100 ℃;

球内温度测量范围:—10 ℃~100 ℃。

7. 注意事宜

(1) 积分球的选择:积分球尺寸应足够大,避免从被测光源引起的额外温升,并减小隔板和被测 SSL 产品自吸收带来的测量误差。

(2) 紧凑型灯:≥1 m 的球。

(3) 较大的灯(如:4 英寸线型荧光灯和 HID 灯):≥1.5 m 的球。

(4) 测量 400 W 或更大功率的光源:2 m 或更大的球。

2.10 灯具的配光曲线测量方法

2.10.1 配光性能测量系统概述

分布光度计是测量光源和灯具空间发光强度分布的光度测量设备,是实现从发光强度基准过渡到总光通量基准的重要手段。在 CIE、IES 等标准中均对该设备的测试原理、坐标系统、测量距离、探测器精度、杂散光等方面做了严格要求。分布光度计可分为远场分布光度计和近场分布光度计,路灯灯具配光曲线的测量所采用的分布式光度计大多是远场性,即假定被测光源或灯具为点光源,采用单点光度探头做相对球形扫描,获得空间的光强分布数据(LID),光强测试的距离遵循光强照度距离平方反比定律。在该测试条件下,光源与探头的距离需要足够远才能符合远场条件,最后得以减小误差。

远场分布光度计按测试模式可以分为 A 型、B 型、C 型;按测试尺寸可分为卧式分布光度计、立式分布光度计、暗箱式分布光度计、平均光强测试仪。

近场分布光度计由三维测试转台和成像亮度计组成,原理为由被测光源发出的每条几何光线都具有可测量的与距离无关的亮度值。

按照国家标准GB/T 9468—2008《灯具分布光度测量的一般要求》、GB/T 24907—2010《道路照明用 LED 灯性能要求》进行测量。

2.10.2　分布光度计

国产 GO‑2000 分布光度计、GMS‑1800 卧式分布光度计主要原理及构成。

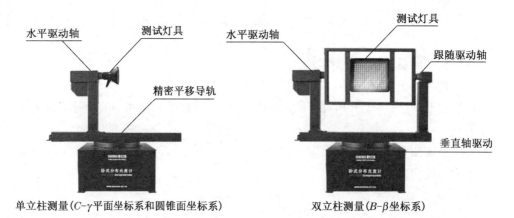

单立柱测量(C‑γ 平面坐标系和圆锥面坐标系)　　双立柱测量(B‑β 坐标系)

图 2‑50　仪器实物图

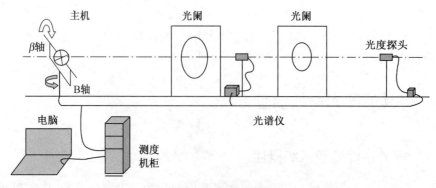

图 2‑51　系统连接图

1. B 型远场分布光度计

（1）系统构成

① 测试主机

$B\text{-}\beta$ 测试主机，双立柱结构，灯具可绕水平轴 B 和垂直轴 β 旋转，两轴相垂直，交点为灯具发光中心。

可变形为 $C\text{-}\gamma$ 测试主机，单立柱模式，灯具可绕水平轴 C 和垂直轴 γ 旋转，两轴相垂直，交点为灯具发光中心。

② 测试机柜：供电系统，含有交直流电源、功率计及供电电路。

③ 光阑：用于消除杂散光，一般 2～3 道。

④ 光谱仪：用于空间色度不均匀性测试。

⑤ 光度探头：用于光度数据采集。

⑥ 工业用计算机：数据处理及测试过程控制。

（2）系统测试原理

通过测试主机双轴旋转灯具，固定的光度探头接收各个角度的光强信号，相当于测试灯具固定中心不动，探头在以灯具为球心的球体上规律运动，并实时采集光强数据，传送到电脑进行数据处理。

B 型远场分布光度计坐标系统如图 2-52 所示，B-平面系统是交集线（极轴）通过光度中心的一组平面，且该交集线平行于灯具的第二根轴。B-平面系统应与灯具紧密联系，并且随灯具一起倾斜。第一根轴通过光度中心且垂直于灯具的出光口面。它位

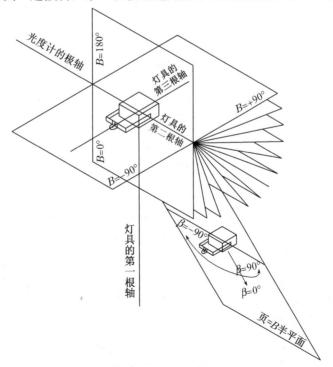

图 2-52　配光曲线仪 $B\text{-}\beta$ 量测形式示意图

于 $B=0°$ 的半平面内,通常在 $\beta=0°$ 的方向。第二根轴与 B -平面的交集线重合。这种坐标系统通常用于泛光灯具的光度测试。

注意事项:

① 暗环境:暗室结构,长度一般为 $12\sim20$ m;暗箱结构,一般长度为 2 m。

② 电压电流等因素参数参照具体标准要求。

③ 测试温度及监控方法因测试不同灯具有不同要求,参照相关具体标准(要点:一是保证测试时灯具周围空间温度为 25 ℃±1 ℃;二是最好使用恒温探头或使探头处于恒温环境)。

(3) 结构优势

① 可以直接进行 C - γ 坐标系和 B - β 坐标系的测量。

② 光度探测器直接测量灯具的各方向的光强信号,中间无反光镜,光度测量精度高。

③ 房间高度仅需 3 m,无特殊要求,适用于常规实验室的空间。

④探测器位置固定,可以根据实验室暗室的长度,通常选择 8~30 m 的光度测量距离,而且测量光束可以恒定的法向入射于光度探测器。

⑤ 可以在测量灯具与光度探测器之间安装多个通光孔径随测量光束直径大小变化一致的消杂散光光阑,有效消除灯具非测量方向的光束引起的杂散光。

⑥ 测量光束轴线固定,可以在第一个光阑位置,安装通光孔径可调的电动光阑。

2. C 型远场分布光度计

主要有国产 GMS - 2000 分布光度计、GO - R5000 分布光度计。

(1) 分类

C 型远场分布光度计简称为立式分布光度计,根据测试结构不同分为无镜式(近探头),单反射镜式分布光度计(中心反光镜式、旋转反光镜式),双反射镜式(同步反射镜式、固定反射镜式)等,C 型测试模式是 CIE 推荐结构,也是使用最多的。

① 无镜式结构为立式

探头直接接收光信号,主轴可做圆周旋转,也可作半圆旋转,主机高度可定制。一般测试筒灯和裸光源。在接收位置,可搭载光度探头进行配光性能光通量测试,可搭载光谱仪进行空间颜色不均匀性测试,也可搭载成像亮度计进行近场数据测试。缺点是测试光源尺寸受限。

② 中心旋转反光镜式

起源于欧洲,反光镜在测试中心轴上,灯具保持垂直燃点状态,以灯具轴 C 轴自转。反光镜、灯具在调整轴的作用下做相对运动,信号接收装置固定在中心轴上。此结构能极大地节省测试房间高度。在光学接收

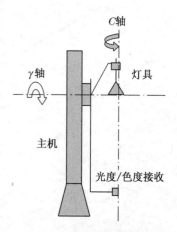

图 2 - 53　无镜式结构图

位置或近距离处,可搭载光度探头进行配光性能光通量测试,可搭载光谱仪进行空间颜色不均匀性测试,但不能搭载成像亮度计进行近场数据测试。

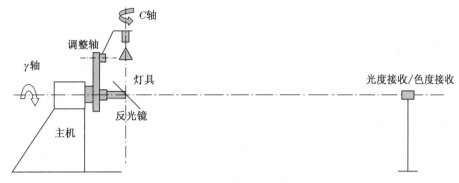

图 2-54 中心反光镜式

③ 旋转单反光镜式

此结构应用最多,灯具在中心轴上,以 C 轴自转,反光镜以 γ 轴转动,光线通过反光镜被光度探头接收,交替旋转完成配光性能测试,在反光镜对侧可增添光度探头完成小灯具测试,可搭载光谱仪进行空间颜色不均匀性测试,也可搭载成像亮度计进行近场数据测试,如图 2-55 所示。

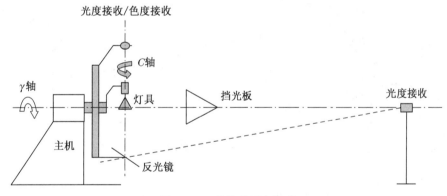

图 2-55 旋转单反光镜式

④ 双反射镜同步式

接收探头和反光镜同步一起转动,其在旋转单反射镜的基础上,光度探头位置加固定反光镜,灯具在中心轴上,以 C 轴自转,反光镜 1 以 γ 轴转动,光线通过反光镜 1、2 被光度探头接收,交替旋转完成配光性能测试,同样在反光镜对侧可增添光度探头或调整光度探头完成小灯具测试,可搭载光谱仪进行空间颜色不均匀性测试,也可搭载成像亮度计进行近场数据测试,如图 2-56 所示。此结构能有效地完成各部件的组装,实现双倍光程,节省空间。当然也增加了误差的不确定因素。

⑤ 双反射镜追踪式

反光镜和追踪反光镜保持同步转动,其在旋转单反射镜的基础上,原光度探头位置

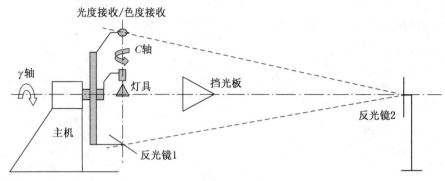

图 2-56 双反射镜同步式

加追踪反光镜,光度探头移至主机前中心轴上。灯具以 C 轴自转,反光镜以 γ 轴转动,光线通过反光镜和追踪反光镜被光度探头接收,C 轴和 γ 轴交替旋转完成配光性能测试。同样在反光镜对侧可增添光度探头完成小灯具测试,可搭载光谱仪进行空间颜色不均匀性测试,也可搭载成像亮度计进行近场数据测试。此结构也能有效地完成各部件的组装,合理利用空间,增加光程。当然增加反光镜也增加了误差的不确定因素。

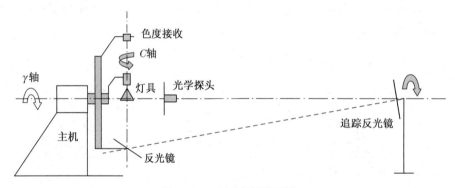

图 2-57 双反射镜追踪式

(2) 系统组成

① 测试主机:固定灯具、角度控制,及承载光学测试配件。

② 光阑:消除杂散光。

③ 光学接收

光度探头:接收光强信号,完成各种灯具的配光曲线测试;

光谱仪:用于测试空间色度不均匀性测试;

亮度计:用于近场测试。

④ 供电系统:交直流电源、功率计、供电电路。

⑤ 工业用计算机:数据处理及测试过程控制。

(3) 主要技术参数

被测灯具可绕垂直轴和水平轴转动,转动范围:±180°;

角度精度:最高 0.05°;

光度探头：CLASS L(f1′≤1.5％)或 CLASS A(f1′≤3％)、精密恒温、前置放大型；

光度测量范围：0.0001～200 klx；

光度精度：标准级。

（4）测试原理

在 Type C 坐标系中，极轴是垂直的。在垂直半平面测量的角度是 γ，以及到此半平面的水平角度是 C。灯具发光口面通常瞄准坐标系中的(C0，γ0)点。γ 角度范围从 0°(最低点)到 180°(最高点)，C 平面在角度范围从 0°到 360°，在光度学中 C0 参考平面位置，通常是平行于灯具的辅助轴线。C 型光度数据目前是最流行的并得到广泛的承认。大多数光度数据，包括室内灯和路灯，使用 Type C 格式。投光灯必须使用 Type C 格式。

C 型坐标系统的说明如图 2-58 所示，C-平面系统是一组平面，其交集线(极轴)是通过光度中心的铅垂线。C-平面系统在空间内严格定位，并且不随灯具倾斜。仅在灯具 0°倾斜时，C-平面的交集线才垂直于 A-平面和 B-平面的交集线。除了灯具在0°倾斜以外，它不必与灯具的第一根轴重合。第一根轴通常通过光度中心，而且垂直于出光口面。第二根轴位于 C=0°平面内。该系统通常用于路灯灯具的配光曲线测试中。

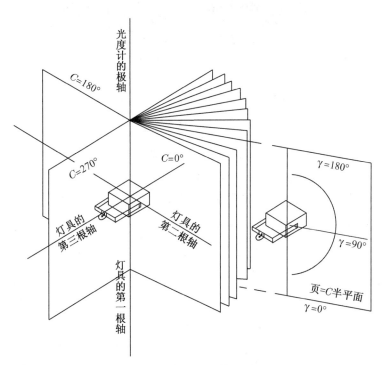

图 2-58 配光曲线仪 C-γ 量测形式示意图

（5）测试环境

立式分布光度计首要考虑的是暗室的高度及长度，若完成 1.6 m 灯具的测试，房间高度需要近 6 m。长度因素主要考虑到测试光程，在合理的空间内尽量增加光程。不同的灯具要求测试的光程不一,如:《GB7002—88 投光照明灯具光度测试》规定最小测试距离为 R>D＊200/θ,《GB9468—2008 灯具分布光度测量的一般要求》规定测试距离不应小于出光口面最大尺寸的 15 倍。

（6）供电精度参照测试标准

配光曲线又叫发光强度分布曲线,是描述光源或灯具发光的空间分布特性的一条曲线。

配光曲线通常有两种表示方法:

① 极坐标法:这种方法通常用于描述室内和道路的灯具的光分布,其配光曲线如图 2-59 所示。它很形象地以极坐标的原点表示灯具的光中心,以一定方向的矢量表示光强的大小,以极坐标的角度表示光强矢量与光轴之间的夹角。极坐标表示法的好处就是形象、直观。

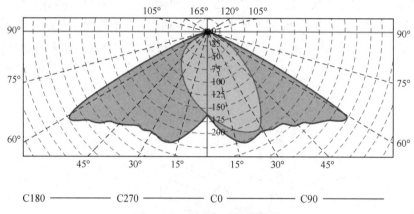

图 2-59　极坐标法配光曲线

② 直角坐标表示法:此方法通常用于描述泛光灯和配光非常窄的灯具和光源光的分布。用直角坐标的原点表示光中心,用横坐标表示方向角,用纵坐标表示光强。直角坐标表示法的好处是便于查不同角度的光强数值,如图 2-60 所示。

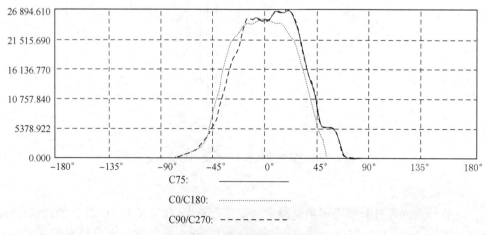

图 2-60　不同角度的光强数值

第三章　道路照明常用电学参数的测量

3.1　电能质量测量方法

3.1.1　电能质量的概述

电能质量是指通过公用电网供给用户端的交流电能的品质,通俗来说就是指电网线路中电能的好坏情况。随着电力电子技术的发展,它既给现代工业带来节能和能量变换积极的一面,同时电力电子装置在各行各业的广泛应用又对电能质量带来了新的更加严重的损害,已成为电网的主要谐波污染源。

电网系统中各个用户端配电网中使用的整流器、变频调速装置、电弧炉、电气化铁路以及各种电力电子设备不断增加,给用电网络造成影响或者说是用电污染,造成电压不稳、过电压、产生谐波等。谐波使电能的生产、传输和利用的效率降低,使电气设备过热、产生振动和噪声,并使绝缘老化,寿命缩短,甚至发生故障或烧毁。谐波还会引起电力系统局部发生并联谐振或串联谐振,使谐波含量被放大,致使电容器等设备烧毁。

这些负荷的非线性、冲击性和不平衡的用电特性,对供电质量造成严重污染。因而消除供配电系统中的高次谐波问题,对改善电能质量和确保电力系统安全、稳定、经济运行有着非常积极的意义。

3.1.2　电能质量测试仪

电量测试仪是一种掌上型便携式仪器,体积小巧,工作可靠。能在用电现场对低压交流系统的电压、电流、频率、功率、功率因数等多种电量进行测量,还可以对用电现场的电能表的计量误差进行检测,准确度达到0.2%~0.5%。测量时参照GB/T12325—2008《电能质量　供电电压偏差》、GB/T15945—2008《电能质量　三相电压不平衡度》等国家标准,技术指标为:

(1)检测交流电压100~400 V,真有效值,准确度0.2%;

(2)检测交流电流0.1~50 A,真有效值,准确度0.2%;

(3)检测交流功率,准确度0.2%;

(4)检测交流功率因数,误差0.05;

(5)检测交流电能,准确度0.2%;

(6)检测交流电能表计量误差,准确度0.2%。

3.1.3　仪器的硬件原理

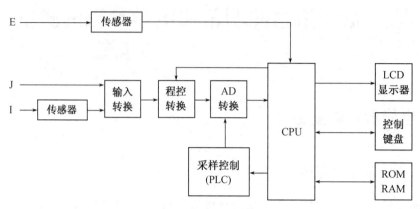

图 3-1　系统原理图

仪器的工作原理是通过传感器采集低压交流系统的电压、电流信号。为方便在用电现场不停电的情况下进行测量,电流传感器采用宽量程、高精度钳形互感器,并采取电子技术和软件技术对其精度进行补偿。

经过转换电路取得合适的信号电平,由多通道 AD 转换器将模拟信号转换为数字信号。为保证转换精度,AD 转换器的分辨率不少于 10 位,并有良好的线性和通道一致性。

为保证 AD 转换器的采样周期准确,系统中使用了锁相环技术。

程控放大器可在宽的测量范围内通过改变增益使 AD 转换信号处在良好的线性区。程控放大器的增益控制范围为 40dB,且有良好的信噪比。程控放大器由 CPU 控制改变增益。

CPU 根据各电量的物理定义,对经 AD 转换的电压、电流的数字信号进行数学运算,求得各被测电量。仪器通过传感器采集被测电能表的计量信号,与本仪器测量的电能值进行比较,计算显示被测电能表的计量误差。

仪器的功能转换通过键盘操作完成。测量计算结果由 LCD 显示器显示。

为保证数据计算精度,计算中采用 4 字节浮点数。基本计算公式为:

(1) 电压计算公式: $U = \sqrt{(1/T)\int_o^T u^2 \mathrm{d}t} \cong \sqrt{(1/n)\sum_{i=1}^n u_1^2}$ 　　　(3-1)

(2) 电流计算公式: $I = \sqrt{(1/T)\int_o^T i^2 \mathrm{d}t} \cong \sqrt{(1/n)\sum_{i=1}^n i_1^2}$ 　　　(3-2)

(3) 功率计算公式: $P = (1/T)\int_O^T ui\,\mathrm{d}t = (1/n)\sum_{i=1}^n u_1 i_1$ 　　　(3-3)

(4) 电能测量的计算公式: $E = \int_O^T P\mathrm{d}t \cong \sum_{i=1}^n u_1 i_i$ 　　　(3-4)

由工作原理和以上计算公式可知,本测试仪是依据数字采样得到的电压、电流瞬时值 u、i,根据各电量的物理表达式,进行相应的乘方、开方和积分运算,求得各电量的数值,即采用了所谓的"数字乘法器"。测量得出的电压、电流值是真有效值(RMS),故既可测量正弦波信号,也可测量非正弦波信号。测量的功率和电能值是根据瞬时功率的积分得到的,也有准确的对应关系。

适当的数学模型和高精度的数据,使本测试仪可在被测电压电流处于四象限任意范围情况下正确地进行电压、电流、功率、电能的测量。

电能表误差校验的计算公式为:

$$\varepsilon = (E - E_o)/E_o \times 100\% \qquad (3-5)$$

式中:E——被校验电能表实测电能;

E_o——本仪器实测电能。

3.1.4　便携式电能质量分析仪

以下介绍国产 ZDK3901 便携式电能质量分析仪、美国 Fluke435II 三相电能质量分析仪其主要技术性能和技术参数。

1. 功能特点

(1)仪器是专门用于检测电网中发生波形畸变、谐波含量、电压波动与闪变和三相不平衡等电能质量问题的高精度测试仪器;同时还具备电参量测试、矢量分析的功能。

(2)可精确测量电压、电流、有功功率、无功功率、相角、功率因数、频率等多种电参量。

(3)可显示被测电压和电流的矢量图,用户可以通过分析矢量图得出计量设备接线的正确与否。

(4)电流可采用钳形互感器和直接接入两种方式进行测量。当采用钳形电流互感器测量时操作人员无须断开电流回路,就可以方便、安全地进行测量;当需要对数值进行更高精度的测量时,可采取直接接线的方式,能最大限度地保证测试数据的准确度。

(5)可测量分析公用电网供到用户端的交流电能质量,其测量分析:频率偏差、电压偏差、电压波动、闪变、三相电压允许不平衡度和电网谐波。

(6)可显示单相电压、电流波形并可同时显示三相电压、电流波形。

(7)所有测试界面具备屏幕锁定功能,以方便用户读数和分析数据。

(8)负荷波动监视:测量分析各种用电设备在不同运行状态下对公用电网电能质量造成的波动。定时记录和存储电压、电流、有功功率、无功功率、视在功率、频率、相位等电力参数的变化趋势。

(9)电力设备调整及运行过程动态监视,帮助用户解决电力设备调整及投运过程中出现的问题。

(10)能够测试分析电力系统中无功补偿及滤波装置动态参数并对其功能和技术指标做出定量评价。

（11）可设置不同的存储间隔时间，按设置的时间间隔连续存储数据。

（12）内置大容量数据存储器，按 1 分钟的时间间隔可连续存储 18 个月以上，能满足长期监测试验点的需要。

（13）仪器具备 USB 接口，可方便地将数据直接拷贝到后台管理计算机。

（14）仪器可配备微型打印机，随时将现场测试数据打印出来。

（15）与功能强大的数据管理软件配合，可将实时采样数据直接上传到后台管理计算机，在后台进行更全面、更迅速地处理。

（16）具备万年历、时钟功能，实时显示日期及时间。可在现场检测的同时保存测试数据和结果，并通过串口上传至计算机，通过后台管理软件（选配件）实现数据微机化管理，具备强大的报表功能。

（17）采用大屏幕进口彩色液晶作为显示器，中文操作界面并配有汉字提示信息、多参量显示的液晶显示界面，人机对话界面友好。

（18）5 分钟无操作液晶显示自动关闭，以便最大限度地延长电池工作时间。

（19）导电硅胶按键，手感好、寿命长、设计合理、操作方便。

（20）内置大容量、高性能锂离子充电电池，充满电连续工作 10 小时以上。

（21）体积小、重量轻，便于携带，既可用于现场测量使用，也可用作实验室的标准计量设备。

2. 技术指标

（1）输入特性

电压测量范围：0～200 V～800 V 两挡；

电流测量范围：0.05～5 A～25 A（标配）；

钳形互感器：10A～100 A～500 A（选配）；

相角测量范围：0～359.99°；

频率测量范围：45～55 Hz；

电压通道数：三通道（UA、UB、UC）；

电流通道书：三通道（IA、IB、IC）；

最大谐波分析次数：64 次；

1 min 间隔最大连续存储周期：18 个月。

（2）准确度

① 电参量测量部分

电压：±0.2%；

频率：±0.001 Hz；

电流、功率：±0.5%（钳形互感器±1.0%）；

相位：±0.1°（钳形互感器±0.2°）。

② 电能质量部分

基波电压允许误差：≤0.5%F. S. ；

基波电流允许误差：≤1%F. S. ；

基波电压和电流之间相位差的测量误差：≤0.2°；

谐波电压含有率测量误差：≤0.1%；

谐波电流含有率测量误差：≤0.2%；

三相电压不平衡度误差：≤0.2%；

电压偏差误差：≤0.2%；

电压变动误差：≤0.2%。

3. 使用方法

测试仪配有一条四芯的电压测试线、三只电流测试钳（根据需要可配备到六只）。电压测试线用来接入被测电压信号，在现场用电流钳进行测试，每只电流钳分别对应一个钳表接口，不能互换，否则会影响测试精度，每只钳表中间有一个圆标贴，显示出钳表的相别和极性（标 N 的一端为电流的流出端，在使用接线要注意极性，接反会影响测试结果）。在测试过程中出现的问题：

（1）要在测试前插好电流测试钳，严禁先夹被测信号后插入电流钳插座，这相当于电流测试钳二次开路，容易产生开路高压，损坏仪器。测试完成后要先摘下所有电流测试钳，再拔下与主机相连的插头。

（2）测试钳为保证各通道精度，应一一对应，要把各电流钳正确插入唯一与之对应的插座。交换不同输入，会降低测试精度，但交叉后一般测试精度也不会超出±2%。

（3）接入电压信号时测试线一定要先接到仪器的电压端子，然后再接到被测设备的电压端子；测试完成后一定要先摘下被测设备的电压接头，然后再拆除仪器侧的电压线。

下面就不同的测试项目进行说明。

（1）三相四线制接线方式设备电参量的测量

① 测试目的

检测被测设备的三路电压、三路电流的信号，通过测试数据来了解被测设备的实时电压幅值、电流幅值、有功功率、无功功率、相位、频率以及各参量之间的矢量关系的真实情况；可将六个参量的向量图同屏显示出来，从而确定供电系统的运行情况，便于分析故障原因和线损原因。

② 测试方法

具体接线如图 3-2 所示。

三相四线制接线方式中用黄色导线联接被测设备的 A 相电压和仪器的 A 相电压端子、绿色导线联接被测设备的 B 相电压和仪器的 B 相电压端子、红色导线联接被测设备的 C 相电压和仪器的 C 相电压端子；三只钳形电流互感器用来测量被测设备电流的 A、B、C 三相，接好线后进入"测试参数"屏查看测量结果。

（2）三相三线制接线方式设备电参量的测量

① 测试目的

检测被测设备的二路电压、二路电流的信号，通过测试数据来了解被测设备的实时电压幅值、电流幅值、有功功率、无功功率、相位、频率以及各参量之间的矢量关系的真

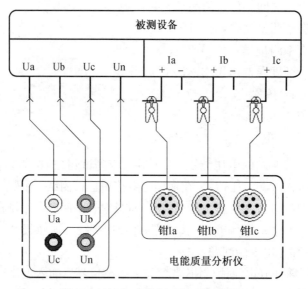

图 3-2　三相四线制设备测试接线图

实情况；可将四个参量的向量图同屏显示出来，从而确定供电系统的运行情况，便于分析故障原因和线损原因。

② 测试方法

具体接线如图 3-3 所示。

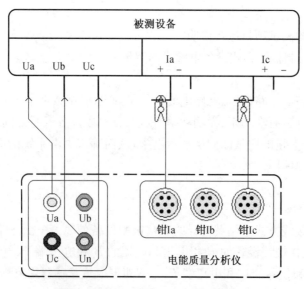

图 3-3　三相三线制设备测试接线图

在三相三线制接线方式中只用三根电压线，其中黄色导线联接被测设备 A 相和仪器的 A 相电压端子、绿色导线联接被测设备的 B 相电压和仪器的 N 相电压端子（注意不是 B 相）、红色导线联接被测设备的 C 相电压和仪器的 C 相电压端子；A、C 两只钳形电流互感器用来测量被测设备电流的 A、C 两相,接好线后进入"测试参数"屏查看测量结果。

（3）波形显示测量部分

① 测试目的

通过本项目可以显示各参量的波形,了解各参量之间的相位关系（超前或滞后）,观察波形的畸变情况,分析畸变产生的原因,PT 和 CT 有无过负荷的情况。

② 测试方法:根据被测设备的接线方式的不同而进行不同的接线。

三相四线接线方式的设备按照图 3-2 进行接线;三相三线接线方式的设备按照图 3-3 进行接线;接好线后进入"波形显示界面"进行测试。

（4）频谱分析测量部分

① 测试目的

本功能用来显示各相电压参量、各相电流参量 $1\sim50$ 次谐波含量的柱状图以及各参量（$1\sim64$ 次）谐波的百分比含量、总谐波失真度等指标,以此来判断该相电压或电流电能质量的好坏。

② 测试方法:根据被测设备的接线方式的不同而进行不同的接线。

三相四线接线方式的设备按照图 3-2 进行接线;三相三线接线方式的设备按照图 3-3 进行接线;接好线后进入"频谱分析界面"进行测试。

（5）电压谐波分析部分

① 测试目的

本功能用来显示三路电压参量 $2\sim64$ 各次谐波含量的数值和百分比含量,以此来判断被测电压信号电能质量的好坏。

② 测试方法

具体接线如图 3-4 所示。

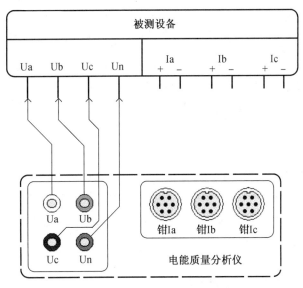

图 3-4　电压谐波测试接线图

在本项目中同时接入三相电压信号。将电压测试线的黄、绿、红、黑四种颜色分别对应被测信号的 A、B、C、N 四条相线(当 PT 二次采用三线制接法时将被测设备的 B 相电压接到仪器的 U_n 端子,只用三根电压线即可),接好线后进入"电压谐波"屏查看测量结果。

(6)电流谐波分析部分

① 测试目的

本功能用来显示三路电流参量 2~64 各次谐波含量的数值和百分比含量,以此来判断被测电流信号电能质量的好坏。

② 测试方法

具体接线如图 3-5 所示。

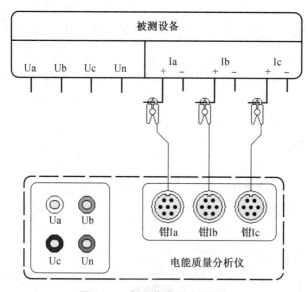

图 3-5　电流谐波测试接线图

在本项目中同时接入三路电流信号。用 A、B、C 三只钳形电流互感器分别来测量被测设备电流回路的 A、B、C 三相(当被测设备为三相三线接线方式时只用到 A、C 两相的钳表),接好线后进入"电流谐波"屏查看测量结果。

(7)不平衡度测量部分

① 测试目的

本功能用来显示各分相电压幅值和 3 倍零序电压 $3U0$、零序电压 $U0$、正序电压 $U1$、负序电压 $U2$、电压不平衡度数值 $\sharp u$;各分相电流幅值和 3 倍零序电流 $3I0$、零序电流 $I0$、正序电流 $I1$、负序电流 $I2$、电流不平衡度数值 $\sharp i$。以此来评价电压、电流不平衡对供电质量的影响。

② 测试方法

具体接线方式按照图 3-6 进行接线。

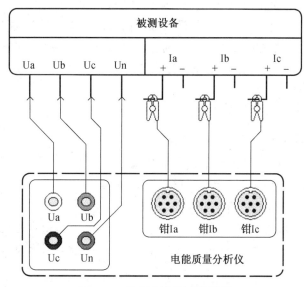

图 3-6　不平衡度测试接线图

用黄色导线联接被测设备的 A 相电压和仪器的 A 相电压端子、绿色导线联接被测设备的 B 相电压和仪器的 B 相电压端子、红色导线联接被测设备的 C 相电压和仪器的 C 相电压端子;三只钳形电流互感器用来测量被测设备电流的 A、B、C 三相,接好线后进入"不平衡度"屏查看测量结果。

4. 注意事项

(1) 在测量过程中一定不要接触测试线的金属部分,避免被电击伤。

(2) 测量接线一定要严格按说明书操作,确保人身安全。

(3) 最好使用有地线的电源插座。

(4) 不能在电压和电流过量限的情况下工作。

(5) 各钳表一定要与面板上相应的插座一一对应,否则会影响测试结果。

(6) 电压线和钳表接入时一定要按照先接仪器侧再接到被测装置的原则,拆除时一定要按照先拆装置侧再拆仪器侧的原则进行。

(7) 每次使用完毕注意一定要关闭工作电源开关,因有时液晶背光自动关闭后,只是液晶屏不显示,仪器还在正常工作,所以必须关闭工作电源开关。

(8) 在进行长时监测时,一定要连接好电源线,否则内部电源将被耗尽,无法完成监测。

3.2　绝缘电阻的现场测量方法

3.2.1　绝缘电阻概述

随着现代化技术的不断更新和拓展,对路灯系统可靠性也提出更高的要求,路灯电气设备出现事故或是损坏,通常与绝缘的缺陷密切相关。

路灯电器试验规程对众多的电气设备如:灯具、镇流器、路灯控制箱、路灯电缆等要求做一系列的绝缘性能试验,首先是要做绝缘电阻测试。测量时依据 GB 7000.1—2015 灯具第 1 部分:一般要求与试验进行测试。

3.2.2　绝缘电阻测试仪

1. 绝缘电阻的概念

绝缘电阻是指两个不同极性电极之间绝缘结构的电阻。如图 3-7 所示,在两个电极上加直流电压 U 后,在绝缘材料中产生两种电流:一种电流是沿材料的表面泄漏的电流 I_s,另一种是在材料的内部沿体积泄漏的电流 I,测绝缘结构的电阻值为

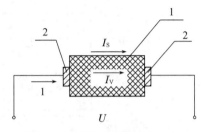

图 3-7　绝缘电阻测量原理图
1—绝缘材料　2—电极

$$R = U/I \qquad (3-6)$$

式中:U——所加的直流电压;

I——经过电极的总电流。

因为 R 值很大,故以 MΩ 为单位。

如图 3-8 所示,按等值电路计算电阻值为

$$R = U/I = R_v R_s / (R_v + R_s) \qquad (3-7)$$

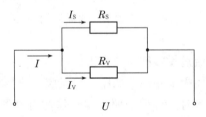

图 3-8　绝缘电阻测量等值电路图
R_s—材料表面电阻　R_v—材料内部电阻

我们测定的绝缘电阻,一般地说,系指电器带电部分与外露非带电金属部分之间的电阻,或者不同极性带电部分之间的电阻。这两部分之间,就是绝缘结构。

2. 绝缘电阻测试仪工作原理

绝缘电阻的测量仪器中传统的是普通兆欧表,俗称摇表,另外有数字兆欧表。现在越来越多地使用数字兆欧表,该表由中大规模集成电路组成,具有输出功率大,短路电流值高,输出电压等级多(有四个电压等级)。工作原理为由机内电池作为电源经 DC/DC 变换产生的直流高压由 E 极出经被测试品到达 L 极,从而产生一个从 E 到 L 极的电流,经过 I/V 变换经除法器完成运算直接将被测的绝缘电阻值由 LCD 显示出来。

3. 数字式兆欧表电路框图

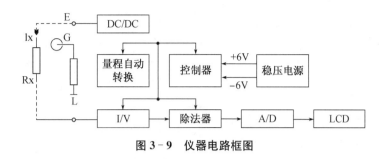

图 3-9　仪器电路框图

4. 使用范围

数字兆欧表是电力、路灯、通信、机电安装和维修常用而不可或缺的仪表。它适用于测量各种绝缘材料的电阻值及变压器、电缆及电器设备等的绝缘电阻。

把绝缘性能作为电器设备安全运行的重要参数之一,所有电器设备需要的持久电力运行系统和优质运行环境源于良好的绝缘性能。因此,为保障电气设备能够正常且高效地运行,就必须按照国家规定的检测技术规范和测试方法对电器设备的绝缘性能进行规范评价。其绝缘电阻值是评定其绝缘性能的重要指标之一,它是保护绝缘性能、避免人身触电的首要保证,故掌握电器绝缘电阻测试方法并对结果进行正确分析判定是非常重要的。

3.2.3　绝缘电阻的测定

1. 绝缘电阻测定方法

数字式兆欧表有 500 V 和 1000 V 等多种规格,在路灯电器产品测试中,一般采用 500 V 的兆欧表测量带电部分与外露非带电部分或不同极性带电部分之间的绝缘电阻值。测定绝缘电阻,操作简单,首先应将被测产品脱离电源,然后从兆欧表上的"电路"和"接地"两个接线柱上分别引出两根导线接至被测产品的受测部位,待数字基本稳定不动时,即可读出绝缘电阻值。绝缘电阻测定是在常态条件下的温升试验后,有的是在热态条件下进行。

2. 影响绝缘电阻测定的因素

(1) 温度的影响

绝缘材料中有一定的杂质,杂质分子将随温度的升高而加剧离解,使绝缘材料的体积电阻急剧下降,所以绝缘电阻降低。这就是标准中只规定热态绝缘电阻值而对常态(或叫冷态)绝缘电阻值不作规定的原因。

(2) 时间的影响

一般要求在兆欧表指针偏转稳定后读数。由于测量电路中除有决定绝缘电阻的泄漏电流外,还有分布电容电流和材料的吸收电流,这两种电流均随时间而衰减,最后泄漏电流才稳定在某一值,所以读数的时间不同,读数值也不同的有关绝缘电阻、泄漏电流和时间的关系见图 3 - 10 所示。

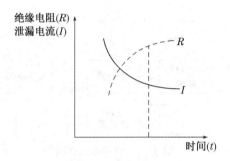

图 3 - 10　绝缘电阻、泄漏电流和时间关系图

3. 绝缘电阻测定结果的判定

当我们用测量示值为 1.5 MΩ 时的绝对误差为 0.118 MΩ 的兆欧表去测量电器的绝缘电阻时,若示值为 1.5 MΩ,忽略掉随机误差,其误差主要是由两部分组成:一部分是由仪表制造或校准所固有的结构误差,其误差的绝对值≤0.118 MΩ;另一部分是由于兆欧表的分辨力或灵敏度的限制而引起的测定误差。在示值为 1.5 MΩ 时,这个误差是±0.05 MΩ。这两部分合起来是±0.168 MΩ。从上述分析可知,这台电器的绝缘电阻真值在 1.332 MΩ～1.668 MΩ 之间,由于标准规定其绝缘电阻值应≥2 MΩ,因此可判定该电器的绝缘电阻不符合标准要求。

如果根据有效数字的概念分析上述情况,先按照不确定度的大小定出有效数字的最低位,然后根据舍入规则进行修约,处理掉数字的多余部分,使测量结果用有效数字表示,即对(1.5±0.168) MΩ 来说,其误差(0.168 MΩ)小于个位单位数字的一半(0.5 MΩ),因此,其有效数字的最低位应为个位,1.5 MΩ 经修约后用有效数字表示即为 2 MΩ,于是就可得出电器的绝缘电阻符合标准要求的相反结论。

综上所述,绝缘电阻测试和结果判定方法的重要性是显而易见的,非同小可。检测必须在规定的时间、正确的接线和操作下,才能正确测定绝缘电阻值;只有在测试值准确的情况下,认真研究标准选择合理的判定方法,这样才能保证绝缘电阻的数据可靠性。由此加强检验工作人员对电器产品的试验方法和结果判定的学习、提高检验水平是必不可少的。

3.2.4　绝缘电阻测试仪

主要介绍国产 BC23 型系列智能数字绝缘电阻测试仪、MIT310A 绝缘电阻测试仪其主要技术性能和技术参数。

1. 产品概述

BC23 型系列智能数字绝缘电阻测试仪采用嵌入式工业单片机实时操作系统,数字模拟指针与数字段码显示完美结合。该系列具有多种电压输出等级、容量大、抗干扰强、模拟指针与数字同步显示、交直流两用、操作简单、自动计算各种绝缘指标(吸收比、极化指数)、各种测量结果具有防掉电功能等特点。

2. 产品特性

(1) 有多种电压输出选择 BC2305(250 V/500 V/2500 V/5000 V)、BC2306 (5000 V/10 000 V),测量电阻量程范围可达 0～400 GΩ。

(2) 两种方式同步显示绝缘阻值。模拟指针的采用容易观察绝缘电阻的变化范围,数字显示的采用可精确得出测量结果。

(3) 采用嵌入式工业单片机和实时操作软件系统。自动化程度高、抗干扰能力强,仪器可自动计算吸收比和极化指数,无须人工干预。

(4) 操作界面友好,各种测量结果具有防掉电功能,可连续存储 19 次的测量结果。

(5) 仪表产生高压时,有提示音输出并有相应显示。

(6) 内置残留高压放电电路,测试完毕可自动放掉被测设备上的残留高压。

(7) 交直流两用,配置可充电池和交流适配器。

(8) 仪表采用便携式设计,便于野外操作。

(9) 高压短路电流≥3 mA,是测量大型变压器、互感器、发电机、高压电动机、电力电容、电力电缆、避雷器等绝缘电阻的理想测试仪器。

3. 技术指标

表 3－1　BC2305 技术指标

型号		BC2305				
输出电压		250 V DC	500 V DC	1000 V DC	2500 V DC	5000 V DC
精度	温度	23 ℃±5 ℃				
	绝缘电阻	250 k～5 G ±5%	500 k～10 G ±5%	1 M～20 G ±5%	2.5 M～50 G ±5%	5 M～100 G ±5%
		其他范围:±10%				
	输出电压	2 M～10G ±5%	4 M～20 G ±5%	8 M～40 G 0～+10%	20 M～100 G 0～+10%	40 M～200 G 0～+10%
高压短路电流		≥3 mA				
工作电源		8 节 AA 型高容量充电电池,外置充电适配器(或 8 节 AA 型碱性电池)				
工作温度及湿度		－10 ℃～40 ℃,最大相对湿度 85%				
保存温度及湿度		－20 ℃～60 ℃,最大相对湿度 90%				
绝缘性能		电路与外壳间电压为 1000 V DC 时,最大 2000 MΩ				
耐压性能		电路与外壳间施加 3 kV/50 Hz 正弦波交流电压,承受 1 min				
尺寸		230 mm×190 mm×90 mm(L×W×H)				
重量		3 kg				
附件		测试线一套,说明书,合格证,充电适配器,电源线				

表 3-2 **BC2306 技术指标**

型号	BC2306	
输出电压	5000 V DC	10 000 V DC
精度 温度	23 ℃±5 ℃	
精度 绝缘电阻	5 M～100 G ±5%	10 M～200 G ±5%
精度 绝缘电阻	其他范围：±10%	
精度 输出电压	40 M～200 G 0～+10%	80 M～400 G 0～+10%
高压短路电流	≥3 mA	
工作电源	8 节 AA 型高容量充电电池，外置充电适配器(或 8 节 AA 型碱性电池)	
工作温度及湿度	−10 ℃～40 ℃，最大相对湿度 85%	
保存温度及湿度	−20 ℃～60 ℃，最大相对湿度 90%	
绝缘性能	电路与外壳间电压为 1000 V DC 时，最大 2000 MΩ	
耐压性能	电路与外壳间施加 3 kV/50 Hz 正弦波交流电压，承受 1 min	
尺寸	230 mm×190 mm×90mm(L×W×H)	
重量	3 kg	
附件	测试线一套，说明书，合格证，充电适配器，电源线	

3.3 接地电阻的现场测量方法

3.3.1 概述

近年来，随着现代化建设及科学技术事业的发展，对电气接地装置的要求越来越高，涉及领域越来越广泛，不管是设备的直流工作接地、交流工作接地、安全保护接地和防雷保护接地，都需要一个好的接地装置作为泄流通道或参照零点。因此没有良好的接地装置，设备就不可能有正常、安全的工作。由此对接地电阻及时的测量就显得更加重要。数字接地电阻测试仪的出现便很好地解决了这一问题。

3.3.2 测量原理

数字接地电阻测量仪摒弃传统的人工手摇发电工作方式，采用先进的中大规模集成电路，应用 DC/AC 变换技术将机内的直流电源转换为交流的低频恒流。工作原理是采用三点式电压落差法。其测量手段是在被测地线接地桩(暂称为 X)一侧地上打入两根辅助测试桩，要求这两根测试桩位于被测地桩的同一侧，三者基本在一条直线上，距被测地桩较近的一根辅助测试桩(称为 Y)距离被测地桩 20 m 左右，距被测地桩较远的一根辅助测试桩(称为 Z)距离被测地桩 40 m 左右。按下测试键,此时在被测地桩 X 和辅助地桩 Y 之间可获得一电压,仪表通过测量该电流和电压值,即可计算出被测接地桩的地阻。

其结构原理图如图 3-11 所示。

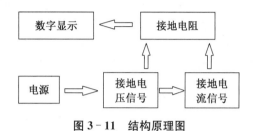

图 3-11　结构原理图

数字接地电阻测量仪以其操作简单,测量精确等优点赢得了人们的信任,在电力、邮电、铁路、通信、矿山等部门测量各种装置的接地电阻中都得到了广泛的应用。数字接地电阻测量仪对各种设备进行及时的测量,以保证设备仪器正常、安全地工作。这也是现代测量技术发展的方向。

3.3.3　测试操作及要求

主要仪器有国产 TES-1605 型数字接地电阻测试仪和 VC4105A/B 型数字接地电阻测试仪。

1. 仪器特性

安全规范:设计符合 IEC1010-1、IEC61557;

显示:31/2 位液晶显示及最大读值 1999;

绝缘阻抗:当测量时加 300VDC,在电路和外壳间具有大于 5 MW 的绝缘阻抗;

抵挡电压:在电路与外壳间具有 3700CV AC/1 分钟抵挡电压;

自动关机:约 3 min;

输出测量电流:2 mA/820 Hz;

自动警告装置:当辅助接地钉接地电阻过高,LCD 将显示"▽"警告;

操作温湿度:0 ℃到 40 ℃80%RH 以下;

存储温湿度:-10 ℃到 60 ℃70%RH 以下;

电源供给:DC9V(1.5V size"AA"×6);

尺寸:165(长)×100(宽)×57(高)mm;

重量:约 500 g(含电池);

可否资料锁定:可以。

可作精密的三极式测量,也可自行作方便简易的二线式测量。

2. 操作说明

(1) 简易的二线式测量

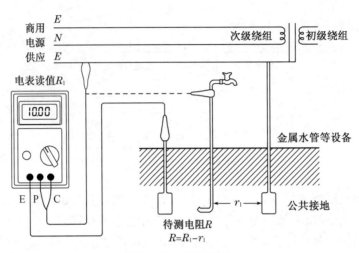

图 3-12　二线式测量

说明:① 这种方法适用于不易打辅助电极时;② 辅助电极可用现有的接地电阻较低的设备代替;③ 本方法测量误差较大。

(2) 精密的三极式测量法

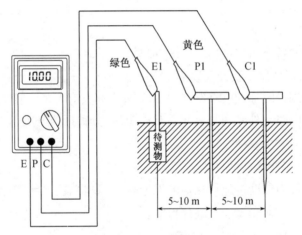

图 3-13　三极式测量

3. 接地电阻测试要求

表 3-3　测试要求

建筑物接地电阻的要求		电气系统接地电阻要求	
物体名称	最大允许接地电阻(Ω)	物体名称	最大允许接地电阻(Ω)
避雷针	10	变压器中心点	10

（续表）

建筑物接地电阻的要求		电气系统接地电阻要求	
路灯灯杆	4	高压发电机、电动机及变压器外壳接地	4
路灯灯箱	4	电压互感器外壳及电流互感器二次侧线路接地	4
进出洞内的金属管道接地电阻	20	防静电装置	100
石油库内防雷接地	10	过电压保护器、电缆外皮和瓷瓶铁脚	10

4. 测量注意点

在测接地电阻时,有些因素造成接地电阻不准确,我们根据多年来的经验,总结了一些方法以减小可能产生的误差。

（1）（地网）周边土壤构成不一致,地质不一,紧密、干湿程度不一样,具有分散性,地表面杂散电流,特别是架空地线、地下水管、电缆外皮等,对测试影响特别大。解决的方法是,取不同的点进行测量,取平均值。

（2）测试线方向不对,距离不够长,解决的方法是,找准测试方向和距离。

（3）辅助接地极电阻过大。解决的方法是,在地桩处泼水或使用降阻剂降低电流极的接地电阻。

（4）在进行路灯灯杆、控制灯箱的接地电阻测量或进行电力电缆、路灯电器的绝缘电阻测量时,一定要保证仪器测量笔或测量钳与被测物的金属接触,以保证测量结果的准确性。

（5）干扰影响。解决的方法是调整放线方向,尽量避开干扰大的方向,使仪表读数减少跳动。

接地电阻的测试值的准确性,是我们判断接地是否良好的重要因素之一。测值一旦不准确就要浪费人力物力（测值偏大）,或者会给接地设备带来安全隐患（测值偏小）。所以在工作中一定要正确使用测量工具,科学制定测量方法和科学得出准确数据。

3.4　电气设备现场的温升测量

3.4.1　概述

红外线测温枪能方便、安全、快捷、准确地测量出电气设备带电状况下的温度,实时监控电气设备工作温度。这对于提前发现故障隐患、及时采取维护措施、提高检修效率、保障电气设施安全运行,具有十分重要的意义。测量时按照 GB 7251.1—2005 低压成套开关设备和控制设备进行。

3.4.2 红外线测温枪的工作原理

红外线测温枪通过发出激光束起到指向作用,并由其光电探测器接受所指向的被测物体表面辐射的红外线能量,经过其内部电路分析处理、运算后,显示出被测物体的表面温度数值。红外线测温枪主要由光电探测模块、信号放大及信号处理模块和显示输出模块电路等四部分组成。

测温枪结构原理图如图 3-14 所示。

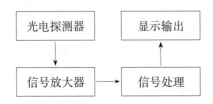

图 3-14 红外线测温原理图

红外线测温枪不同于常见的接触式测温仪,它通过非接触测温的方式,可测量难以接近的或不可接触的目标的温度,安全性高。有助于维护检修人员准确、快速方便地确定电气设备温度异常的范围,可定位到细小的点位。借助红外线测温枪还能对电气设备的故障隐患及绝缘性能做出可靠的预测,将传统的电气设施预防性试验维修提前到预知状态检修。

3.4.3 红外线测温枪操作方法

1. 测量操作

欲测温度时,需将测温枪对准被测物体,然后扣动扳机,LCD 显示面板将显示或更新温度读值,放开扳机,读值将自动锁定 10 s,放置 10 s 后自动关机。

2. 距离与目标直径比(D/S)

国产 CENTER352 型测温枪、AR862A+手持式工业红外线测温仪。

当测量温度时,距离与目标直径比(D/S)如图 3-15 所示。

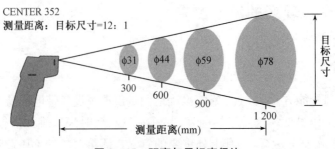

图 3-15 距离与目标直径比

3.4.4　红外线测温枪在电气设备维护检修中的应用

1. 高、低压配电设施

（1）电力变压器

对在线运行电力变压器的散热器、高低压接线桩头的表面温度等进行定时定点的测量，做好记录，加以分析和归纳，比照电工手册上在线运行的电力变压器的安全数据，就能够准确地判断被检测变压器的工作负荷是否在允许的范围以内，从而及时发现电力变压器存在的事故隐患。

（2）汇流硬母线排

高、低压配电柜所用的主线和支线汇流硬母排一般都采用铝排、铜排制作。由于其过载能力较强，一般硬母线排的自身不会出现问题。容易出现问题的部位，是在母排与母排的连接处。长期运行，连接处易松动，接触不良，就容易引起高热现象。在带电状态下，用红外线测温枪检测汇流排各个连接点的温度，参照电工手册上电气设施常用的材料及部件允许温升表给出的范围，加以分析，就能发现故障隐患，及时检修就可以将事故消灭在萌芽状态。

（3）电力开关装置

高、低压配电柜中所用的电力开关装置主要有隔离刀开关、负荷开关、熔断器等。通过在线检测电力开关装置触头的温度高低，并比照电工手册上电气设施常用的材料及部件允许温升表给出的范围，就能够及时地检测出潜在的故障触点，防止长期运行产生的高热烧毁触头，造成断电事故。

2. 输、配电电线、电缆

对于常用的塑料绝缘电缆、电线，判断其运行中的工作温度是否在正常的范围以内，一般都采用手摸、目测等较为原始的方式，危险性高，需停电；对于人体无法接近的电缆、电线，判断起来就更为困难。用红外线测温枪，可以实现对运行中的电缆、电线表面的温度进行非接触测量，对比电工手册上绝缘材料的耐热等级及允许温升表中给出的数值，能快速而准确地判断电缆、电线的安全状态，完成检测任务。

3. 路灯灯具及镇流器

路灯灯具及镇流器道路照明中有广泛应用，例如，F级绝缘等级的路灯灯具及镇流器，在稳定电压、额定负载、散热条件较好的情况下，长时间运转外壳温度基本上都比环境温度高 40 ℃左右。如果温度超过太多，说明路灯灯具及镇流器运转不正常，存在安全隐患。

一只红外线测温枪售价不足千元，在电气设备维护与检修工作中，只要使用方法科学得当，就能给维修人员带来不少方便。

3.5　电气产品安全性能测量方法

3.5.1　概述

电气安全性能试验是路灯灯具安全测试中的重要内容,通常包括绝缘电阻、耐压试验、接地电阻测试和泄漏电流测试等,其测试方法和要求在 GB7000.1—2015 灯具第 1 部分:一般要求与试验的标准中都做了明确的规定。由于这类设备和试验过程及其结果判据的特殊性,即使是周期检定合格的设备,使用中也往往会因为其硬件(包括测试线)的原因造成电气安全参数测试结果的误判,给产品的质量带来危害,因此凡影响产品质量的所有检验、测量和试验设备,使用前应加以校验,以证明其能用于验证生产、安装和服务过程中产品的可接收性,确保其测量能力满足要求(GB/T19001;1s09001—944.11)。按照 BS09000 标准所倡导的预防为主的思想,灯具安全参数测试仪的日常校验是很有必要的,应引起人们的关注和重视。

3.5.2　测试项目

在灯具电气安全测试中,主要有绝缘电阻、耐压试验、接地电阻、泄漏电流这四个测试项目。

　1. 绝缘电阻

指用绝缘材料(如电线皮)隔开的两个导体之间的电阻(在规定的条件下的电阻)。根据 GB7000.1—2015 灯具第 1 部分,一般要求与试验内容如下:

绝缘电阻应在施加约 500 V 直流电压后 1 min 测定。对于灯具的安全特低电压(SELV)部件的绝缘,用于测量的直流电压为 100 V。绝缘电阻不应低于表 3-4 规定的数值。

表 3-4　最小绝缘电阻

部件的绝缘	最小绝缘电阻/MΩ		
	Ⅰ类灯具	Ⅱ类灯具	Ⅲ类灯具
安全特低电压(SELV)			
不同极性的载流部件之间	a	a	a
载流部件和安装表面之间	a	a	a
载流部件和灯具的金属部件之间	a	a	a
非安全特低电压(非 SELV)			
不同极性的带电部件之间	b	b	—
带电部件和安装表面之间	b	b 和 c 或 d	—
带电部件和灯具的金属部件之间	b	b 和 c 或 d	—

（续表）

部件的绝缘	最小绝缘电阻/MΩ		
	Ⅰ类灯具	Ⅱ类灯具	Ⅲ类灯具
通过开关的动作可以成为不同极性的带电部件之间	b	b 和 c 或 d	—
对 SELV 电压的基本绝缘(a)	1		
对非 SELV 电压的基本绝缘(b)	2		
附加绝缘(c)	3		
双重绝缘或加强绝缘(d)	4		
进行本试验时,安装表面用金属箔覆盖			

Ⅱ类灯具,如果基本绝缘和附加绝缘能单独试验,则不应对灯具的带电部件和壳体之间的绝缘进行试验。

只有当带电部件和可触及金属部件之间的距离(在衬垫或绝缘挡板不在其位时)小于第一章的规定时,对绝缘衬垫和绝缘挡板进行试验必须按表 3-4 对衬套软线固定架电线支架或线夹的绝缘进行,试验时软缆或软线应该用金属箔包覆或用相同直径的金属棒代替。这些要求不适用于特意接在电源上又不是带电部件的启动辅助件。

2. 耐压试验

指材料能承受而不致遭到破坏的最高电场强度。

根据 GB7000.1—2015 灯具第 1 部分,一般要求与试验内容如下:

试验用的高压变压器,当输出电压调到相应的试验电压后输出增短路时,其输出电流至少应为 200 mA;当输出电流小于 100 mA 时,过电流继电器不应该断开。应当注意施加的试验电压的有效值经测试在±3%。还应注意:放置金属箔时,使绝缘体的边缘不发生闪烁;对于既有加强绝缘又有双重绝缘的Ⅱ类灯具,施加于加强绝缘的电压不应使基本绝缘或附加绝缘受到过高的电压,不引起电压下降的辉光放电可忽略不计,试验期间不得发生闪络或击穿现象。

这些要求不适用于特意接在电源上又不是带电部件的启动辅助件。对于带触发器的灯具,为了保证灯具的绝缘接线和类似部件满足要求,应在触发器工作时对那些受脉冲电压影响的灯具部件进行电气强度试验;根据灯座制造商说明书规定,只有插入光源时灯座才能得到其最大脉冲电压的保护的,试验时应插入一个模拟灯。

(1) 模拟灯应随着型式试验样品一起提供。

(2) 要允许脉冲电压上升到保证放电灯能热启动(《例如演播室场所》)时,本条要求能使灯头/灯座保持一个合理尺寸的设计,带有触发器的灯具接到 100% 额定电压的电源上,历时 24 h 这期间有损坏的触发器立即更换。然后按表 3-5 规定的值对灯具进行电气强度试验,试验时触发器的所有接线端子(接地端子除外)连接在起带有手动触发器(如按钮)的灯具,灯具接到 100% 额定电压的电源上,并承受"3 s 通/10 s 断"转换循环时间共 1 h。本试验只用一个触发器,当符合 GB/T19510.10 的镇流器上标记只能用带限时装置的触发器时,带有这种触发器的灯具应承受同样的试验,但在 250 次通/断循环时,使断开的时间保持 2 min。电气强度试验中不应发生闪络或击穿现象,在含有电子控制装置的灯具上进行电气强度试验时,可能只在灯电路额定电压大于灯具额足电源电压的情况。这由灯的控制装置上标记的额定值 U 所指示。在这些例子中,施加于灯电路部件的试验电压应用标记在灯的控制装置上的额定值 $U\sim$ 代替 U(U 为工作电压)加以计算得到。

表 3-5 耐压试验

部件的绝缘	试验电压/V		
	Ⅰ类灯具	Ⅱ类灯具	Ⅲ类灯具
安全特低电压(SELV)			
不同极性的载流部件之间	a	a	a
载流部件和安装表面之间	a	a	a
载流部件和灯具的金属部件之间	a	a	a
非安全特低电压(非 SELV)			
不同极性的带电部件之间	b	b	—
带电部件和安装表面之间	b	b 和 c 或 d	—
带电部件和灯具的金属都件之间	b	b 和 c 或 d	—
通过开关的动作可以成为不同极性的带电部件之间	b	b 和 c 或 d	—
对 SELV 电压的基本绝缘(a)	500		
对非 SELV 电压的基本绝缘(b)	2U+1000		
附加绝缘(c)	2U+1750		
双重绝缘或加强绝缘(d)	2U+2750		
进行本试验时,安装表面用金属箔覆盖			

3. 接地电阻

电流由接地装置流入大地再经大地流向另一接地体或向远处扩散所遇到的电阻,它包括接地线和接地体本身的电阻、接地体与大地的电阻之间的接触电阻以及两接地体之间大地的电阻或接地体到无限大远处的大地电阻。

合格性由目视和以下试验检验,将从空载电压不超过 12 V 产生的至少为 10 A 的电流分别接在接地端子或接地触点与各可触及金属部件之间。

测量接地端子或接地触点与可触及金属部件之间的电压降,并由电流和电压降算出电阻,该电阻不得超过 0.1 Ω。型式试验时,应通入电流至少 1 min。

注:关于用不可拆卸状缆连接电源的灯具,接地触点是在插头上或者在软缆或软线的电源端。

4. 泄漏电流

泄漏电流指从带电部件(通过绝缘)流到导电部件的电流(包括接触电流和保护导体电流)。

灯具正常工作时,在电源各极与其壳体(见表 3-5)之间可能产生的泄漏电流不应超过表 3-6 的数值。

表 3-6　泄漏电流

灯具类型	泄漏电流最大有效值/mA
Ⅱ类[a]	0.5
Ⅰ类可移式[b]	1.0
额定输入不超过 1 kVA 的 Ⅰ类固定式	1.0
以 1.0 mA/kVA 增加,最大值 5.0 mA[a]	

注:对于用交流供电的电子镇流器的灯具,由于光源的高频工作泄漏电流可能主要取决于光源和接地启动装置之间的间距。

3.8.3　测试方法及标准

1. 绝缘电阻测试

绝缘电阻应在施加约 500 V 直流电压(对于安全特低电压的灯具的绝缘,用于测量的直流电压为 100 V),进行 1 min 后测定。

绝缘电阻的具体要求是:

0 类、Ⅰ类灯具不同极性带电部件之间的绝缘电阻应不小于 2 MΩ,

Ⅱ类灯具的附加绝缘不小于 2 MΩ,加强绝缘不小于 4 MΩ,基本绝缘不小于 2 MΩ。

以下应用举例均以 CS2676C 型绝缘电阻测试仪为测试仪器。

按图 3-16 将绝缘电阻测试仪与被测物件连接,根据被测整机产品标准设置绝缘电阻报警值,然后进行测试。

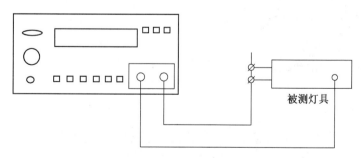

图 3-16　路灯灯具绝缘电阻测试

2. 耐压试验

在进行耐压试验时,UL 标准要求频率 40～70 Hz,而 EN 标准要求 50/60 Hz,测试过程中不得出现闪络或击穿现象,测试电压要求如表 3-7 所示。

表 3-7　测试电压

绝缘类型	测试电压(V)	
0 类、Ⅰ类、Ⅱ类灯具极间	$2U+1000$	
	Ⅱ类以外灯具	Ⅱ类灯具
不同极性的带电部件之间	$2U+1000$	$2U+1000$
通过开关的动作可变为 不同极性的带电部件之间	$2U+1000$	$2U+1000$
带电部位灯具壳体之间	$2U+1000$	$4U+3000$
Ⅱ类灯具的基本绝缘	—	$2U+1000$
Ⅱ类灯具的附加绝缘	—	$2U+1750$ V
Ⅱ类灯具的加强绝缘	—	$4U+2750$ V

注:U 为工作电压,当工作电压≤50 V 时,试验电压 500 V。

　　壳体包括可触及金属件、可触及固定螺钉和绝缘材料制的可触及部件(Ⅱ类灯具的加强绝缘)相连接的金属箔。

　　测试过程中注意:高压机开始施加的电压不应超过规定值的一半,然后逐步增至规定值。当输出电流小于 100 mA 时,过电流继电器不应该断开,正式测量前要检查。

　　以国产 CS2672DX 型耐压测试仪和 GPT-9803 直流耐压绝缘测试仪为例:

　　(1)电器整机电气强度试验

　　按图 3-17 将耐压仪与被测整机连接,接通被测整机电源开关,根据被测整机产品标准设置泄漏电流报警值,然后进行测试。

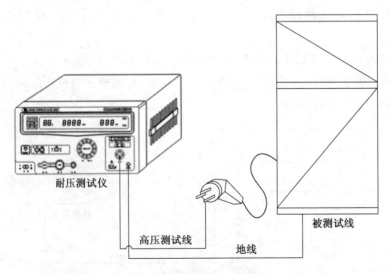

图 3-17　电器整机耐压测试

　　(2)变压器或电机电气强度试验

　　按图 3-18 将耐压仪与被测路灯灯具连接,根据被测路灯灯具技术指标设置泄漏电流报警值,然后进行测试。

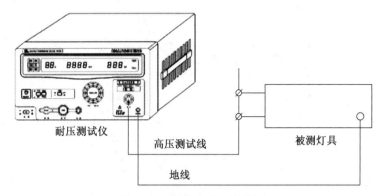

图 3-18 路灯灯具耐压测试

(3) 电容器电气强度试验

按图 3-19 将耐压仪与被测电容器连接,根据被测电容技术指标设置泄漏电流报警值,若进行直流测试,则应缓慢施加电压,使充电电流小于泄漏电流报警值,以免产生误报警;若进行交流测试,则应在设置泄漏电流报警值时加上由被测电容器容抗(Xc)引起的容性电流,否则会误报警。测试结束后,注意将电容器两端放电以免电击。

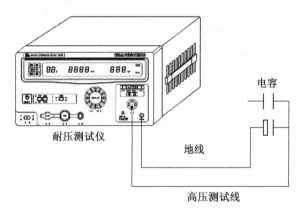

图 3-19 电容耐压测试

(4) 判定高压硅堆及高反压晶体管的 BV_{CEO}

按图 3-20 将耐压仪与高压硅堆及高反压晶体管连接,注意耐压仪 DC 高压输出端为负极(一),地线为正极(＋),将泄漏电流报警值设置在 0.2 mA,启动耐压仪,缓慢施加电压至额定值,若报警或漏电流增大,则被测高压硅堆及高耐压晶体管损坏,反之正常。

3. 接地电阻测试

UL 标准规定:用 12 V,25 A 电流,测得的接地电阻不大于 0.1 Ω(100 mΩ);

EN 标准规定:将空载电压不小于 12 V 及不小于 10 A 的电流加载于可触及金属及接地端子之间,测得的接地电阻不大于 0.5 Ω(500 mΩ)。

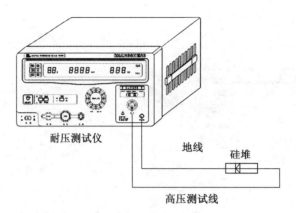

图 3‑20　硅堆耐压测试

以下应用举例均以 CS2678X 型接地电阻测试仪为测试仪器。

（1）一般测试

如图 3‑21 接线，将测试夹一个夹在机器总接地端，一个夹在机器可触及金属部分。

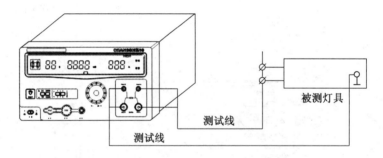

图 3‑21　路灯灯具接地电阻一般测试

（2）精确测试

如图 3‑22 接线，四端测试线分别接到被测器件上。电阻检测测试线应在电流输出线连接端的内侧。

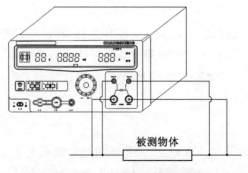

图 3‑22　接地电阻精确测试

4. 泄漏电流测试

泄漏电流的测定数值的具体要求:灯具正常工作时,在电源各极与其壳体之间可能产生的泄漏电流不应超过以下数值。

0 类灯具小于 0.5 mA(毫安)。

Ⅰ类灯具是小于 1 mA。(Ⅰ类可移动式灯具 1.0 mA;Ⅰ类固定式灯具 1.0 mA,额定输入功率大于 1 kVA 的Ⅰ类固定式每 1 kVA,泄漏电流增加 1.0 mA,最大值 5.0 mA)。

Ⅱ类灯具是小于 0.5 mA。

额定输入小于 1 kVA,泄漏电流为 1.0 mA。

注:泄漏电流值超过 200 mA,表示灯具是废品!

以下应用举例均以 CS2675W 型泄漏电流测试仪为测试仪器。

标准接线如图 3-23,通过交流接触器和仪器双重控制,更加保证测量安全。

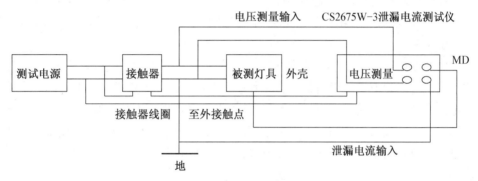

图 3-23 路灯灯具泄漏电流测试图

3.6 电磁兼容测试方法

3.6.1 概述

电磁兼容性(EMC,Electromagnetic Compatibility)是指设备或系统在其电磁环境中符合要求运行并不对其环境中的任何设备产生无法忍受的电磁干扰的能力。因此,EMC 包括两个方面的要求:一方面是指设备在正常运行过程中对所在环境产生的电磁干扰(EMI,Electromagnetic Interference,能使设备或系统性能降级的电磁现象)不能超过一定的限值;另一方面是指器具对所在环境中存在的电磁干扰有一定程度的抗扰度,即电磁敏(EMS,Electromagnetic Susceptbility)。

随着现代科学技术的发展,电子、电气设备或系统获得了越来越广泛的应用。运行中的这些设备或系统大多伴随着电磁能量的转换,高密度、宽频谱的电磁信号充满整个人类生存的空间,此外还伴随着各种自然现象产生的电磁能量,由此构成了极其复杂的电磁环境。

近年来,随着电光源技术的快速发展,节能灯、高压钠灯、金卤灯等传统光源的不断更新换代,大功率 LED 路灯、无极灯的研发和推广,其整流器电路产生的电磁干扰不仅对电网和其他用电设备产生危害,而且电磁场对人体也产生危害,GB 17743—2007 等国标要求对电光源进行强制检测。因此以 LED 路灯驱动电源的电磁兼容性性能检测为例,介绍电磁兼容性检测技术在道路照明领域的应用。

以一种典型的恒流驱动电源 LED 灯为例,按 GB 17743—2007《电气照明和类似设备的无线电骚扰特性的限制和测量方法》进行测试,详细介绍了两个较易不合格测试项目即电源端子骚扰电压和辐射骚扰场强的测试及整改过程。

3.6.2 受试灯具的工作原理及初测

该 LED 照明灯采用恒流开关电源,外接 3 条线:AC 电源线、信号输入线和一条控制线。目前 LED 灯具配置的电源装置的主流模式为:前级采用普通脉冲宽度调制,PWM 的开关电源作为低压直流电源,开关频率通常为几十千赫兹;后级再以斩波方式进行低频脉冲宽度调制,用调节占空比的方式来调节灯具的亮度,开关频率通常数百赫兹到几十千赫兹。

在脉冲宽度调制的工作方式中,电源装置对电流的斩波会产生高次谐波,其产生的无线电骚扰可能影响其他设备的正常工作。此外,由于电源装置中的电容滤波电路和整流电路会使工频电流发生畸变,产生的低次谐波会对电网造成影响,干扰其他电气设备的运行。因此需要对 LED 灯具进行 EMC 测试,利用各种 EMC 测试设备如人工电源网络、测量接收机和三环天线等在电波暗室和屏蔽室内进行。按 GB 17743—2007 标准测量其无线电骚扰特性是否满足限制要求。

1. 对电源端子骚扰电压的测试及分析

电源端子骚扰电压测试在温度 20 ℃、湿度 60％RH 的屏蔽室内进行,测试状态为 220VAC 供电,驱动电源的传导骚扰测量布局如图 3-24 所示。

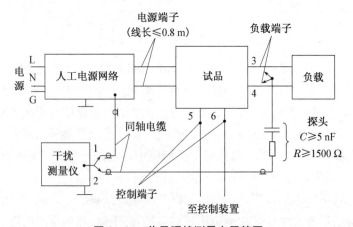

图 3-24　传导骚扰测量布局简图

使用标准名称:GB 17743—2007 电源端子传导骚扰 AV,标准极限值见表3－8。

表 3－8　GB 17743—2007 电源端子传导骚扰 QP 标准极限值

频率范围/MHz	极限值(准峰值/dBμV)	频率范围/MHz	极限值(准峰值/dBμV)
0.009～0.05	110	0.5～5	56
0.05	90	5～30	60
0.15	66		

电源端子骚扰电压的骚扰来源:L1/PE,检波方式采用峰值检波和平均值检波,初测结果频谱曲线如图 3－25 所示。

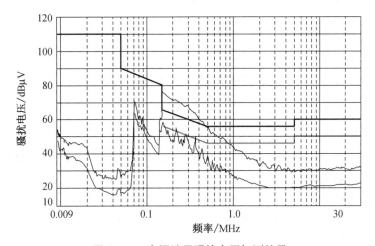

图 3－25　电源端子骚扰电压初测结果

从图 3－25 的测试曲线来看,电源端子骚扰电压的初测结果超标比较严重,尤其是在 0.1～1MHz 的频段,最大超标幅度超过十几分贝,而且该 LED 灯的驱动电源为恒流开关电源,可能存在的原因有:开关电源的差模滤波可能不够,导致在 0.1～1MHz 的频段测试曲线超过限制,所以应该考虑如何对差模干扰进行降噪;另外驱动电源内部存在高频干扰源、内部线缆过长或电路板接地不良等也是造成限制超标的原因,所以需要检查样机内部结构和电路板走线,才能给出相应的解决措施。

2. 对辐射骚扰场强的测试及分析

辐射骚扰场强的测试分为垂直极化和水平极化,在温度 23 ℃、湿度 52%RH 的电波暗室内进行,测试状态为 220VAC 供电,使用标准名称:GB 17743—2007 QP 辐射电磁骚扰电场分量,标准极限值见表 3－9。

表 3－9　GB17743—2007 QP 辐射电磁骚扰电场分量标准极限值

频率范围/MHz	极限值(准峰值/dBμV)
30～230	40
230～300	47

首先进行垂直极化测试,天线扫描范围为 $100\sim400\ \mathrm{cm}$,步进高度为 $100\ \mathrm{cm}$,步进角度为 $90°$,检波方式为峰值检波,初测结果频谱曲线如图 3-26 所示。

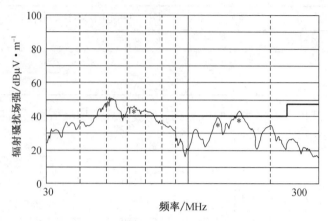

图 3-26 辐射骚扰场强初测结果(垂直极化)

从图 3-26 可以看出,辐射骚扰场强测试曲线的整体包络较高,在测试频段内存在严重的窄带干扰,尤其是某个点上超标严重,判定接地一定存在问题。另外根据此 LED 灯具的结构布置,可以判断源头出现在控制板和 3 条外部引线上,此时 3 条引线很可能充当了发射天线。

对上述开关电源电磁兼容的性能检测结果说明该开关电源的设计存在一定的缺陷和不足之处,有待于进一步改进和完善。

3.6.3 抗干扰技术

从形成干扰的要素可知,消除三个要素中的任何一个,都会避免干扰。抗干扰技术就是针对三个要素的研究和处理,一般可采取屏蔽、隔离、滤波、接地等技术。

1. 屏蔽

屏蔽是利用导电或导磁材料制成的盒状或壳状屏蔽体,将干扰源或干扰对象包围起来从而割断或削弱干扰场的空间耦合通道,阻止其电磁能量的传输。屏蔽体的屏蔽效能与屏蔽材料的电导率、磁导率有关,具有较高导电、导磁性能的材料可作为电磁屏蔽材料。目前常用的屏蔽材料有金属电磁屏蔽材料、导电高分子材料、纤维织物类复合材料。电磁波屏蔽材料和吸波材料,人们针对其使用频率和应用场所,可以加工成不同的形状。按需屏蔽的干扰场的性质不同,可分为电场屏蔽、磁场屏蔽和电磁场屏蔽。

电场屏蔽是为了消除或抑制由于电场耦合引起的干扰。通常用铜和铝等导电性能良好的金属材料作屏蔽体。屏蔽体结构应尽量完整严密并保持良好的接地。

磁场屏蔽是为了消除或抑制由于磁场耦合引起的干扰。对静磁场及低频交变磁场,可用高磁导率的材料作屏蔽体,并保证磁路畅通。对高频交变磁场,由于主要靠屏蔽体壳体上感生的涡流所产生的反磁场起排斥原磁场的作用,选用材料也是良导体,如铜、铝等。

如图 3-27 所示的变压器,在变压器绕组线包的外面包一层铜皮作为漏磁短路环。当漏磁通穿过短路环时,在铜环中感生涡流,因此会产生反磁通以抵消部分漏磁通,使变压器外的磁通减弱。屏蔽的效果与屏蔽层数量和每层厚度有关。

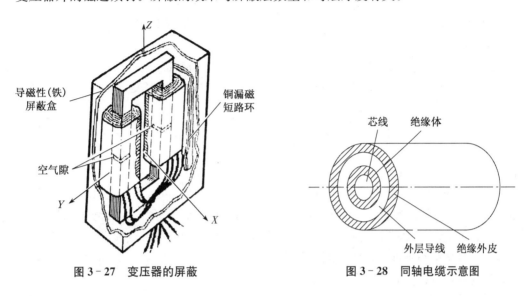

图 3-27 变压器的屏蔽   图 3-28 同轴电缆示意图

如图 3-28 所示的同轴电缆中,为防止在信号传输过程中受到电磁干扰,在电缆线中设置了屏蔽层。芯线电流产生的磁场被局限在外层导体和芯线之间的空间中,不会传播到同轴电缆以外的空间。而电缆外的磁场干扰信号在同轴电缆的芯线和外层导体中产生的干扰电势方向相同,使电流一个增大,一个减小而相互抵消,总的电流增量为零。许多通信电缆还在外面包裹一层导体薄膜以提高屏蔽外界电磁干扰的作用。

2. 隔离

隔离是指把干扰源与接收系统隔离开来,使有用信号正常传输,而干扰耦合通道被切断,达到抑制干扰的目的。常见的隔离方法有光电隔离、变压器隔离和继电器隔离等方法。

(1) 光电隔离

光电隔离是以光作媒介在隔离的两端间进行信号传输的,所用的器件是光电耦合器。由于光电耦合器在传输信息时,不是将其输入和输出的电信号进行直接耦合,而是借助于光作为媒介物进行耦合,因而具有较强的隔离和抗干扰的能力。在控制系统中,它既可以用作一般输入/输出的隔离,也可以代替脉冲变压器起线路隔离与脉冲放大作用。由于光电耦合器具有二极管、三极管的电气特性,使它能方便地组合成各种电路。又由于它靠光耦合传输信息,使它具有很强的抗电磁干扰的能力,从而在机电一体化产品中获得了极其广泛的应用。

由于光耦合器共模抑制比大、无触点、寿命长、易与逻辑电路配合、响应速度快、小型、耐冲击且稳定可靠,因此在机电一体化系统特别是数字系统中得到了广泛的应用。光电隔离原理如图 3-29。

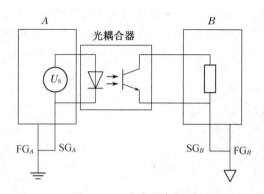

图 3‑29　光电隔离原理

（2）变压器隔离

对于交流信号的传输一般使用变压器隔离干扰信号的办法。隔离变压器也是常用的隔离部件，用来阻断交流信号中的直流干扰和抑制低频干扰信号的强度。如图 3‑30 所示为变压器耦合隔离电路。隔离变压器把各种模拟负载和数字信号源隔离开来，也就是把模拟地和数字地断开。传输信号通过变压器获得通路，而共模干扰由于不形成回路而被抑制。

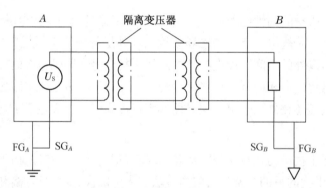

图 3‑30　变压器隔离原理

如图 3‑31 所示为一种带多层屏蔽的隔离变压器。当含有直流或低频干扰的交流信号从一次侧端输入时，根据变压器原理，二次侧输出的信号滤掉了直流干扰，且低频干扰信号幅值也被大大衰减，从而达到了抑制干扰的目的。另外，在变压器的一次侧和二次侧线圈外设有静电隔离层 S_1 和 S_2，其目的是防止一次和二次绕组之间的相互耦合干扰。变压器外的三层屏蔽密封体的内外两层用铁，起磁屏蔽的作用，中间用铜，与铁心相连并直接接地，起静电屏蔽作

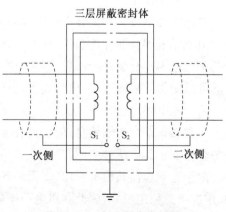

图 3‑31　多层隔离变压器

用。这三层屏蔽层是为了防止外界电磁场通过变压器对电路形成干扰,这种隔离变压器具有很强的抗干扰能力。

（3）继电器隔离

继电器线圈和触点仅在机械上形成联系,而没有直接的电的联系,因此可利用继电器线圈接受电信号,而利用其触点控制和传输电信号,从而可实现强电和弱电的隔离（如图 3-32）。同时,继电器触点较多,且其触点能承受较大的负载电流,因此应用非常广泛。

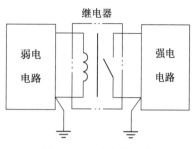

图 3-32 继电器隔离

实际使用中,继电器隔离指适合于开关量信号的传输。系统控制中,常用弱电开关信号控制继电器线圈,使继电器触电闭合和断开。而对应于线圈的触点,则用于传递强电回路的某些信号。隔离用的继电器,主要是一般小型电磁继电器或干簧继电器。

3. 滤波

滤波是抑制干扰传导的一种重要方法。由于干扰源发出的电磁干扰的频谱往往比要接收的信号的频谱宽得多,因此,当接收器接收有用信号时,也会接收到那些不希望有的干扰。这时,可以采用滤波的方法,只让所需的频率成分通过,而将干扰频率成分加以抑制。

常用滤波器根据其频率特性又可分为低通、高通、带通、带阻等滤波器。低通滤波器只让低频成分通过,而高于截止频率的成分则受抑制、衰减,不让通过。高通滤波器只通过高频成分,而低于截止频率的成分则受抑制、衰减,不让通过。带通滤波器只让某一频带范围内的频率成分通过,而低于下截止和高于上截止频率的成分均受抑制,不让通过。带阻滤波器只抑制某一频率范围内的频率成分,不让其通过,而低于下截止和高于上截止频率的频率成分则可通过。

在机电一体化系统中,常用低通滤波器抑制由交流电网侵入的高频干扰。图 3-33 所示为计算机电源采用的一种 LC 低通滤波器的接线图。含有瞬间高频干扰的 220 V 工频电源通过截止频率为 50 Hz 的滤波器,其高频信号被衰减,只有 50 Hz 的工频信号通过滤波器到达电源变压器,保证正常供电。

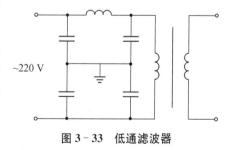

图 3-33 低通滤波器

图 3-34 所示电路中,图 3-34(a)所示为触点抖动抑制电路,对于抑制各类触点或开关在闭合或断开瞬间因触点抖动所引起的干扰是十分有效的。图 3-34(b)所示电路是交流信号抑制电路,主要是为了抑制电感性负载在切断电源瞬间所产生的反电势。这种阻容吸收电路,可以将电感线圈的磁场

释放出来的能力,转化为电容器电场的能量储存起来,以降低能量的消散速度。图 3-34(c)所示电路是输入信号的阻容滤波电路。类似的这种线路,既可作为直流电源的输入滤波器,亦可作为模拟电路输入信号的阻容滤波器。

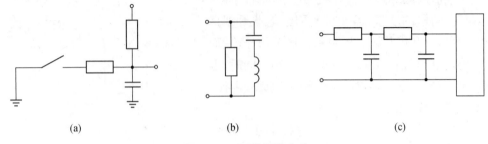

(a)   (b)   (c)

图 3-34 干扰滤波电路

如图 3-35 所示为一种双 T 型带阻滤波器,可用来消除工频(电源)串模干扰。图中输入信号 U_1 经过两条通路送到输出端。

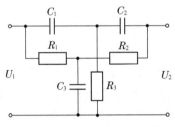

图 3-35 双 T 型带阻滤波器

4. 接地

将电路、设备机壳等与作为零电位的一个公共参考点(大地)实现低阻抗的连接,称之为接地。接地的目的有两个:一是为了安全,例如把电子设备的机壳、机座等与大地相接,当设备中存在漏电时,不致影响人身安全,称为安全接地;二是为了给系统提供一个基准电位,例如脉冲数字电路的零电位点等,或为了抑制干扰,如屏蔽接地等,称为工作接地。工作接地包括一点接地和多点接地两种方式。

(1) 并联一点接地

并联一点接地,如图 3-36 所示是并联一点接地方式。这种方式在低频时是最适用的,因为各电路的地电位只与本电路的地电流和地线阻抗有关,不会因地电流而引起各电路间的耦合。这种方式的缺点是,需要连很多根地线,用起来比较麻烦。

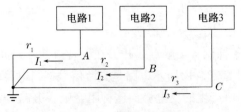

图 3-36 并联一点接地

（2）多点接地

多点接地所需地线较多,一般适用于低频信号。若电路工作频率较高,电感分量大,各地线间的互感耦合会增加干扰。如图 3-37 所示,各接地点就近接于接地汇流排或底座、外壳等金属构件上。

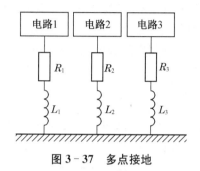

图 3-37　多点接地

3.7　LED 路灯驱动电源测量方法

3.7.1　概述

LED 路灯驱动电源是 LED 路灯的主要部件,其质量决定于整灯的正常运行。采用 LED 路灯驱动电源检测仪可直接测量 LED 路灯驱动电源的交流输入电压、输入电流、输入功率、功率因数、谐波分量和谐波总量,同时可以测量 LED 路灯驱动电源的直流输出电压、输出电流、输出功率以及察动电源的效率、温升和有效工作电压范围等主要性能指标。

3.7.2　系统的结构、原理及技术指标

1. 系统结构

220 V 交流电首先接入置于检测柜之外的 2 kVA 交流稳压器,然后接入检测柜。先后通过 20 A 双极自动空气开关、2 kVA 隔离变压器,分别给检测电路和温度检测仪供电。其中检测电路从 2 kVA 隔离变压器取得电源后,经自耦调压器依次经 8715B 型数字式交流电参数测量仪检测、LED 驱动电源、8716F 型数字式直流电参数测量仪和 LED 路灯供电,如图 3-38 所示。

图 3-38　电路原理图

为了保证检测仪器安全和提高测量精度,每次测量前一定要先将自耦调压器的输出电压调节旋钮置"零",在确认检测线路接线无误后,将自耦调压器由零按顺时针方向缓慢调节,使其电量测量仪电压窗口所显示的电压为预定的检测电压即可。如果在升压过程中出现测量仪上的电流显示窗口的电流值急剧上升或导线、电器出现发烫冒烟等异常情况,应立即将自耦调压器置零,并关机检查线路,直到排除故障后,方可继续开机检测。该检测仪实物图如图3-39所示。

2. 检测仪的测量原理

利用8715B型数字式电参数测量仪对驱动电源的交流输入电压、电流、功率、功率因素进行直接测量。

利用8716F型数字式直流电参数测量仪对驱动电源的直 **图3-39 检测仪实物图**
流输出电压、电流、功率进行直接测量。

驱动电源的输出功率 P_1 与输入功率 P_2 之比值即为驱动电源的工作效率。

3. 主要技术参数

输入交流电压量程:0～300 V;

输入交流电流量程:0～20 A;

输入交流功率:$P=U \times I \times PF$;

输入交流功率因数 PF:02～1.0;

输入交流频率:45～50 Hz;

输出直流电压量程:0～200 V;

输出直流电流量程:10 mA～5 A;

输山直流功率:$P=U \times I$;

谐波分量:3～51 次;

测量精度::5 级;

显示方式:数字显示,配备有红外线测温仪器,可测 LED 驱动的工作温度和温升;

体积:长×宽×高(600 mm×600 mm×1760 mm);

重量:约 150 kg 左右。

3.7.3 仪器使用方法

1. 驱动电源电参数的测量

按照下图完成驱动电源测量电路的联接工作,用自耦变压器将其测试电压调至220 V,如果驱动电源为单路输出,则直接将输入与输出电路接入即可;如果驱动电源为双路或多路输出,则应将其输出电路依次接入 8716F 的输入端,并将其对应的 LED 灯模块接入 8716F 的负载端,即可得出驱动电源单组的技术参数。待依次测量各组的输出电参数后,通过累计求和的方法即可得到驱动电源的效率等参数。

测量并记录数据表见表3-10。

表3-10 测量记录

输入电参数(交流)	输出电参数(直流)
电压 V_1	第一通道电压 V_{21}
	第一通道电压 V_{22}
	…………
	第 n 通道电压 V_{2n}
电流 I_1	第一通道电流 I_{21}
	第一通道电流 I_{22}
	…………
	第 n 通道电流 I_{2n}
功率 P_1	第一通道功率 P_{21}
	第一通道功率 P_{22}
	…………
	第 n 通道功率 P_{2n}
功率因数 $\cos\Phi$	——
驱动电源转换效率	$\eta=(P_{21}+P_{22}+P_{23}+\cdots\cdots P_{2n})/P_1\times100\%$

2. 驱动电源有效工作电压范围的测试

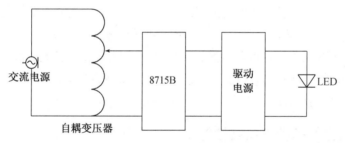

图3-40 检测线路图

3. 测量注意事项

(1) LED路灯启动电压值的测试工作开始时,首先缓慢调节变压器TB,使其测试电压由0逐步增加直至LED灯启动时的工作电压,即为驱动电源的启动电压。

(2) LED路灯启动电压值的测量,待驱动电源的输入电压升至220 V后,再缓慢上升输入电压,当其输入电流出现急剧上升的工作电压,即为驱动电压的上限工作电压。

(3) 驱动电源的温升的测量,将自耦变压器的输出电压调至220 V时,让LED灯处于额定工作状态,历时3小时,待其驱动电源处于热平衡时的驱动电源外壳或器件的温度或温升,即为驱动电源的外壳成器件的额定温度或额定温升。

(4) 测量时驱动电源的额定功率与其所驱动的LED路灯模块的额定功率必须相匹配。

第四章 路灯其他参数测量

4.1 路灯灯杆安装质量测量方法

4.1.1 概述

按照CJJ89—2012《城市道路照明施工及验收规程》,对路灯灯杆安装质量进行验收测量主要是对灯杆垂直偏移、灯臂仰角、灯具安装高度等主要质量指标进行现场检测和数据分析,以便及时校正路灯安装过程中的误差并对路灯的安装质量进行现场测量。因此,路灯灯杆安装质量在施工中有着极其重要的作用。

传统的路灯灯杆安装质量测量方法主要是依靠现场验收人员的目测与经验进行估计和判别,该方法即缺乏科学依据,也缺乏公信力,往往给施工方与委托方带来不必要的矛盾与纠纷。近年来由丰登电子仪器有限公司研发成功的路灯灯杆安装质量检测系统有效地解决了这一问题。利用该系统可以方便在现场测量路灯安装工程中的灯杆垂直偏移,灯臂仰角及一致性、灯臂与道路纵向线垂直度、灯臂与灯具的中心线一致性、灯具横向水平角、灯具安装高度等主要质量指标进行现场测量和数据分析,以便及时校正路灯安装过程中的误差并对路灯的安装质量进行现场验收。该系统将全站仪、平板电脑等硬件有机地结合在一起,利用VB编写的配套软件直接驱动硬件来完成灯杆安装质量的测量,操作简单、便捷,数据精确,稳定性好。

4.1.2 仪器主要指标与仪器性能

1. 主要指标

角度测量:精度3′;

距离测量:测程20 m~500 m,精度±5 mm;

工作环境温度:−20°~+45 ℃。

2. 仪器性能

系统采用全站仪作为具有取特征点功能的主机,并将平板电脑、GPS模块和无线收发模块与之有机地结合在一起,并对全站仪主机部分硬件做了必要的改进,实现了主机与其他模块时间的连接,同时还利用VB软件编写好配套的系统软件,实现软件直接驱动硬件,即将全站仪对准测试点后,只需点击鼠标就可完成测量和分析工作,简化了操作程序。对于数据的保存也可直接保存在电脑中,克服了以往在全站仪中存储数据时出现的操作复杂、存储容量小等问题。本系统还可实时记录和处理数据,且利用软件带有强大的数据库功能,来实现历史数据的调用和查看,还可以将所测数据和分析所得数据通过无线模块发送到接受机上,方便远程管理。

4.1.3 路灯灯杆安装质量检测系统硬件

路灯灯杆安装质量检测系统由全站仪、三脚架、平板电脑、GPS 和无线模块组成,将 GPS 和无线模块安装在平板电脑上,并将这些整合成一个整体,利用固定装置固定在三脚架上,然后利用数据线将平板电脑与固定在三脚架上的全站仪连接起来,实现测量数据的传输。系统框图如图 4-1 所示。

图 4-1 路灯灯杆安装质量检测系统硬件系统框图

数据传送模块采用两无线收发模块制作而成,一个安装在平板电脑上,另一个则安装在接收机上,在接收机上安装好配套的接收软件,这样可以实现所测数据的远距离传输。

GPS 数据采集模块是将 GPS 安装在平板电脑上,通过 GPS 测量出灯杆的经纬度,所测数据则可以通过平板电脑显示出来,方便对所测灯杆的定位。为防止 GPS 信号的干扰,此处还安装一个开关,在不需要测量 GPS 数据时可关闭 GPS 模块。

全站仪置零时需用到置零辅助装置,它是利用加工过的尼龙棍和指南针制作而成,指南针固定在尼龙棍顶端,校准时先在一个空旷的场地上将置零辅助装置安装在调平好的全站仪主机把手上,将主机镜头转到正北方向,使镜头方向与指针在一直线上,此时固定好主机,防止主机转动,此时在置零辅助装置上标记好,以便下次置零时能够快速找到正北方向。

4.1.4 路灯灯杆安装质量检测系统软件

由于用 VB 编写的软件可视性比较好,界面比较好,该系统采用 VB 编写配套的驱动软件来控制全站仪主机取点,并在软件内部进行数据分析。

具体建模如图 4-2 所示。

测量主机测出被测目标点 C 的斜距(S_{AC})、垂直角(β_{AC})、坐标方位角(α_{AC}),可通过下列公式算出目标点的空间三维坐标。

先计算平距(D_{AC}):

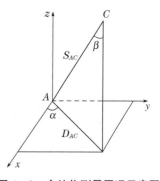

图 4-2 全站仪测量原理示意图

$$D_{AC} = S_{AC} \times \cos\left(\frac{\pi}{2} - \beta_{AC}\right) \tag{4-1}$$

因而可算出 C 点三维坐标为

$$X_C = X_A + D_{AC} \cdot \cos(\alpha_{AC})$$

$$Y_C = Y_A + D_{AC} \cdot \sin(\alpha_{AC}) \tag{4-2}$$

$$Z_C = Z_A + D_{AC} \cdot \tan\left(\frac{\pi}{2} - \beta_{AC}\right) + 0.44 \times S_{AC}^2 / 6\,378\,245$$

其中,(X_A, Y_A, Z_A) 为主机所在位置的三维坐标。在灯杆上选取任意两点可根据式(4-2)计算出三维坐标,则求出空间任意两点的距离和给出空间直线方程,因而也可求出空间任意两条直线之间的夹角。因此只要取点适当,就可以求出灯杆验收中所需的灯杆垂直偏移、灯臂仰角、灯臂中心线与灯具中心线夹角、灯具横向水平、灯具安装高度、灯臂中心线与道路纵向线夹角等主要质量指标。

4.1.5 软件界面

软件界面主要包括数据显示区和数据采集区,具体界面如图4-3所示。

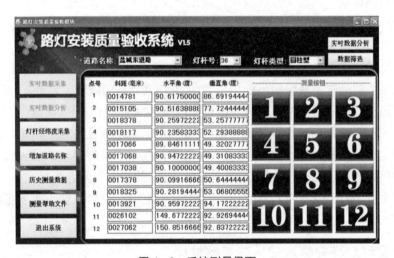

图 4-3 系统测量界面

4.1.6 标定与实测

1. 研究距离测量精度

方法:将直尺竖直固定在墙上,在直尺上去两点,测量两点之间的距离与实际距离比较。

表 4 - 1 不同位置距离测量偏差

第一点位置	第二点位置	理论距离	实测距离
50 cm	10 cm	40 cm	0.40 m
5.5 cm	44 cm	38.5 cm	0.38 m

结论:距离测量的精度比较高,误差不大。

2. 研究光的强弱与测试精度的关系

方法:分别在阳光、弱光、强光和日光灯下进行测量,从而判断光强对测量精度的影响。

表 4 - 2 不同光强角度测量偏差

光强度	实际角度	测量角度
阳光	60°	59.53°
弱光	60°	59.53°
日光灯	60°	59.53°
强光	60°	59.53°

结论:背景光对测试精度不影响。

3. 重复测试精度不变(特指包括测试人员的改变)

(1) 研究不同角度所测绝对误差

方法:将量角器水平固定在墙上,测不同角度得到不同绝对误差。

表 4 - 3 不同角度测量偏差

实际角度	实测角度	偏差
10°	10.25°	0.25°
20°	20.09°	0.09°
30°	30.52°	0.52°
40°	39.76°	—0.24°
50°	49.93°	—0.07°
60°	59.53°	—0.47°
70°	69.95°	—0.05°
80°	79.47°	—0.53°
90°	88.94°	—1.06°

结论:角度测量精度比较高,误差不大,个别角度测试绝对误差超过 0.5°。

(2) 研究对同一目标物在不同距离测量多角度的影响

方法:将量角器水平固定在墙上,在多个位置测不同角度。

表 4-4 不同距离对角度的测量偏差

角度 横向 偏移	10°	20°	30°	45°	60°	90°	0°
0 m	10.72°	20.57°	30.65°	45.51°	60.65°	89.37°	0.84°
1 m	9.31°	19.07°	28.96°	43.62°	58.26°	87.81°	0.46°
2 m	10.46°	20.34°	30.40°	45.33°	60.37°	89.43°	0.32°
3 m	9.32°	19.25°	29.21°	44.23°	59.12°	89.26°	0.51°
4 m	10.6°	20.7°	30.78°	45.63°	60.58°	89.32°	0.54°
5 m	10.54°	20.71°	30.85°	46°	60.86°	88.8°	0.67°

结论:改变位置对精度影响不大。

本仪器采用相位法激光测距和光栅增量式数字角度传感器等现代化测量手段以及计算机数据采集、分析技术,实现了路灯安装质量验收检测工作的数字化和智能化。摒弃了传统全站仪复杂的测量步骤,利用软件来控制全站仪进行测量,可对数据进行实时记录和处理,且利用软件带有的强大数据库功能可实现历史数据的调用,为路灯灯杆安装质量检测提供了定量的数据分析,能有效地提高我国城市道路照明施工质量验收的科学性和精确度、可信度,提高城市道路照明施工质量验收的工作效率,降低施工质量验收的劳动强度,提高公路出行水平和交通服务水平。

4.2 灯杆壁厚的测量方法

4.2.1 概 述

随着国家城市化进程日益加快,城市道路照明事业得到迅速发展,大量路灯灯杆得以使用,如何选取优质的灯杆变得尤为重要。如何判断灯杆质量的好坏,灯杆厚度是一项重要指标,要根据实际需求选择灯杆的厚度,并能准确、快捷、方便地测量出灯杆的壁厚,可以有效地防止一些不良产品流入市场。

测厚的方法很多,除了常规的机械方法(卡尺、千分尺等)外,还有其他一些方法,如超声波测量、磁性测厚、电流法测厚、射线测厚等。这些方法中,对于目前检验应用最多的是超声波测厚。因为超声波测厚仪体积小,质量轻,速度快,精度高,携带使用方便。测量时按照 CJJ89—2012《城市道路照明施工及验收规程》进行。

4.2.2 超声波测厚仪

超声检测是常用的无损检测技术之一,超声测厚是超声检测技术在测厚方面的应用。它是利用超声波脉冲回波技术在非破坏情况下,对工业上许多重要结构和部件进行精确测量,一般壁厚 10 mm 以下的测量精度可达 0.01 mm。超声测厚所使用的仪器是超声测厚仪,结构框图如图 4-4 所示,它除了测厚以外还可测声速。

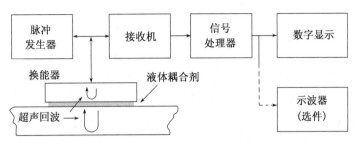

图 4-4　超声测厚仪功能框图

4.2.3　测试原理

超声测厚仪的工作原理如下:它的脉冲发生器以一个窄电脉冲激励专用高阻尼压电换能器,此脉冲为始脉冲,一部分由始脉冲激励产生的超声信号在材料界面反射,这信号称为始波。其余部分透入材料,并从平行对面反射回来。这一返回信号称为背面回波。始波与背面回波之间的时间间隔代表了超声信号穿过被测件的声程时间。如测得声程时间则可确定被测件厚度,测厚时声速是确定的。

$$d=2C/t \qquad\qquad (4-3)$$

式中:d——被测件厚度(mm);

C——超声波在被测件中的传播速度(即声速)(m/s);

t——声程时间(s)。

反之,由式(4-3)可知,如测得工件厚度和声程时间则可求出被测工件中的声速。声速是描述超声波在介质中传播特性的基本物理量,它的大小由传播介质决定,即与材料的弹性模量、密度、超声波波型和泊松比有关。金属材料的弹性模量尽管对组织结构不敏感,但由于它与原子间作用力和原子间距有关,而原子间距与晶体结构有关,所以它还是受到组织结构的影响。此外,金属材料的密度从微观上来讲也与组织结构有关。

了解主要材料的声速范围,见表 4-5。

表 4-5　不同材料声速范围

材料名称	黄铜	钛	铅	铸铁	铜	铝	钢	不锈钢	锌
纵波声速(m/s)	4640	5990	2400	4600	4720	6400	5900	5790	4170

4.2.4　超声波测厚仪

主要仪器有国产 TT110 超声波测厚仪、HY-300 超声波测厚仪和 UT350 超声波测厚仪。

1. 主要功能

(1)自动校对零点,可对系统误差进行修正。

（2）非线性自动补偿：在全范围内利用计算机软件对探头非线性误差进行修正，以提高测量准确度。

（3）耦合状态提示：提供耦合标志，通过观察其稳定状态可知耦合是否正常。

（4）低电压提示。

（5）自动关机：定时自动关机会帮助断电。

（6）全键膜密闭式操作：防油污，提高使用寿命。

2. 性能指标

（1）显示方式：四位数字液晶显示。

（2）显示最小单位：0.1 mm。

（3）工作频率及测量范围：5PΦ10 探头、5PΦ10/90° 探头：5 MHz，1.2 mm～225.0 mm；7PΦ6 探头：7 MHz，0.8 mm～60.0 mm；SZ2.5P 探头：2.5 MHz，3.0 mm～300.0 mm。

（4）管材测量下限：5PΦ10 探头、5PΦ10/90° 探头：Φ20 mm×3.0 mm；7PΦ6 探头：Φ15 mm×2.0 mm。

（5）测量误差：±(1%H+0.1)mm，H 为被测物实际厚度。

（6）声速：5900 m/s。

（7）使用温度范围：0 ℃～40 ℃。

3. 仪器各部分名称

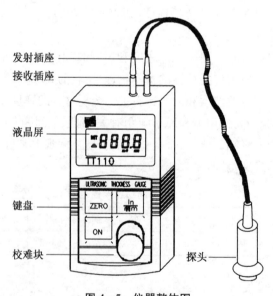

图 4-5　仪器整体图

4. 仪器校正

用测厚仪测厚前，要先校准仪器的下限和线性。仪器的测量下限要用一块厚度为下限的试块来校准。如已知材料声速，可预先调好声速值，然后在仪器附带的试块上，调节"校准键"按钮,仪器即调试完毕。我们在实际使用中发现,使用不同品牌的测厚仪,其产品附带的试块的厚度大多各不相同,现场检验时应注意标准试块的厚度不要记错,以免调错了基准值。

测厚仪附带的试块,一般厚度较小,当需要的厚度与之偏离较大时,还应用台阶试块(一般测厚仪出厂时,都附带)。分别在厚度接近待测厚度的最大值和待测厚度最小值(或待测厚度最大值的二分之一)进行校正。

5. 耦合剂的使用和选择

耦合剂是用来作为探头与被测材料之间的高频超声能量传递的。如果选择种类或使用方法不当,将有可能造成误差或耦合标志闪烁,无法测值。耦合剂应适量使用,涂抹均匀。选择合适种类的耦合剂是重要的,当使用在光滑材料表面时,低黏度的耦合剂(如随机配置的耦合剂、轻机油等)是很合适的。当使用在粗糙材料表面,或垂直表面及顶面时,可使用黏度较高的耦合剂(如甘油膏、黄油、润滑脂等)。

4.2.5 灯杆壁厚的测量方法

1. 一般测量方法

在一点处用探头进行两次测厚,在两次测量中探头的分割面要互为 $90°$,取较小值为被测工件厚度值。

$30\ mm$ 多点测量法:当测量值不稳定时,以一个测定点为中心,在直径约为 $30\ mm$ 的圆内进行多次测量,取最小值为被测工件厚度值。

2. 精确测量法

在规定的测量点周围增加测量数目,厚度变化用等厚线表示。

3. 连续测量法

用单点测量法沿指定路线连续测量,间隔不大于 $5\ mm$。

4. 网格测量法

在指定区域划上网格,按点测厚记录。此方法在高压设备、不锈钢衬里腐蚀监测中广泛使用。

4.2.6 异常现象的防御措施及注意事项

1. 清洁表面

测量前应清除被测物体表面所有的灰尘、污垢及锈蚀物,铲除油漆等覆盖物。

2. 提高粗糙度要求

过分粗糙的表面会引起测量误差,甚至仪器无读数。测量前应尽量使被测材料表面光滑,可使用磨、刨、锉等方法使其光滑,还可使用高黏度耦合剂,选用粗晶探头SZ2.5P。

3. 测量圆柱形表面

测量圆柱形材料,如管子、油桶等,选择探头串音隔层板与被测材料轴线之间的夹角至关重要。简单地说,将探头与被测材料耦合,探头串音隔层板与被测材料轴线平行或垂直,沿与被测材料轴线方向垂直地缓慢摇动探头,屏幕上的读数将有规则的变化,选择读数中的最小值,作为材料的准确厚度。

选择探头串音隔层板与被测材料轴线交角方向的标准取决于材料的曲率,直径较大的管材,选择探头串音隔层板与管子轴线垂直,直径较小的管材,则选择与管子轴线平行和垂直两种测量方法,取读数中的最小值作为测量厚度。

4. 参考试块

为了能得到令人满意的测量精度,最好选择具有与被测材料相同的材质和相近厚度的试块。取均匀被测材料,用千分尺测量后就能作为一个试块。对于薄材料,在它的厚度接近于探头测量下限时,不要测量低于下限厚度的材料。如果一个厚度范围是可以估计的,那么试块的厚度应选上限值。大部分锻件和铸件的内部结构具有方向性,在不同的方向上,声速将会有少量变化,为了解决这个问题,试块应具有与被测材料相同方向的内部结构,声波在试块中的传播方向也要与在被测材料中的方向相同。在实际测量中被测材料的声速可能是未知的,这时可以计算出被测物体的厚度:

$$H_0 = (h_0/h_1) \times H_1$$

式中:H_0——被测物体实际厚度;

H_1——被测物体用 TT110 超声测厚仪测得的厚度;

h_0——试块实际厚度;

h_1——试块用 TT110 超声测厚仪测得的厚度。

4.2.7 测量误差的预防方法

1. 超薄材料

使用任何超声波测厚仪,当被测材料的厚度降到探头使用下限以下时,将导致测量误差,必要时最小极限厚度可用试块比较法测得。

当测量超薄材料时,有时会发生一种称为"双重折射"的错误结果,它的结果为显示读数是实际厚度的 2 倍;另一种错误结果被称为"脉冲包络、循环跳跃",它的结果是测得值大于实际厚度,为防止这类误差,测临界探头使用下限的材料时应重复测量核对。

2. 锈斑、腐蚀凹坑等

被测材料另一表面的锈斑、凹坑等将引起读数无规则的变化,在极端情况下甚至无读数,很小的锈点有时是很难发现的。当发现凹坑或感到怀疑时,这个区域的测量就得十分小心,可选择探头串音隔层板不同角度的定位来做多次测试。

3. 探头的磨损

探头表面为丙烯树脂,长期使用会使粗糙度增高,导致灵敏度下降,用户在可以确定为此原因造成误差的情况下,可用砂纸或油石少量打磨探头表面使其平滑并保证平行度。如仍不稳定,则需更换探头。

4. 探头护套

测曲面时,建议采用曲面探头护套,可较精确测量管道类曲面材料的厚度。

4.3 灯杆涂层测厚的检测方法

4.3.1 概 述

对路灯灯杆材料表面保护、装饰形成的覆盖层,如涂层、镀层、敷层、贴层、化学生成膜等,在有关国家和国际标准中称为覆层(coating)。覆层厚度测量已成为加工工业、表面工程质量检测的重要一环,是产品达到优等质量标准的必备手段。为使产品国际化,我国出口商品和涉外项目中,对覆层厚度有了明确的要求。覆层厚度的测量方法主要有:磁性测量法,涡流测量法,楔切法,光截法,电解法,厚度差测量法,称重,X射线荧光法,β射线反向散射法,电容法等。本节主要介绍一种适用于路灯灯杆表面涂层厚度测量方法。

随着技术的日益进步,特别是近年来引入微机技术后,采用磁性法和涡流法的测厚仪向微型、智能、多功能、高精度、实用化的方向迈进了一步。测量的分辨率已达0.1 μm,精度可达到1%,有了大幅度的提高。它适用范围广,量程宽、操作简便且价廉,是工业和科研使用最广泛的测厚仪器。

采用无损方法既不破坏覆层也不破坏基材,检测速度快,能使大量的检测工作经济地进行。测量时按照CJJ89—2012《城市道路照明施工及验收规程》进行。

4.3.2 覆层测厚仪测量方法及原理

1. 磁感应测量法(F型测头)

当测头与覆盖层接触时,测头和磁性金属基体构成一闭合磁路,由于非磁性覆盖层的存在,使磁路磁阻变化,通过测量其变化可导出覆盖层的厚度。

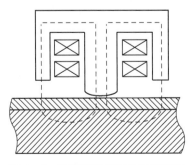

图 4-6 磁性测量法基本工作原理

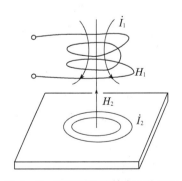

图 4-7 涡流测量法基本工作原理

2. 电涡流测量法（N 型测头）

利用高频交变电流在线圈中产生一个电磁场，当测头与覆盖层接触时，金属基体上产生电涡流，并对测头中的线圈产生反馈作用，通过测量反馈作用的大小可导出覆盖层的厚度。

4.3.3 数字式覆层测厚仪

国产 TT220 数字式覆层测厚仪、TC500 涂层测厚仪。

1. 性能指标

表 4-6　测量范围及测量误差

型号	工作原理	测量范围（μm）	低限分辨力（μm）	示值误差（μm）	
				零点校准	二点校准
TT220	磁感应	0～1250	1	$\pm(3\%H+1)$	$\pm[(1\%～3\%)H+1]$

型号	待测基体最小曲率半径(mm)		基体最小面积的直径（mm）	基体临界厚度（mm）
TT220	凸1.5	凹9	$\phi7$	0.5

注：H 为标称值。

使用环境：温度：0 ℃～40 ℃；湿度：20％～75％；无强磁场环境。

2. 主要功能

（1）可进行零点校准及二点校准，并可用基本校准法对测头的系统误差进行修正。

（2）具有两种测量方式：连续测量方式（CONTINUE）和单次测量方式（SINGLE）。

（3）具有两种工作方式：直接方式和成组方式。

（4）具有删除功能：对测量中出现的单个可疑数据进行删除，也可删除存贮区内的所有数据，以便进行新的测量。

（5）设有五个统计量：平均值（MEAN）、最大值（MAX）、最小值（MIN）、测试次数（NO.）、标准偏差（S.DEV）。

（6）具有打印功能，可打印测量值、统计值。

（7）具有欠压指示功能。

（8）操作过程有蜂鸣声提示。

（9）具有错误提示功能。

（10）具有自动关机功能。

3. 测量仪器

（1）主要配置

TT220 主机一台；标注样片一盒；标准基体一块；充电器一个。

（2）仪器结构

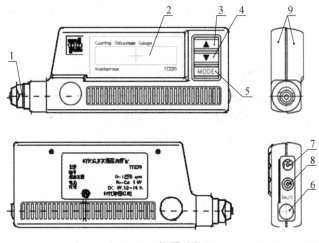

图 4 - 8　仪器结构图

1—测头；2—液晶显示屏幕；3—▲键；4—▼键；5—MODE 键；

6—ON/C 键；7—充电插座；8—打印机插座；9—外壳

4.3.4　仪器的校准

为使测量准确，应在测量场所对仪器进行校准。

1. 校准标准片（包括箔和基体）

已知厚度的箔或已知覆盖层厚度的试样均可作为校准标准片，简称标准片。

（1）校准箔

对本仪器"箔"是指非磁性金属或非金属的箔或垫片。"箔"有利于曲面上的校准。

（2）有覆盖层的标准片

采用已知厚度的、均匀的，并与基体牢固结合的覆盖层作为标准片。对于本仪器，覆盖层应是非磁性的。

2. 基体

（1）对于本仪器标准基体金属的磁性和表面粗糙度，应当与待测试件基体金属的磁性和表面粗糙度相似。为了证实标准片的适用性，可用标准片的基体与待测试件基体上所测得的读数进行比较。

（2）如果待测试件的基体金属厚度没有超过参数表中所规定的临界厚度，可采用下面两种方法进行校准：

① 在与待测试件的基体金属厚度相同的金属标准片上校准；

② 用一足够厚度的，电学或磁学性质相似的金属衬垫标准片或试件，但必须使基体金属与衬垫金属之间无间隙。对两面有覆盖层的试件，不能采用衬垫法。

（3）如果待测覆盖层的曲率已达到不能在平面上校准，则有覆盖层的标准片的曲率或置于校准箔下的基体金属的曲率，应与试样的曲率相同。

3. 校准方法

本仪器有两种测量中使用的校准方法:零点校准和二点校准,还有一种针对测头的基本校准。

(1) 零点校准

① 在基体上进行一次测量,仪器显示$<\times.\times\mu m>$;

② 按一下"ON/C"键,屏显$<0.00\mu m>$即完成零点校准;

③ 要准确地校准零点,须重复上述①、③以获得基体测量值小于 1 μm,这样有利于提高测量精度。零点校准完成后就可进行测量了。

(2) 两点校准

① 先校零点(见上);

② 在厚度大致等于预计的待测覆盖层厚度的标准片上进行一次测量,屏幕显示$<\times\times\times\mu m>$;

③ 用▲或▼键修正读数,使其达到标准片上的标称值。校准已完成,可以开始测量了。

注意:即使显示结果与标准片值符合,按▲、▼键也是必不可少的,例如按一次▲键一次▼键。

如欲较准确地进行两点校准,可重复①、②过程,以提高校准的精度,减少偶然误差。

(3) 在喷沙表面上校准

喷沙表面的特性导致了测量值大大偏离真值,其覆盖层厚度大致可用下面的方法确定:

① 仪器要用零点校准或两点校准的方法在曲率半径和基材相同的平滑表面校准好;

② 在未涂覆的经过同样喷沙处理的表面测量 10 次左右,得到平均值 M_o;

③ 然后,在已涂覆的表面上测量 10 次得到平均值 M_m;

④ $(M_m-M_o)\pm S$ 即是覆盖层厚度。其中 S(标准偏差)是 SM_m 和 SM_o 中较大的一个。

(4) 仪器的基本校准

测头顶端被磨损、测头修理后、特殊的用途在测量中,改变基本校准是有必要的。如果误差明地超出给定范围,则应对测头的特性重新进行校准,称为基本校准。通过输入 6 个校准值(一个零值和 5 个厚度值)可重新校准测头。

基本校准操作方法如下:

① 在仪器关闭状态下按住▼键再按 ON/C 键开机,随着一声鸣响即进入基本校准方式。屏幕显示"B—Calibrate"。

② 先校零值(见零点校准)。可连续重复多次,以获得一个多次校准的平均值,这样可提高校准的准确性。

③ 使用标准片,按厚度增加的顺序做五个厚度的校准(见两点校准中的①、②)。

每个厚度应至少是上一个厚度的 1.6 倍以上，理想的情况是 2 倍。例如：50 μm、100 μm、200 μm、400 μm、800 μm。最大值应接近，但低于测头的最大测量范围。

④ 在输入 6 个校准值后，测量一下零点，仪器自动关闭，新的校准值已存入仪器。当再次开机时，仪器将按新的校准值工作。

4.3.5　与仪器使用有关的注意事项

对本仪器影响测量精度的因素主要有：基体金属磁性、基体厚度、边缘效应、曲率、表面粗糙度、外界磁场、附着物质、测头压力、测头位置、试样的变形等。

（1）基体金属磁性

磁性法测厚受基体金属磁性变化的影响（在实际应用中，低碳钢磁性的变化可以认为是轻微的），为了避免热处理及冷加工因素的影响，应使用与试件基体金属具有相同性质的标准片对仪器进行校准。亦可用待涂覆试件进行校准。

（2）基体金属厚度

每一种仪器都有一个基体金属的临界厚度。大于这个厚度，测量就不受基体金属厚度的影响。

（3）曲率

试件的曲率对测量有影响。这种影响总是随着曲率半径的减少明显地增大。

（4）表面粗糙度

基体金属和覆盖层的表面粗糙程度对测量有影响。粗糙程度增大，影响增大。粗糙表面会引起系统误差和偶然误差，每次测量时，在不同位置上应增加测量的次数，以克服这种偶然误差。

如果基体金属粗糙，还必须在未涂覆的粗糙度相类似的基体金属试件上取几个位置校对仪器的零点；或用对基体金属没有腐蚀的溶剂溶解除去覆盖层后，再校对仪器的零点。

（5）磁场

周围各种电气设备所产生的强磁场，会严重地干扰磁性法测厚工作。

（6）附着物质

本仪器对那些妨碍测头与覆盖层表面紧密接触的附着物质敏感，因此，必须清除附着物质，以保证仪器测头和被测试件表面直接接触。

（7）测头压力

测头置于试件上所施加的压力大小会影响测量的读数，因此本仪器测头用弹簧保持一个基本恒定的压力。

（8）测头的放置

测头的放置方式对测量有影响。在测量中，应当使测头与试样表面保持垂直。

（9）试件的变形

测头会使软覆盖层试件变形，因此在这些试件上会测出不太可靠的数据。

4.3.6　关于测量结果的说明

（1）根据统计学的观点，一次读数是不可靠的。因此任何由本仪器显示的测量值都是5次看不见的测量的平均值。这5次测量是在几分之一秒的时间内由测头和仪器完成的。

（2）为使测量更加准确，可用本仪器在待测点多次测量，并用删除功能对粗大误差进行删除，然后用本仪器的统计功能处理，获取五个统计量：平均值（MEAN）、最大值（MAX）、最小值（MIN）、测试次数（NO.）、标准偏差（S. DEV）。

（3）按照国际标准，最终的测量结果可以表达为：

$$CH = M \pm 2S$$

式中：CH——涂层厚度；

　　　M——多次测量的平均值（MEAN）；

　　　S——标准偏差（S. DEV）。

4.4　灯杆预埋混凝土强度测量方法

4.4.1　概　述

回弹法是测定路灯混凝土表面硬度从而推定混凝土整体强度的力学方法之一。依据 GB50010—2010《混凝土结构设计规范》、GB50204—2018《混凝土的结构的工程施工质量验收要求规范》、CJJ89—2012《城市道路照明施工及验收规程》要求，根据路灯混凝土强度与表面硬度之间存在的相关关系，用检测路灯混凝土表面硬度的方法间接检验或推定混凝土强度，即采用定值动能的弹簧与钢锤冲击混凝土表面，其回跳值与表面硬度也存在着相关关系。因此通过试验的方法，建立混凝土强度与回跳值的相关关系——数学模型或相关曲线，并以此来确定混凝土的抗压强度，这就是回弹法测混凝土强度的基本原理。

4.4.2　仪器介绍

1. 仪器结构图

仪器结构如图 4-9 所示。

2. 技术参数

以 Hm25A 混凝土回弹仪、JC-225T 一体式数显回弹仪为例。

标称动能：2.207 J；

弹击拉簧刚度：7.85 N；

弹击锤冲程：75 mm；

弹击锤与杆碰撞面硬度：HRC59-63；

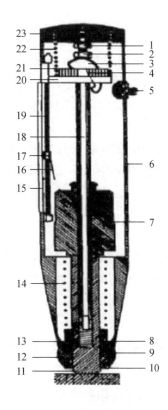

1—紧固螺母；2—调零螺钉；

3—挂钩；4—挂钩销子；

5—按钮；6—机壳；

7—弹击锤；8—拉簧座；

9—卡环；10—密封毡圈；

11—弹击杆；12—盖帽；

13—缓冲压簧；14—弹击拉簧；

15—刻度尺；16—指针片；

17—指针块；18—中心导杆；

19—指针轴；20—导向法兰；

21—挂钩压簧；22—压簧；

23—尾盖

图 4-9　仪器结构图

指针系统最大静摩擦力：0.5～0.8 N；

回弹仪钢砧率定平均值：80±2；

外形尺寸：60 mm×280 mm；

重量：1 kg。

3. 仪器的操作方法

正确使用和操作回弹仪，可以较好地发挥其效能，提高测试的准确性。因此，仪器操作需要有一定的规程：在操作回弹仪的全过程中，都应注意持握回弹仪姿势，一手握住回弹仪中间部位，起扶正的作用；另一手握压仪器的尾部，对仪器施加压力，同时也起辅助扶正作用。

回弹仪的操作要领是：用力均匀缓慢，扶正对准测试面；慢推进，快读数。

4. 测试方法

(1) 一般规定结构或构件混凝土强度检测采用方式

① 单个检测：适用于单个结构或构件的检测。

② 批量检测：适用于在相同的生产工艺条件下，混凝土强度等级相同，原材料、成型工艺、养护条件基本相同且龄期相近的结构或构件。批量检测时，抽检数量不得少于同批构件总数的 30%，且不得少于 10 个。抽检构件时，应遵循随机抽取重点部位或有

代表型的构件。

（2）每一结构或构件的测区符合系列规定

① 每一结构或构件的测区数不应少于 10 个，对于某一方向尺寸小于 4.5 m，且另一方向小于 0.3 m 的构件，其测区数量可适当减少，但不应少于 5 个。

② 相邻两测区的间距应最大不超过 2 m，测区离构件端部或施工缝边缘的距离不大于 0.5 m，且不小于 0.2 m。

③ 测区应尽量选在使回弹仪处于水平方向检测混凝土的侧面。当不能满足这一要求时，可使回弹仪处于非水平方向检测混凝土的浇筑侧面、表面或底面。

④ 测区宜选在构件的两个对称可测面上，也可选在一个可测面上，且应分布均匀。在构件的重要部位或薄弱部位，必须布置测区，并应避开预埋件。

⑤ 测区面积不宜大于 0.04 m²。

⑥ 检测面应为混凝土表面，并应清洁、平整，不应有疏松层、浮浆、油垢及蜂窝、麻面，必要时可用砂轮清除疏松层和杂物，且不应有残留的粉末或碎屑。

⑦ 对弹击时产生颤动的薄壁或小构件应进行固定。

5. 回弹值的测量

（1）检测时，回弹仪的轴线应始终垂直于结构或构件的检测面，缓慢施压，准确读数，快速复位。

（2）测点宜在测区内均匀分布，相邻两点的净距离不宜小于 2 cm；测点距外露钢筋、预埋件的距离不宜小于 3 cm。测点不应分布在气孔或外露石子上，同一点只能弹一次。每一测区记录 16 个回弹值，每一测点的回弹值精确到 1。

6. 碳化深度的测量

（1）回弹值测量完毕后，在有代表性的位置上测量混凝土的碳化深度值，测点数不应小于构件测区数的 30%，取其平均值为该构件每测区的碳化深度值。当碳化深度极差大于 2 时，应在每一测区测量碳化深度值。

（2）碳化深度的测量，可采用适当的工具在测区表面形成直径 15 mm 的孔洞，其深度应大于混凝土的碳化深度。孔洞中的粉末和碎屑应清除干净，并不能使用水清洗。用 1% 的酚酞酒精溶液滴在孔内壁边缘处，已碳化的混凝土颜色不变，未碳化的混凝土变为红色，当已碳化和未碳化界线清楚时，用深度测量工具测量已碳化混凝土的深度，测量不应小于 3 次取平均值，精确至 0.5 mm。

7. 回弹值计算

（1）计算测区平均回弹值，应从该测区的 16 个回弹值中剔除 3 个最大值和 3 个最小值，余下的 10 个回弹值计算为：

$$R_m = \frac{\sum_{i=1}^{10} R_i}{10} \tag{4-4}$$

式中：R_m——测区平均回弹值，精确至 0.1；

R_i——第 i 个测点的回弹值。

（2）非水平方向时修正为：

$$R_m = R_{ma} + R_{ua} \qquad (4-5)$$

式中：R_{ma}——非水平检测时测区的平均回弹值，精确至 0.1；

R_{ua}——非水平状态检测时的回弹修正值，按附表查询。

（3）水平方向检测混凝土浇筑顶面或底面时修正为：

$$R_m = R_m^t + R_a^t$$
$$R_m = R_m^b + R_a^b \qquad (4-6)$$

式中：R_m^t、R_m^b——水平方向检测混凝土浇筑表面、底面时的测区回弹值平均值；

R_a^t、R_a^b——混凝土浇筑表面、底面回弹值的修正值，按附表查询。

当检测时回弹仪既非水平状态又非混凝土的浇筑侧面时，应先修正角度，再修正浇筑面。

8. 混凝土强度的计算

（1）结构或构件第 i 个测区的混凝土强度换算，可按上述求得的平均回弹值及碳化深度值查附表得出。

（2）结构或构件的测区强度平均值可根据各测区的混凝土强度换算值计算。当测区数为 10 个及以上时，应计算强度标准差。平均值和标准差计算为：

$$m_{f_{cu}^c} = \frac{\sum_{i=1}^n f_{cu,i}^c}{n} \qquad (4-7)$$

$$S_{f_{cu}^c} = \sqrt{\frac{\sum_{i=1}^n (f_{cu,i}^c)^2 - n(m_{f_{cu}^c})^2}{n-1}} \qquad (4-8)$$

式中：$m_{f_{cu}^c}$——结构或构件测区混凝土强度换算值的平均值（MPa），精确至 0.1；

n——对于单个检测的构件，取一个构件的测区数；对于批量检测的构件，取被抽检构件测区数之和；

$S_{f_{cu}^c}$——结构或构件测区混凝土强度换算值的标准差（MPa），精确至 0.01。

结构或构件的混凝土的强度推定值应按下式确定：

① 当该结构或构件测区数小于 10 时：

$$f_{cu,e} = f_{cu,\min}^c \qquad (4-9)$$

式中：$f_{cu,\min}^c$——构件中测区混凝土强度换算值的最小值。

② 当结构或构件的测区强度中出现小于 10.0 MPa 时：

$$f_{cu,e} < 10.0 \, \text{MPa}$$

③ 当结构或构件测区数不小于 10 个或按批量检测时：

$$f_{cu,e} = m_{f_{cu}^c} - 1.645S \qquad (4-10)$$

4.5 路灯电力电缆故障分析与故障测量方法

4.5.1 概 述

随着国民经济的迅速发展,电力用户对供电质量的要求逐步提高,尤其是在市区越来越多的电力线路由架空线改为地埋式电缆,使得供电质量和可靠性显著提高。然而,铺设在地下的电力电缆一旦发生故障,查寻起来却是一项麻烦的工作,如何迅速准确地以最低的成本发现电缆故障点已成为供用电部门的一个重要的课题。

本节从电力电缆的故障分析、分类、国内外常用的电力电缆故障的检测方法和检测仪器等方面做一个简要的综述,供维修测试的同行们参考。

4.5.2 电力电缆故障分析

电力电缆是由于故障点的绝缘损坏而引发的一般故障的类型,大体上可分为低阻(短路)和高阻故障(断路,高阻泄漏、高阻闪路)两大类。

1. 电缆故障的发生原因

电缆故障的发生原因是多方面的,对这方面的了解会有利于故障的查找,现将常见的几种原因归纳如下：

(1) 机械损伤：很多故障是由于电缆铺设时不小心造成的损伤或铺设后靠近电缆路径作业造成的机械损伤而直接引起的。有时如果损伤轻微,在几个月甚至几年后损伤部位的破坏才发展到铅皮穿孔,潮气侵入而导致损伤部位彻底崩溃形成故障。

(2) 电缆外皮的电腐蚀：如果电力电缆埋设在附近有强力地下电场的地面下(如大型行车,电力机车轨道附近),就会出现电缆外皮铅色腐蚀,正常情况,导致潮气侵入,绝缘破坏。

(3) 化学腐蚀：电缆路径在有酸碱作用地区或迈过煤气站的腐蚀性出气径口造成电缆铠装和铅色大面积长距离被腐蚀。

(4) 地面下沉：此现象往往发生在电缆穿越公路、铁路及高大建筑物时,由于地面的下沉而使电缆垂直受力变形,导致电缆铠装、铅色破裂甚至折断而造成各类故障。

(5) 电缆绝缘物的流失：电缆铺设时地面凹凸不平,或处在电杆上的户头,由于电缆的起伏,高低落差悬殊,高处的电缆绝缘油流向低处,而使高处电缆绝缘下降,导致故障发生,这种故障在早期的油纸绝缘电缆中较为常见。

(6) 长期超负荷运行：由于超负荷运行,电缆的温度会随之上升,尤其是在炎热的夏季,电缆的温升常常导致电缆的绝缘较薄弱和电缆接头处首先被击穿。一般在夏季电缆故障高的原因正在于此。

（7）震动破坏：铁路轨道下的电缆，由于剧烈的震动导致电缆外皮产生疲劳而破裂形成故障。

（8）拙劣的施工使电缆接头处理不恰当，和不按技术规范敷设电缆，都是形成电缆故障的重要原因。

（9）在潮湿的气候条件下做接头，使接头封装物混入蒸气而不能承受应有的试验电压，往往出现闪路性故障。

如果希望快速寻找故障点，找齐敷设电缆的原始资料，观察电缆的敷设路面情况，再结合可能造成电缆故障的原因，对快速导测故障点会很有好处。

2．电力电缆故障的分类

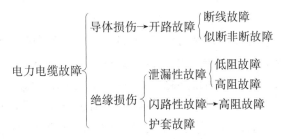

图 4‑10　电力电缆故障分类

4.5.3　电缆故障的测量

电力电缆故障测量的常用方法通常有电桥测量法、电磁元感测量法、时域反对测量法等。以下就其检测原理和仪器配置逐一简单介绍。

1．电桥测量法

电桥法就是用单臂或双臂电桥测出电缆芯线的直流电阻值，再准确测量电缆实际长度，按照电缆长度与电阻的正比例关系，计算出故障点。该方法对于电缆芯线间直接短路或短路点接触电阻小于 $1\,\Omega$ 的故障，判断误差一般不大于 $3\,m$，对于故障点接触电阻大于 $1\,\Omega$ 的故障，可采用加高压烧穿的方法使电阻降至 $1\,\Omega$ 以下，再按此方法测量。

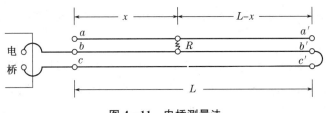

图 4‑11　电桥测量法

测量电路如图 4‑11 所示，首先测出芯线 a 与 b 之间的电阻 R_1，则 $R_1 = 2R_x + R$，其中 R_x 为 a 相或 b 相至故障点的一相电阻值，R 为短接点的接触电阻。再就电缆的另一端测出 a' 与 b' 芯线间的直流电阻值 R_2，则 $R_2 = 2R_{(L-x)} + R$，式中 $R_{(L-x)}$ 为 a' 相或 b' 相芯线至故障点的一相电阻值，测完 R_1 与 R_2 后，再将 b' 与 c' 短接，测出 b、c 两相芯线间的直流电阻值,则该阻值的 $1/2$ 为每相芯线的电阻值,用 R_L 表示,$R_L=R_x+R_{(L-x)}$,由此可得出故障点的接触电阻值:$R=R_1+R_2-2R_L$,因此,故障点两侧芯线的电阻值为:$R_x=(R_1-R)/2$,$R_{(L-x)}=(R_2-R)/2$。R_x、$R_{(L-x)}$、R_L 三个数值确定后,按比例公式即可求出故障点距电缆端头的距离 x 或 $(L-x)$:$X=(R_x/R_L)L$,

$$(L-x)=(R_{(L-x)}/R_L)L$$,式中 L 为电缆的总长度。

采用电桥法时应保证测量精度,电桥连接线要尽量短,线径要足够大,与电缆芯线连接要采用压接或焊接,计算过程中小数位数要全部保留。

电桥法测电缆故障时,除单臂或双臂电桥外,还需要与兆欧表和万用表等仪器配合使用。以使得更迅速准确地检测到电缆的故障点。

2. 电磁感应法

电磁感应法电缆故障测试仪器由信号发射机和信号接收机两部分组成,其测量基本工作原理是由测试仪器中的发射机的振荡器产生一个高频信号(一般为 1 kHz 左右),经被测电缆通过大地构成回路。此信号电流在被测系统周围产生磁场,另一接收探测器在地面上用一探测圈拾取电磁信号,经放大器选频放大后,用耳机监听或用电频表观察,通过沿电缆走向探测中的接收机的音频信号的变化来确定电缆走向和电缆故障的形式及基本位置。

仪器的原理方框图如图 4-12 所示。

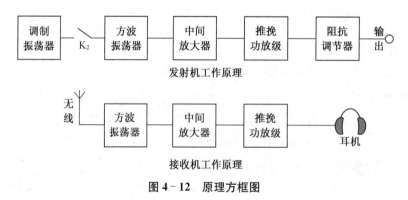

图 4-12 原理方框图

采用电磁感应检测法测量电缆故障时,万用表和兆欧表也是必需的配套测试仪表。

3. 时域反射测量法

采用时域反射测量法的电缆故障测试仪主机采用的是时域反射(TDR)原理,即对电缆发射电脉冲,电脉冲将在电缆中匀速传输,当遇到电缆阻抗发生变化的地方(故障点),电脉冲将产生反射。主机将电脉冲的发射和反射的变化以时域形式通过液晶屏显示出来,通过屏幕可直接显示故障距离。

电力电缆故障一般分为两大类:低阻(短路、断路)和高阻故障。本仪器针对不同性质的故障采用不同的测试方法。其中低压脉冲法主要用于测试电缆的全长、电波传播速度、短路、开路和低阻故障;对于高阻闪路性故障和高阻泄露性故障则用电流闪路法。

（1）低压脉冲法

低压脉冲法用于测量电缆的低阻、开路或短路故障，将脉冲信号自测试端送入被测试电缆，该脉冲将沿电缆传播，当遇到阻抗不匹配点（故障点或中间接头）时，由于阻抗失配形成反射，脉冲返回到测量端并被记录下来。测试点到故障点的距离（S），具体计算为：

$$S = \frac{1}{2} \times \Delta T \times V \qquad (4-11)$$

式中：ΔT——脉冲入射到返回所经过的时间；

$\quad V$——电波在电缆中的传播速度。

注：以上计算过程由仪器自动完成。

通过反射脉冲的极性可以判断故障的性质。对于开路故障发射脉冲与反射脉冲同极性；对于短路或低阻故障发射脉冲与反射脉冲反极性。

由式（4-11）可以看出，脉冲在电缆中的传播速度对于准确地计算出故障距离很关键。在不清楚电缆的传播速度的情况下，如已知被测电缆的长度，根据发射脉冲与电缆终端反射脉冲之间的时间 ΔT，可推算出电缆中的波速。

$$V = 2 \times S / \Delta T \qquad (4-12)$$

（2）高压闪络法（冲闪法）

电缆的高阻故障由于故障点的电阻较大（大于 10 倍的电缆波阻抗），低压脉冲在故障点没有明显的反射。故不能用低压脉冲法来测量，而只能由高压设备发出高压信号（冲闪时发出脉冲高压），使故障点产生闪络性放电，从而发生电压设备突跳。这个突跳电压是在故障点和测试端之间来回反射点的距离。

时域反射测量法电缆故障测试仪主机的原理图如图 4-13 所示。

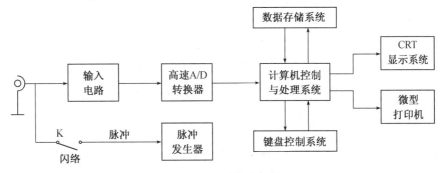

图 4-13　测试仪主机原理

当开关 K 在"脉冲"信号时，仪器内的低压脉冲产生器产生一峰值为 250 Vpp 左右的脉冲信号加到被测电缆上，同时通过输入振幅电位器加到输入电路，此信号通过 A/D 转换将模拟信号变换成数字信号，此数字信号由计算机从 A/D 读入存储器，再通过监控程序处理，送往彩色液晶显示器，显示测试波形及其他相关内容。同时用户可通过键盘结合屏幕中文显示对操作过程进行控制。

当开关 K 在"闪络"位置时,外接高压测试系统产生的直流高压信号加到被测电缆上,使故障点瞬间闪络放电并形成单次闪络测试波形,通过电位器加到仪器的输入电路,测试仪可将这个瞬间的波形存储记忆下来,并通过计算机监控程序处理,送往彩色液晶显示器,屏幕显示波形后可根据屏幕中文提示对波形进行分析处理,并显示出故障距离。也可根据屏幕中文菜单提示完成其他功能,利用面板微打可将测试结果打印输出,作为资料永久保存。

低压脉冲法由仪器内部产生触发,而闪络法则由外部高压产生触发。此现象可以在不同情况下按采样键得到反映,在低压脉冲时按采样波形马上显示出来,而高压闪络时按采样键波形并不马上反映出来,而是等外部高压触发打火后才显示出来。

采用时域反射测量法的电缆故障测试仪主机进行故障检测,能迅速方便地测试出电缆故障的大致位置,需要对电缆故障进行精确定位时,往往需要与电缆故障定位仪配置进行。如果采用高压闪络法(冲闪法)测试电缆故障还须拥有高压试验装置(如高压试验电源、高压球间隙、高压电容等仪器),这些都是用户在电缆故障测试仪器选型时所值得注意的环节。

4.6 路灯线缆高度的测量方法

4.6.1 概 述

架设线缆的高度,有严格的国家标准,对于不同电压的线缆离地面的高度也有不同的要求。并且在安装完成之后线缆也会随着温度、环境的变化而改变。因此,定期地对线缆高度进行测量是非常重要的。传统的测量方法不仅不安全而且测量效率低,而超声波线缆测高仪的出现很好地解决了这些问题。超声波测量无须和目标物直接接触,受环境影响也小,不受地形的限制,使用方便,可随身携带,特别适合户外检测人员使用。所以,采用超声波线缆测高仪可以有效地提高对电线高度的测量效率以及准确度。该仪器在城市道路照明施工领域,如在路灯施工中对路灯灯具高度、架空线缆距离地面的垂直高度和架空线缆间距的现场测量效果良好。

4.6.2 超声波测距的原理

超声波测距是通过不断检测超声波发射后遇到障碍物所反射的回波,从而测出发射和接收回波的时间差,然后求出距离。超声波在空气中的传播速度为 C,根据计时器上记录的时间 t,就可以计算出测试点距被测物体的距离 L,即

$$L = Ct/2 \qquad\qquad (4-13)$$

测量误差满足式(4-14):

$$\left(\frac{\sigma_L}{L}\right)^2 = \left(\frac{\sigma_C}{C}\right)^2 + \left(\frac{\sigma_t}{t}\right)^2 \qquad\qquad (4-14)$$

式中：σ_L——为距离误差；

　　　σ_C——为声速误差；

　　　σ_t——为时间误差。

测量电路简单，测量的范围适中，精度较好，使用较为广泛。由于超声波也是一种声波，其声速 C 与温度有关。在使用时，如果温度变化不大，则可认为声速是基本不变的。如果测距精度要求很高，则应通过温度补偿的方法加以校正。声速确定后，只要测得超声波往返的时间，即可求得距离。超声波测距的原理，如图 4-14 所示。

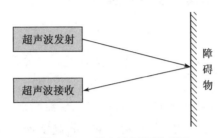

图 4-14　超声波测距原理图

4.6.3　典型仪器介绍

1. 仪器名称

希玛超声波线缆测高仪 AR600E 的实物图如图 4-15 所示。

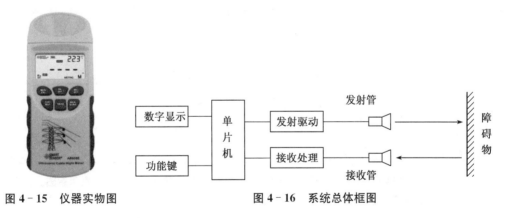

图 4-15　仪器实物图　　　　图 4-16　系统总体框图

2. 仪器结构

超声波线缆测高仪的系统硬件电路采用发射电路、接收电路、控制处理中心及电源构成。系统总体框图如图 4-16 所示。

3. 主要技术参数

测量范围：3～35 m（电缆最小直径 30 mm），3～15 m（电缆最小直径 15 mm），3～12 m（电缆最小值 8 mm），3～10 m（电缆最小直径 4 mm）；

测量分辨率：5 mm（测量范围＜10 m），10 mm（测量范围＞10 m）；

测量精度:0.5%±2d;

电缆之间最小间距:150 mm;

BTM 模式:测量最低的 6 根电缆线的距离;

TOP 模式:测量最高的 6 根电缆线的距离;

CAL 模式:自校验;

其他:自动关机、低电警告、公制和英制选择、显示实时温度。

4.6.4　超声波线缆测高仪的使用方法

1. 灯具高度的测量

灯具安装的高度及角度对道路的行车安全有很大的关系,合理的安装可以有效地避免产生眩光。如何测量灯具的高度,首先选择到灯具的正下方,将超声波线缆测高仪垂直向上对准灯具的中心,点击测量则可直接得到仪器底部到灯具的高度 H_1,再加上仪器到地面的距离 H_2,最终得到灯具离地面的垂直高度 H,如图 4-17 所示。

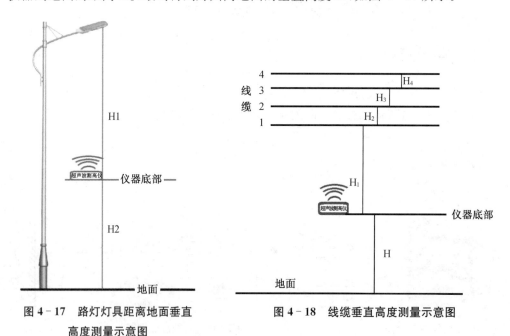

图 4-17　路灯灯具距离地面垂直
高度测量示意图

图 4-18　线缆垂直高度测量示意图

2. 线缆与地面的垂直高度测量

选择合适的测量点,站在线缆正下方,打开超声波线缆测高仪,将仪器与导线平行放置,等待显示屏温度与大气温度一致时,按垂直测量键开始测量,过几秒后测量完成,即显示测量值。离地面最近的 1 号线缆与测高仪底部的距离为 H_1,1 号线缆与 2 号线缆的距离 H_2,2 号线缆与 3 号线缆的距离 H_3,3 号线缆与 4 号线缆的距离 H_4,其余依次类推。超声波测高仪离地面高度为 H。这样我们通过高度相加就可以分别得到 1、2、3、4 号线缆离地面的垂直高度,如图 4-18 所示。

3. 线缆之间的水平距离测量

选择合适的测量点,站在线缆正下方,打开超声波线缆测高仪,将仪器与导线平行放置,等待显示屏温度与大气温度一致时,按水平距离测量键开始测量,过几秒后测量完成,即显示测量值。显示屏按从左到右的顺序显示 1 号线缆与 2 号线缆的距离 L_1,2 号线缆与 3 号线缆的距离 L_2,其余依次类推。这样我们通过水平距离相加就可以分别得到不同线缆之间的间距,如图 4-19 所示。

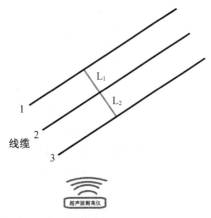

图 4-19 线缆之间的水平距离测量

4.6.5 使用注意事项

(1) 测量时要垂直对准测量目标物,保证测量的准确性。

(2) 仪器显示的温度与室外温度不同时不要操作。

(3) 要同时用两种仪表一起演示。

(4) 不要选择周围环境太复杂的地方作为试区。

(5) 禁止在雨天使用,如不慎将雨水漏进后,立刻将仪器倒置。

(6) 定期给仪器充电,确保电池的安全使用。

(7) 测高时,其他仪表最好不要使用,防止信号干扰。

超声波线缆测高仪体积小,携带方便,检测速度快,适合户外现场测试,对架高线缆离地的垂直高度、线缆之间的水平距离的测量效率和精度的提高有很大的帮助。随着安装和管理工作要求的进一步提高,超声波线缆测高仪的用途将会越来越广。

第五章 新型道路照明检测仪器的研发案例

5.1 车载式道路照明检测系统的设计

5.1.1 设计思想

根据国家相关技术标准,摈弃了传统的人工逐点测量道路照明的平均照度、平均亮度、平均色温指数和显色指数等数据道路照明的测量方法,设计一种以小汽车为仪器运载平台,能同时实现光度学指标和色度学指标动态测量的车载式道路照明检测系统,能满足包括 LED 路灯在内的各种电光源路灯的平均照度、平均亮度、照度均匀度等光度学指标的测量,同时可以满足其色温指数和显色指数等色度学指标的测量。在完全满足工程检测需求的前提下,可以有效地提高测量效率和测量准确性,尤其是提高现场检测人员的安全系数,适应城市道路照明效果的现场检测要求。该仪器获得 2020 年度阿拉丁神灯奖最佳技术奖(设备类)的殊荣。

本系统采用将两只相距 1 m 的照度传感器水平安装于小汽车的引擎盖上和一只光谱传感器水平安装在车顶上,当汽车 10～60 km/s 的速度匀速行驶,其光度学、色度学等数据通过 RS-232 接口传输到计算机中,通过计算机软件处理,立刻可以得出路面的平均照度、照度均匀度、平均亮度、亮度均匀度、色温和显色指数等数据。图 5-1 为实物图,系统安装示意图如图 5-2。

图 5-1 实物图

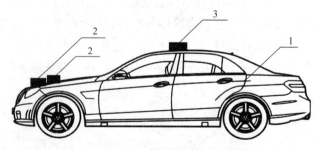

图 5-2 系统安装示意图

1—汽车;2—相距 1 m 的两只照度传感器;3—光谱传感器

图 5－3 为道路照明检测系统的检测系统图。

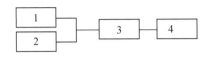

图 5－3　检测系统图

1—照度传感器；2—光谱传感器；3—主机；4—计算机

照度传感器为硒光电池传感器，固定在具有调平功能的磁性支架上。

光谱传感器的结构原理如图 5－4 所示。

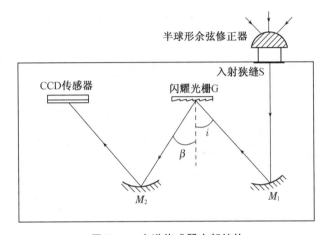

图 5－4　光谱传感器内部结构

根据实际需求，我们将其设计成动态检测仪器，其检测环境的照度较低，一般只有 10～50 lux，且由于动态测量光源的入射角度在不断变化，传统光谱分析仪不能适应其检测需要。因此，我们对光谱传感器的内部结构进行了光学结构优化设计，以满足检测需求。

亮度的计算公式：

$$亮度＝照度×路面的反射系数$$

路面的反射系数有标准照度计和标准亮度计对选取的路面选择三个点来进行测量，根据上述公式获得三个反射系数，取其平均值。

5.1.3　技术方案

1. 硬件

本系统的主机部分采用单片机作为控制的中心，控制 A/D 转换和 RS－232 通信。系统的主机系统如图 5－5 所示。

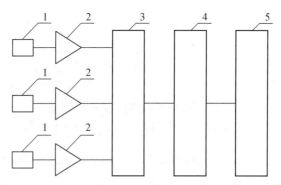

图5-5 主机系统图

1—两只照度传感器和一只光谱传感器；2—运算放大模块；

3—A/D转换模块；4—单片机控制模块；5—RS-232通讯模块

三只传感器采集外界的光信号将其转换为电信号，传输给运算放大模块，将信号放大到合适的范围，并传输至A/D转换模块，可将模拟信号转换为数字信号，然后将数据传输到单片机控制模块，最后传输到RS-232通讯模块，将数据传输到计算机。

此套系统是以单片机为核心，通过单片机来控制A/D转换模块，大大提高了系统的可靠性，单片机采用了AT89S52高性能单片机。

此外，为了提高产品的整体性和方便性，本系统还配备了高性能的笔记本电脑和GPS定位系统，可以使测量人员随时了解测试车所处的位置。

2. 软件

该系统软件是在VB环境下自主开发的应用软件。软件可实现将两只照度传感器采集的照度值进行求平均值，并在不停地计算出当前测量路面的照度平均值和照度均匀度、亮度平均值和两地均匀度，光谱传感器获得路灯的色温和显色指数。软件还可以绘制出当前测量路面的适时照度和平均照度、适时亮度和平均亮度的曲线，方便、实用。

单片机的部分C语言程序如下：

```
#include<reg52.h>
#include <intrins.h>
#define uint unsigned int
#define uchar unsigned char
sbit ALE=P2ˆ3;
sbit START=P2ˆ4;
sbit OE=P2ˆ5;
uchar data addata[2]={0x00,0x00};
void init()            //初始化函数
{
   TMOD=0x20;
   TH1=0Xfd;
   TL1=0Xfd;
```

```
    TR1＝1；
    SCON＝0x50；
    PCON＝0x00；
    EA＝1；
    ES＝1；
    P2＝0xc0；
    P0＝0xff；
}
    void delay(uchar z)      //延时函数
{
    uchar x,y;
    for(x＝z;x＞0;x－－)
        for(y＝110;y＞0;y－－);
}
void retr( ) interrupt 4      //串口中断
{
  if(RI)
{
  uchar n；
  RI＝0；  //接收复位
  n＝SBUF；//接收数据
  switch（n)
  {
    case 115：flag＝1；break；
    case 101：flag＝0；break；
    default；；break；
    }
  }
}
```

此外，软件增加了数据库功能，可将每次测量的数据值保存计算机中，方便随时调看；也可将一条道路的多个车道的数据全部叠加起来，计算出一个总的平均照度、照度均匀度、平均亮度和亮度均匀度。

该软件嵌合了 GPS 卫星定位仪软件，可实现地图操作、查询、图层控制。方便测量人员了解目前所处的位置。

5.2 车载式道路照明眩光检测系统的设计

5.2.1 概　述

　　随着道路照明水平建设的提高，人们对道路照明的要求越来越高，不再只要求亮度，更多的关注舒适性照明。随着 LED 灯具的不断发展，逐步取代高压钠灯及节能灯等，虽然节约了能源，但同时也带来了光污染等问题。在诸多的光污染来源中主要因素之一是眩光，对路上的行人，尤其是司机的安全行车都带来了不良的影响，如何检测及控制眩光是我们目前需要解决的问题。

5.2.2 设计思想

　　依据国家相关技术标准，结合道路照明行业的实际情况，考虑到现场检测人员的安全因素，提出了采用车载式道路照明眩光检测系统的设计方案。该仪器采用经过精确校正的 CCD 相机及其专用测量分析软件及车载式支架等组成，CCD 相机可以通过拍摄被测物体，得到被测物本身的光信号强度以及空间位置信息。因此通过合理的校准技术，去除 CCD 本身的瞬时噪声和暗电流的影响，修正镜头平场效应并采用与人眼响应相一致的 $V(\lambda)$ 滤光片得到被测发光体和环境的亮度信息。通过与曝光时间相关的高动态测量算法，实现高亮度对比度的环境眩光、景观照明、仪表盘亮度、显示屏亮度和 mura 分析、光源和发光器件、电影电视、交通信号标志、建筑、大气光度等的测量。通过校准 CCD 像素对应的空间坐标的位置得到照明现场路灯和道路的角度信息以及对应的立体角，进而实现道路阈值增量 TI 的测量；采用鱼眼镜头可以实现室内 UGR 窗的不舒适眩光指数的分析；特殊的视角镜头可以快速实现显示器视场特性的测量。CCD 相机安置在专用旋转云台上，通过蓝牙及安置在车内的手提电脑可以方便地搜索测量目标，进行实时检测和数据分析、采集、储存。采用内含电子陀螺仪和自动惯性平衡器的车载式相机自动平衡悬挂装置以及蓝牙控制技术，以减小车辆运动所形成的测量误差，可提高测量的准确性、便捷性和可重复性。该仪器的实物如图 5－6 所示。

图 5－6　系统实物图

1. 仪器主要技术参数

解析度：5184×3450(图像)，2592×1728(亮度)；

动态范围：1∶32 000；

重复性：1.3%～4.3%；

测试精度：5.8～9%；

校正精度：2.5%。

2. 仪器主要配置

经过光学校正的佳能数码照相机：1 台；

手提电脑含专用测量软件：1 套；

车载支架：1 只。

5.2.3　主要检测项目

1. 道路照明眩光分析

点击功能模块/室外照明分析/道路照明眩光分析，软件弹出道路眩光参数的选项，如图 5－7。

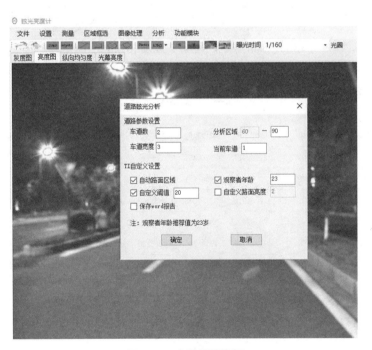

图 5－7　参数设置界面

根据实际的道路环境，选择车道宽度、车道数量，分析的路面区域，观察者年龄等参数，当相机处理标准测量位置时(高度 1.5 m，面向路面的正前方水平放置)软件可自动寻找路面区域，也可手动框选路面区域，如图 5－8。

图5-8　路面测试区域框选

框选完成后软件自动完成眩光计算。眩光的数据显示在分析结果区,如图5-9。

道路眩光分析结果

区域	1	2	3	4	5	6	纵向均匀性
1	3.227247	3.243677	3.121905	2.785326	2.930511	3.197816	70.89%
2	3.436362	3.519995	3.686402	3.655932	3.724546	3.617991	90.45%
3	2.652505	2.737982	2.8836	3.073083	3.169343	3.130591	77.59%
4	2.244391	2.337145	2.453945	2.611295	2.691617	2.682829	81.29%
5	1.956318	2.041383	2.153255	2.356836	2.47853	2.495603	76.32%
6	1.776116	1.776014	1.847825	2.055239	2.207144	2.230145	73.52%
路面平均亮度	2.833659	整体均匀性	62.68%				

光源	面积	角度	平均亮度	垂直照度	光幕亮度	阈值增量	眩光源判断
1	4603	27.5241	3536.481	2.700511	0.03580641	1.01157	否
2	6376	20.28602	5984.171	7.482599	0.1823497	5.151577	是
3	953	12.54912	397.7248	0.08373699	0.005327371	0.1505041	否
4	2812	28.62992	2862.359	1.293006	0.01578553	0.4459585	是
5	1305	9.072185	1539.78	0.4595235	0.05563267	1.571684	是
6	1100	19.03468	1024.891	0.2263088	0.006263644	0.1769548	是

图5-9　测试结果

点击视场图,可以看到路灯大致的视场位置,如图5-10。

图 5 - 10　视场范围

勾选"保存测量数据",测量完成后,软件会保存 Excel 格式的测量数据文件。
勾选"保存 word 报告",测量完成后,软件会弹出报告设置窗口,如图 5 - 11。

图 5 - 11　测试报告设置界面

用户可输入灯具信息、测量类别、测量路段等信息,点击生成报告会导出 Word 报告。

2. 隧道照明眩光分析

点击功能模块/隧道照明眩光分析,隧道照明分析包括两块:洞外亮度分析和洞内亮度分析。

洞外亮度分析主要分析洞外 20°视场内的平均亮度,如图 5-12。

图 5-12 洞外 20°视场内的平均亮度测试图

点击洞外亮度分析,软件会给出不同视场下的平均亮度以及不同视场圆环内的平均亮度和 L20 的亮度,如图 5-13。

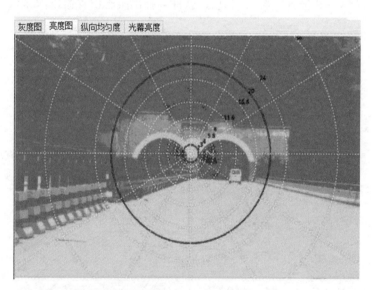

洞外亮度分析结果

区域	1	2	3	4	5	6	7
圆环角度	2.00	3.00	4.00	5.80	8.00	11.60	14.80
平均亮度	300.91	213.71	144.92	96.76	141.62	194.93	227.57
面积	3826.00	4972.00	7010.00	17482.00	30063.00	71897.00	144946.00

图 5-13 洞外亮度分析结果

经过一年多的试验和研发,我们成功研制了车载式道路照明眩光检测系统,经检测其主要技术指标都达到设计要求,能够充分满足市场的需求,大大提高了道路照明户外的眩光测量的科学性和准确性,也有效地提高了测量工作效率,为减少户外的光污染提供了保障。

5.3　车载式道路照明蓝光检测系统的设计

5.3.1　概　述

蓝光危害是指人眼受到波长介于 380～500 nm 的辐射后,引起的光化学作用导致视网膜损伤的潜能。为了能够更好地对蓝光危害进行测量,国内外各大标准化组织对蓝光问题进行了大量的研究,在标准 IEC 62471—2006、GB/T 20145—2006 中详细介绍了蓝光危害的评价方法,并对蓝光危害的等级进行了划分。随着照明产业规模的迅速扩大,为了确保城市道路照明路灯灯具满足 GB 7000.1—2015 灯具第 1 部分:一般要求与试验的蓝光要求,以及在现场准确、方便地测量蓝光,为此我们成功地研发了车载式道路照明蓝光检测系统,以满足测试道路照明蓝光现场测量的需要。

5.3.2　设计思想

依据国家相关技术标准,结合道路照明行业的实际情况,考虑到现场检测人员的安全因素,提出了采用车载式道路照明蓝光检测系统的设计方案。该仪器采用经过精确校正的蓝光光谱传感器及其专用测量分析软件等组成,通过蓝光光谱仪对被测灯具光源的分析,得到被测灯具光源的蓝光相关参数。光源发出的光通过余弦修正及滤光片后被衍射光栅进行分光处理,CCD 传感器接受单色光,进行光电转换,得到需要的信号后进行进一步放大处理,模数转换,最终在电脑软件上显示出来。为了精确地测量光源的蓝光分量,本系统所使用的光谱仪在兼顾可见光光谱检测的功能基础上,刻意提高了在 380～500 nm 蓝光区域内的检测精度和分辨率。将光谱仪安置在车顶上,通过测量人员在车内的手提电脑进行实时检测和数据分析、采集、储存。

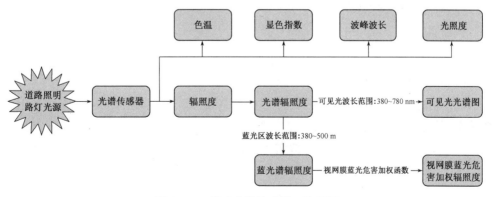

图 5-14　蓝光光谱传感器工作原理

图 5‑15　仪器实物图

1. 技术指标

蓝光辐照度:0~50 W·m^{-2};

光辐照度:0~150 W~m^{-2};

光照度:0~700 lx;

蓝光危害:无危险、低风险、中等危险、高危险;

色温测量范围:1500~25 000 K;

分辨率:1 K,精度±5%;

显色指数测量范围:0~100,精度±5%;

波长测量范围:380~760 nm(可见光);

计算机配置:联想 ThinkPad E480;

通讯方式:USB。

2. 仪器主要配置

蓝光传感器 MA‑75:1 台;

电脑 Thinkpad:1 台;

专用测试分析软件:1 套;

校准光源 1(高色温):1 台;

校准光源 2(低色温):1 台;

校准照度计:1 台。

3. 软件设计

(1) 软件主界面,如图 5‑16 所示。

(2) 在检测前先填写相关路灯信息:检测路段、灯杆编号、灯具高度、光源类型、光源功率、现场温度、环境湿度。

(3) 按"检测数据"按钮,进行检测,结果分别在几个功能界面上显示。

① 所测光源光谱图:显示 380~780 nm 可见光区的光谱,如图 5‑18。

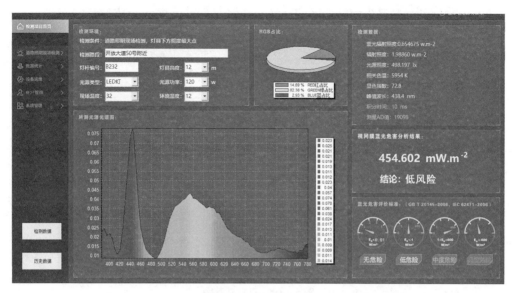

图 5‑16　软件主界面

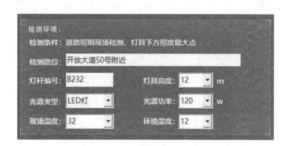

图 5‑17　测试参数设置

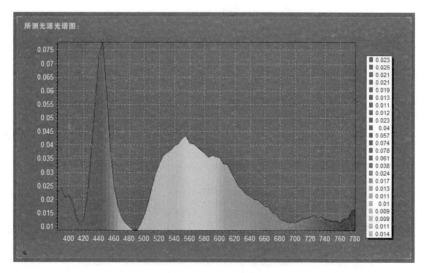

图 5‑18　被测灯具光谱曲线图

② 蓝光光谱图:显示 380~500 nm 蓝光区域的光谱,如图 5-19。

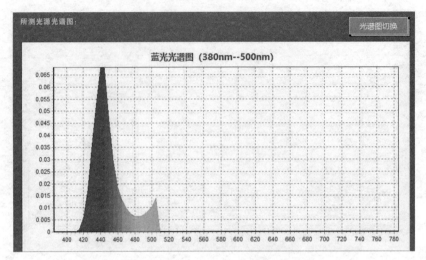

图 5-19　蓝光光谱图

③ RGB 占比百分比饼图:显示红占比、绿占比、蓝占比形成的饼图,如图 5-20。

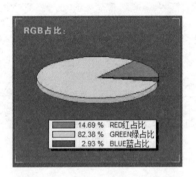

图 5-20　RGB 占比百分比饼图

④ 在检测中对结果有影响的检测数据:蓝光辐射照度、光辐照度、光照度、相关色温、显色指数、峰值波长等,如图 5-21。

图 5-21　检测结果

⑤ 视网膜蓝光危害分析结果:视网膜蓝光危害加权辐射照度,以及与标准对比的结果,如图 5-22。

图 5-22 视网膜蓝光危害分析结果

⑥ 在界面的右下角,根据 GB/T 20145—2006 和 IEC 62471—2006 的视网膜蓝光危害评价标准可供参考。

图 5-23 视网膜蓝光危害评价标准

程序操作简便、结果一目了然。

⑦ 实时检测颜色参数的界面,如图 5-24。

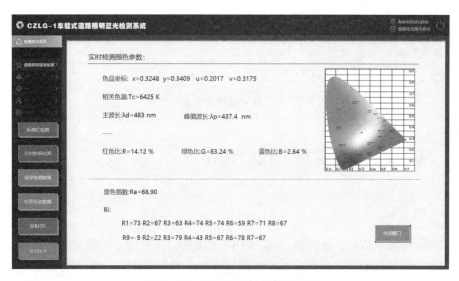

图 5-24 实时检测颜色参数界面

⑧ 最终生成蓝光辐射安全测试报告,如图 5-25。

蓝光辐射安全测试报告

测试信息			
产品型号:CZLG-1型	测试仪器:车载式道路照明蓝光检测系统		
产品编号:G2020002	环境温度:32℃		
制造厂商:Fengdeng 丰登电子	环境湿度:62%		
测试人员签字:	审核人员签字:	测试日期:	2020-07-24-160506
备 注:---IEC62471-2006、GBT 20145-2006			

颜色参数			
色品坐标: x=0.3249 y=0.3396 u=0.2022 v=0.3171			
相关色温:Tc=6423 K	主波长:λd=483 nm	峰值波长:λp=437.9 nm	
红色比:R=14.00 %	绿色比:R=83.43 %	蓝色比:R=2.57 %	
显色指数:Ra=68.30			
Ri:	R1=72.58 R1=67.17 R1=62.04 R1=73.52	R1=73.90 R1=58.53	R1=71.18 R1=66.70
	R1=-10.57 R1=20.93 R1=79.30 R1=41.42	R1=67.48 R1=77.73	R1=67.39

视网膜蓝光危害加权幅照度							
危害	单位	Tmax	无危害		低危害		中度危害	

危害	单位	Tmax	限值	结果	限值	结果	限值	结果
Eb	W/m2	—	—	3.94E-01	—	3.94E-01	—	3.94E-01

测试距离	> 200 mm
光照度	E = 459.32 1x
辐射照度	E(vis)= 1.43 mW/m2
蓝光幅照度	E(b) 452.698 mW/m2
视网膜蓝光危害加权幅照度	EB 394.014 mW/m2
结论	结论:低危险

图 5-25 蓝光辐射安全测试报告

5.4 路灯安装质量检测系统的设计

5.4.1 概 述

随着我国城市化的迅速发展,道路照明工程的施工、管理工作量也随之增加,势必需要依靠管理体系的科学化和技术进步提供支撑。目前对路灯安装质量的验收,普遍仍根据验收人员的经验进行目测或通过铅垂线等方法,虽然该方法直观简单,但是均不能定量化测试,验收缺乏科学依据。

针对以上情况,并依据建设部关于《城市道路照明工程施工及验收规程》中所述及的路灯灯杆的验收要求,我们研发成功了 KWLD - 1 型路灯安装质量校正验收系统。该系统包括改进型的全站仪主机、平板电脑、测试和分析系统软件、GPS 地理信息采集系统模块等。可准确、方便地对路灯安装工程中的灯杆垂直偏移,灯臂仰角及一致性、灯臂与道路纵向线垂直度、灯臂与灯具的中心线一致性、灯具横向水平度、灯具安装高度等主要质量指标进行现场检测和数据分析,系统实物如图 5 - 26 所示。

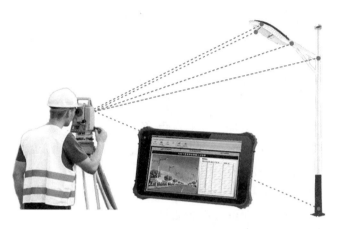

图 5 - 26　系统实物图

　　针对路灯安装质量验收的特殊性,本系统对传统的全站仪进行了改进,特别是对其光学镜头、电子电路进行改装和改进,利用 VB 软件编写了专门的配套软件。本测试系统摒弃了传统全站仪复杂的测量步骤,将全站仪仅当着距离测量和角度测量传感器使用,利用自编的软件来驱动主机在灯杆上测试特征点的三维坐标,并根据理论建模定量地计算出灯杆验收中所需的技术参数和指标。另一方面,本系统配备了实时 GPS 采集模块,可对每一个灯杆地理信息进行采集。

　　本系统结合了全站仪和平板电脑的优点,具有测试精度高、测量误差小、数据处理快、安全可靠、功能齐全等优点,实现了路灯安装质量校正验收工作的数字化和智能化,提高了我国城市照明工程质量验收方法的科学性,填补了国内该技术的空白,专利号为 ZL201020118867.3。

5.4.2　设计思想

　　(1) 由于传统的路灯安装质量验收普遍根据验收人员的经验进行目测或通过铅垂线等方法,不能定量化和数字化测量,有时会给验收工作带来不必要的争论。本方案采用具有取特征点功能的全站仪主机、三脚架、平板电脑、软件等组成,利用自编软件直接驱动硬件,即将全站仪对准测试点后,只需点击鼠标就可完成测量和分析工作。本测试系统利用数据库技术克服了全站仪存储数据时出现的操作复杂、存储容量小、不能在现场直接得到路灯安装质量检测数据等问题。

　　(2) 本方案采用平板电脑与主机和三脚架配用,既美观又实用,可实时显示、记录和处理数据,且利用软件带有强大的数据库功能,可实现历史数据的调用和查看。

5.4.3 仪器工作原理及具体参数

1. 工作原理

该系统通过软件驱动全站仪主机,选用的测量模式为距离测量模式,可获得三个原始数据:斜距、水平角、天顶距(即垂直角)。

斜距(S_{AC}):全站仪主机物镜到所测点的直线距离。

天顶距(垂直角)(β_{AC}):目标方向与天顶方向的夹角称为天顶距,本系统中也称垂直角。

方位角(α_{AC}):由直线一端的基本方向起,顺时针方向至正北方向(也就是 Y 轴正方向)范围($0°\sim360°$),正方位角与反方位角是$+180°$或$-180°$关系。

竖直角,目标方向与水平方向之间的夹角,称为竖角。

水平角:目标方向与初始置零方向(该系统以正北方向为初始置零方向)两相交直线之间的夹角在水平面上的投影。角值范围$0°\sim360°$。

灯杆稍偏移距离(D_{AC})是平行于水准面的直线距离,全站仪测量距离和高程的原理可成图为直角三角形,灯杆稍偏移距离是直角边中的一条,高程是另一条,斜距(S_{AC})是直角三角形的斜边,三者只要有两个已知就可以求算另一个。另外,垂直角(β_{AC})和坐标方位角(α_{AC})如图 5-27 所示。

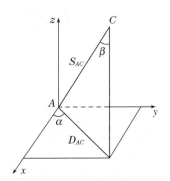

图 5-27 全站仪测量原理示意图

因此,测量主机测出被测目标点 C 的斜距(S_{AC}),垂直角(β_{AC}),坐标方位角(α_{AC}),可通过下列公式算出目标点的空间三维坐标。

先计算灯杆稍偏移距离(D_{AC}):

$$D_{AC} = S'_{AC} \times \cos\left(\frac{\pi}{2} - \beta_{AC}\right) \tag{5-1}$$

因而可算出 C 点三维坐标为:

$$\begin{cases} X_c = X_A + D_{AC} \times \cos(\alpha_{AC}) \\ Y_c = Y_A + D_{AC} \times \sin(\alpha_{AC}) \\ Z_c = Z_A + D_{AC} \times \tan\left(\frac{\pi}{2} - \beta_{AC}\right) + 0.44 \times S_{AC}^2 / 6378245 \end{cases} \tag{5-2}$$

其中,(X_A,Y_A,Z_A)为主机所在位置的三维坐标。在灯杆上选取任意两点可根据式(5-2)计算出三维坐标,则可求出空间任意两点的距离和给出空间直线方程,因而也可求出空间任意两条直线之间的夹角。

灯杆验收中所需的灯杆垂直偏移角度、灯杆稍偏移距离、灯臂仰角、灯臂中心线与道路纵向线夹角、灯具横向水平角、灯具安装高度等主要质量指标其特征点的选取和理论建模如图5-28。

在路灯灯杆三维模拟示意图中,利用主机选取 12 个特征点,通过这 12 个特征点的三维坐标数据可分别求出灯杆垂直偏移角度、灯杆杆稍偏移距离、灯臂仰角、灯臂中心线与道路纵向线夹角、灯具横向水平角、灯具安装高度等。

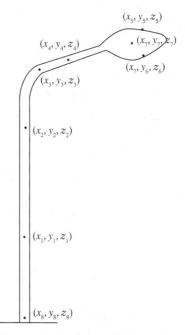

图 5－28　路灯灯杆三维模拟示意图

2. 具体参数

(1) 灯杆垂直偏移角度

设在灯杆上任意两个位置选取中心线上的两点,其第 1 点坐标为 (x_1, y_1, z_1),第 2 点坐标为 (x_2, y_2, z_2),如图 5－28 所示,可根据公式(5－3)可求出灯杆与竖直方向的夹角。

灯杆偏离竖直线的角度为:

$$\beta = \frac{\pi}{2} - \frac{|z_2 - z_1|}{\sqrt{(x_2 - x_1)^2 + (y_2 - y_1)^2}} \quad (5-3)$$

(2) 灯杆垂直倾斜投影在水平面内的角度 △(以正北方向为零点逆时针计角度)

通过比较两点的 x 坐标和 y 坐标的大小可以来判断灯杆的偏向,本系统以正北方向为 x 轴正方向,正东方向为 y 轴正方向,如图 5－29 所示。通过式(5－4)求出两点连线在水平面的投影线与 y 轴的夹角,再根据不同偏向用不同公式计算出投影线与正北方向的夹角。

$$\theta = \arctan \frac{|y_2 - y_1|}{|x_2 - x_1|} \quad (5-4)$$

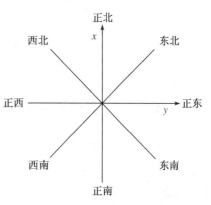

图 5－29　灯杆偏向在水平面内的投影方向示意图

判断水平投影角在第几象限:

第一象限:△＝270°＋θ;

第二象限:△＝90°－θ;

第三象限:△＝180°＋θ;

第四象限:△＝270°－θ。

(3) 求灯臂仰角 α

设第 3 点坐标为 (x_3, y_3, z_3),第 4 点坐标为 (x_4, y_4, z_4),则

$$\alpha = \arctan \frac{|z_4 - z_3|}{\sqrt{(x_4 - x_3)^2 + (y_4 - y_3)^2}} \quad (5-5)$$

(4) 灯具偏离水平方向的偏转角

灯具偏离水平方向的偏转角的计算原理同灯臂的仰角。在灯具中心取一点,再取

灯杆底部一点为第二点,通过取两点的 z 坐标差值的绝对值可以求出灯具到地面的垂直距离。系统通过比较灯具左右两对称点 z 坐标的大小来比较灯具哪一侧偏高。按照测灯臂仰角的方法利用公式(5-5)同样可以求出灯具左右两对称点连线与水平面的夹角。

(5) 灯具安装高度(h)

设第 7 点坐标为(x_7,y_7,z_7),第 8 点坐标为(x_8,y_8,z_8),则

$$h=|z_8-z_7| \tag{5-6}$$

(6) 灯臂中心线与灯具中心线夹角(α)

$$\alpha=\arccos\frac{(x_4-x_3)(x_8-x_7)+(y_4-y_3)(y_8-y_7)+(z_4-z_3)(z_8-z_7)}{\sqrt{(x_4-x_3)^2+(y_4-y_3)^2+(z_4-z_3)^2}\sqrt{(x_8-x_7)^2+(y_8-y_7)^2+(z_8-z_7)^2}}$$

$$\tag{5-7}$$

图 5-30 为路灯安装质量检测系统的系统图。

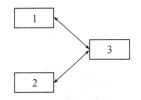

图 5-30　安装质检系统图

1—全站仪;2—GPS 地理采集模块;3—平板电脑

5.4.4　路灯灯杆安装质量检测系统硬件安装方法

1. 合理选择测量机位

我们来到测试地点后,为了能够测量更多的灯杆数据,要尽可能地将仪器放在确保测量人员安全并不影响交通的情况下,能目测到更多灯杆,尽量避免路边树木、广告牌的干扰,以选择测量机位。

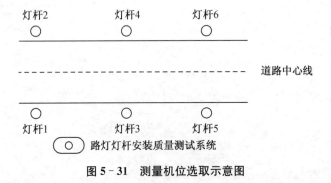

图 5-31　测量机位选取示意图

2. 安放三脚架

首先将三脚架三个架腿拉伸到合适位置上,紧固锁紧装置,在待测灯杆的路正对面偏离 5°左右的方向放置三脚架,同时应使三脚架的三个脚张开一个合适的角度,利用目测粗调好三脚架平面(该步骤不能忽视,若粗调合适可减轻后面主机细调工作量,可大大减少调平时间;若粗调不合适,可能导致在细调时超出细调的调节范围,从而无法调平)。

3. 把主机放在三脚架上

小心地把全站仪主机放在三脚架上,通过拧紧三脚架上的中心螺旋使仪器与三脚架联结紧固。为了方便调平,应使全站仪主机上有圆水准器的一角对准自己。

4. 全站仪的调平

(1) 用圆水准器粗整平仪器,转动脚螺旋 C,使水泡居于圆水准器中心。

(2) 用长水准器精确整平仪器。

重复以上步骤,直至仪器转动任意位置时,长水准器的水泡都能居于长水准器的中心。

(3) 将平板电脑背带背在测试人员身上,并将其与平板电脑固定好。

(4) 打开平板电脑,同时打开主机的电源,取开镜头盖,按照主机提示上下转动望远镜。

(5) 打开蓝牙,将主机与平板电脑实行无线通信连接。

(6) 用指南针确定正北方向,按照指南针的方向将镜头对准正北方向,按主机屏幕上的置零键,将主机置零。

(7) 调节水平制动螺旋和竖盘制动手轮,找到目标点(若目标点不容易取,可选用弯管来方便取点,一般在测量距离为 15 m 以内时用弯管),然后再调节调焦手轮和目镜,将分划板和目标点都调清晰,确保取点无误后利用软件测点。

(8) 找其他目标点,步骤同(7),再次利用软件测点。

5.4.5　路灯安装质量检测系统软件使用方法

1. 打开软件

在确保主机与平板电脑蓝牙无线通信连接好的情况下,双击打开桌面的"路灯灯杆安装质量现场验收系统"图标,打开软件。

2. 软件开始界面

如图 5 - 32 所示,界面为选择区,主要有通讯设置、数据测量、历史数据、帮助文件及退出系统按钮。

图 5‑32　测试软件的主界面截图

3. 通讯端口设置

点击"通讯设置",弹出如图 5‑33 界面。全站仪通讯端口为 10,然后点击"打开通讯接口"按钮,确认蓝牙通讯连接成功。

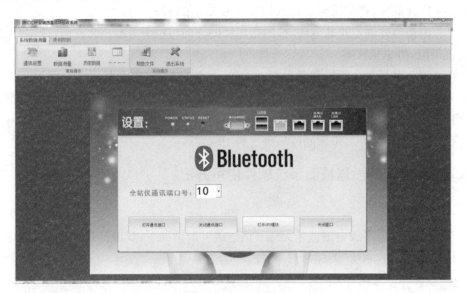

图 5‑33　通讯端口设置

4. 主要参数测量

点击"数据测量"按钮弹下图,其中左侧为路灯灯杆数据测量表,右侧分为灯杆主要参数测量、灯臂主要参数测量、灯具主要参数测量。

（1）灯杆主要参数测量

检测参数设定好以后点击"灯杆主要参数检测"按钮，弹出如图 5 - 34 和图 5 - 35 所示界面。我们将灯杆类型大体分为两种：圆柱形灯杆和圆台形灯杆。

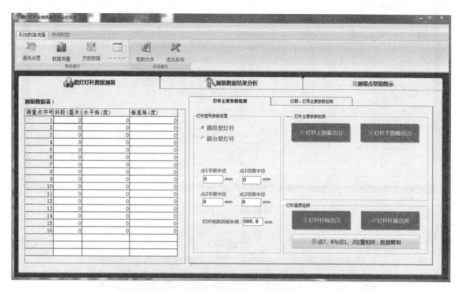

图 5 - 34　圆柱形灯杆测量界面

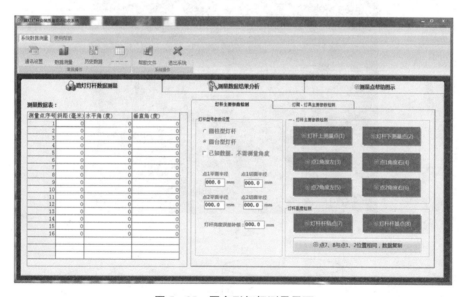

图 5 - 35　圆台形灯杆测量界面

针对不同的灯杆，测量的方法也不同。测量的主要参数有：灯杆高度、灯杆垂直偏移角度、灯杆偏移方向、灯杆杆稍偏移距离和灯杆水平投影角度（以正北方向逆时针计角度）。

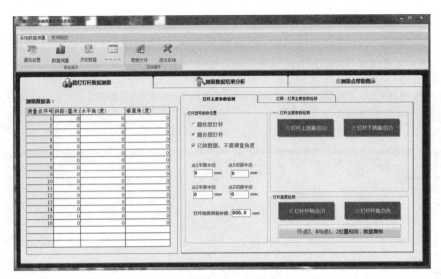

图 5 - 36　已知数据不需测量角度显示界面

图 5 - 37 中测量点 1、2 左右角度点的选取位置对应图 5 - 38 中 P_3、P_2 两点。

图 5 - 37

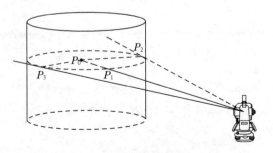

图 5 - 38　角度点的详细取点位置

注意事项：

① 测量时，我们要将测试选取的目标点与软件对应的按钮一一对应，如果没有对应，对最终的测试结果有很大的影响。

② 软件界面中按钮上的数字与左侧数据测量表中测量点序号是一一对应的，最好要采用"先上后下，先左后右，先里后外"的测量原则，如果颠倒，容易发生错误。

③ 对于同一批灯杆同样位置，其灯杆半径基本相同，所以需快速测量。

④ 在我们取点测试灯杆高度的过程中，会遇到一些遮挡物的干扰，这样不能准确地取点，这时可以手工测量，然后填入灯杆高度的误差补偿栏，再进行计算。可以将"已知数据"前面打√选取，然后将已知数据填入对应的方框中。

⑤ 在测量灯杆时，根据实际情况对于测量点 1、2 的选取有两种情况：

当测量点 1、2 正好是灯杆的杆稍点、灯杆的杆基点时，这个时候我们的按钮 1、2 与按钮 7、8 的数据一样，只要重复测量就可以了；

当杆稍和杆基两点不满足测量点 1、2 的选取条件时，要按照按钮对应的测试点来进行测量，来保证数据的准确性。

⑥ 对于特殊灯杆结构按照特殊测量方法。

（2）灯臂主要参数测量

测量的主要参数有：灯臂仰角（灯臂与水平面所成角度）、灯臂与道路纵向线夹角和灯臂与道路纵向线偏向。

灯臂主要参数测量时，根据测量点示意图 5 - 40 的瞄点顺序，对测量点 1、2、3、4，进行依次描点，依次按下测量按钮，最后点击计算按钮。

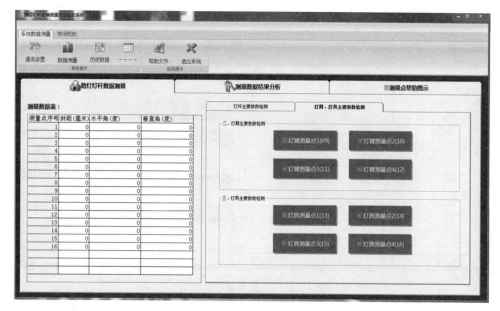

图 5 - 39　灯臂主要参数测量

图 5–40   灯臂主要参数检测测量点示意图

（3）灯具主要参数测量

测量的主要参数有：灯具到地面高度、灯具与水平面的夹角（灯具左右两侧对称点所成直线与水平面的夹角和灯具偏转方向）。

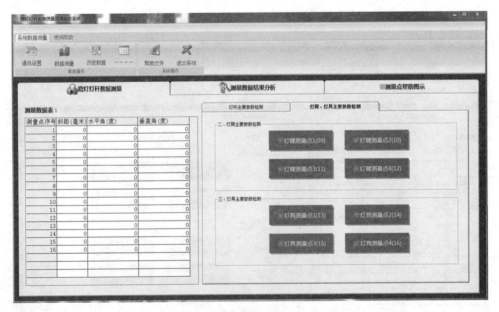

图 5–41   灯具主要参数测量

灯具主要参数测量时,根据测量点示意图 5 - 42,对测量点 1、2、3,依次进行测量,测量完成后,点击计算按钮,得出数据。

图 5 - 42　灯具主要参数检测测量点示意图

5.4.6　GPS 地理信息采集

(1) 在开始打开测量系统前,先点击桌面 GPS 充电程序,打开界面如图 5 - 43 所示,然后点击"Power On"按钮,进行充电。

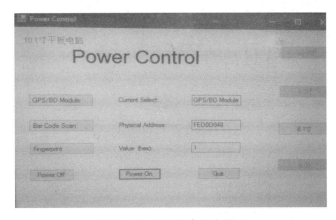

图 5 - 43　GPS 充电程序界面

(2) 在测量完数据以后,如需进行 GPS 地理信息采集,我们在测试数据结果分析界面(图 5 - 44)中右上角有其采集按钮,点击按钮进行采集,得到其当前位置的经纬度。

图 5-44 测量数据结果分析界面

注意:在采集 GPS 地理信息时,必须手持专业平板电脑站在灯杆的正下方,保证其准确测量,得出数据。

5.4.7 测量数据结果分析

将灯杆、灯臂、灯具主要参数测量完成后点击"测量数据结果分析"按钮,弹出界面。如果要保存测量数据,要对道路名称、灯杆编号、实时风况、测量时间、测量备注进行填写,填写时需注意,既可进行选择也可自行填写。如有特殊情况可在测量备注里进行填写。点击计算结果得出总体系统检测报告,如需保存点击保存数据。

1. 保存数据,打印或生成 PDF 报表

图 5-45 检测报告

2. 历史数据查询

当我们想对以前测试的数据进行查询的时候，点击"历史数据查询"，可以看到系统数据库。如果看某道路的具体数据，可以在数据查询中进行筛选，点击"测量数据"可以看到具体的检测报告，如需打印，点击按钮。

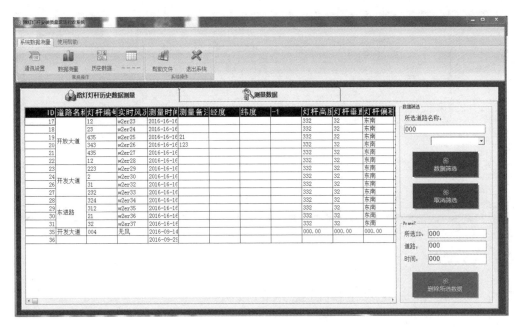

图 5-46　历史数据查询界面

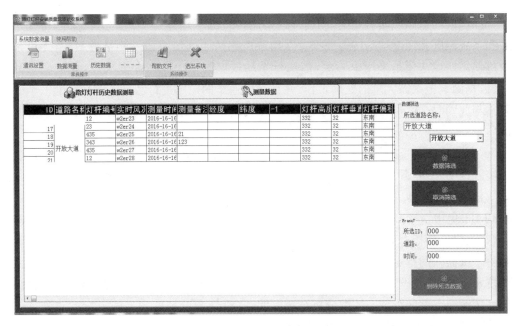

图 5-47　某道路历史数据界面

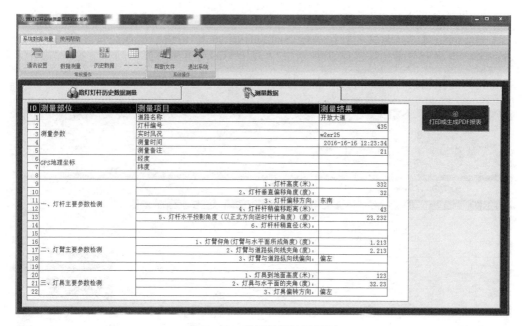

图 5‒48　详细数据显示界面

5.5　道路照明效果检测机器人的设计

5.5.1　概　述

在国内的道路照明行业中,照度计通常用传统的手动逐点测量的方法来测量街道照明系统照度和照度均匀度等数据。在用于道路照明的传统照度测量方案中,无论是通过使用四点法还是采用中心法,都执行手动逐点测量。存在许多缺点,如被测点数多、数据测量记录需大量的处理工作,并且在已通车的道路进行测量还存在交通安全问题。与此同时,随着城建事业的迅速发展,用传统的手工逐点测量方法来评估道路照明的质量已不适应形势的发展。

为此,该项目提出了一种基于传统道路照明照度测量的一种新型的照度测量方法,经实践证明是切实可行的。

依据中国国家质量监督总局关于 GB5700《照明测量方法》的要求,利用无线 433 MHz免申请频段发射接收频率,设计了一种具有现场测量和数据分析的检测机器人,其主要设计指标有道路照明照度、亮度、照度均匀度、亮度均匀度等。在设计中着重解决了机器人的行走控制、照度信号检测及无线数据传输、快速测量、高精度测量等关键技术的研究,并设计了配套软件。另外考虑了电磁干扰、杂散光等因素对测试精度、信号传输稳定性的影响。数据分析结果表明,本设计测试精度满足国家标准对测量仪器的要求,系统可以很好地弥补目前道路照明检测行业所存在的不足,具有推进道路照明户外测量的意义。

5.5.2 总体架构

光源发出的光通过传感器接收，进行光电转换，得到需要的信号后进行进一步放大处理，模数转换，经过智能机器人上的微控制器单元进行数据处理集成，然后通过无线数据传输模块发送给上位机；上位机分析和处理无线数据传输模块接收的数据，最后以图表的形式在电脑上显示出来，系统总体框架图如 5–49 所示，图 5–50 所示为智能机器人实物图片。

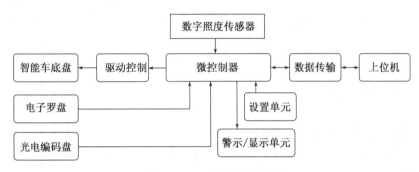

图 5‑49 系统总体框架图

图 5‑50 道路照明效果检测机器人实物图

如图 5‑51 所示为道路照明效果检测机器人检测路线图。

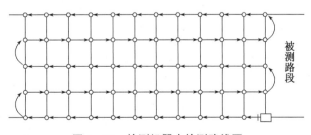

图 5‑51 检测机器人检测路线图

5.5.3　智能移动小车

1. 硬件

(1) 驱动部分

① 电机:采用日本 NAMIKI 电机,并配有行星减速箱,采用四只 L298 作为电机驱动;

② 电源:采用四只 10AH,3.7 V 动力型锂电池作为移动测试小车的供电电源;

③ 电子罗盘模块:采用 GY‐26 型电子指南针模块,该模块的角度分辨率可达到 0.1 度;

④ 光电编码盘:驱动轴转动一圈,光电编码器可以输出 160 个脉冲,主驱动轮外径 42 mm,分辨率为 0.8 mm。

(2) 检测部分

① 照度传感器:采用 BH1750 数字照度计作为照度检测传感器;

② 无线数据收发模块:AS14-TTL 无线跳频串口模块用作系统的数据传输模块。

(3) 数据处理中心

① 笔记本电脑:装有自编数据采集处理软件;

② 数据接收模块:AS14-TTL 无线跳频串口模块用作系统的数据传输模块。

(4) 电路原理图

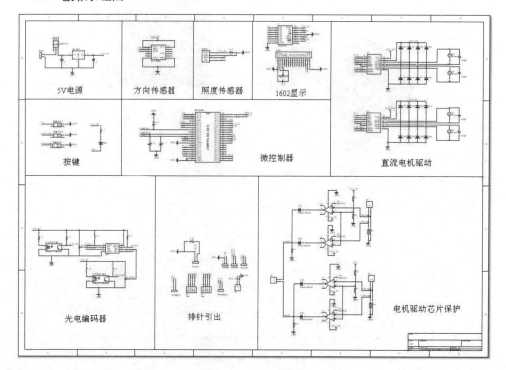

图 5‐52　电路原理图

2. 软件

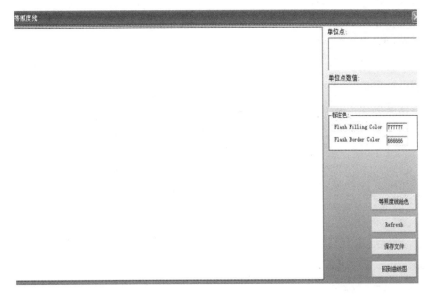

图 5 - 53　软件测试界面

3. 创新点

（1）实现了户外道路照度、亮度连续动态测试功能，解决了传统的人工逐点检测方法的缺陷。

（2）硬件设计合理，通过无线发射和接收模块使照度传感器与电脑主机连接，测试数据可进行远距离传输，经过反复调试和改进，采集速度满足动态连续测试要求。

（3）利用 VB、MATLAB 等软件编写了测试功能齐全、界面美观实用的操作软件，实现了电脑软件对智能小车的自动化控制、检测以及检测数据的自动发送。

4. 技术难点与特色

（1）照度传感器的选择、信号放大、信号处理及无线通信电路的硬件设计。

（2）智能小车行走轨迹的规划与修正。

（3）软件功能实现和减少软件处理数据的时间。

（4）对已有照度、亮度检测模块进行电路升级改造，使之数据传输更快捷更方便地满足测试要求，着重研发了能够通过无线传输实时测量道路照度、亮度的功能。

（5）与传统的道路照度、亮度检测仪器相比，实现了动态化检测；并测试智能化、绿色化，填补了该技术的空白。

5. 主要技术参数

照度测量精度：±5%；

照度测量范围：0～500 Lx；

亮度测量范围：0～25 cd/m²；

照度均匀度测量范围:0～1;

亮度均匀度测量范围:0～1;

无线通信距离:1000 m(开阔地);

取样速度:5～6次/秒;

机器人行驶速度:3.6～5 km/h;

机器人检测间隔:约 20～100 cm。

经过在实验室和路面上的多次试验,满足了设计要求,实现了道路照度、亮度及其均匀度的测量与等照度曲线的现场绘制,达到了测试的预期设计技术指标。

第六章 道路照明现场检测仪器的应用案例

6.1 基于车载式道路照明检测系统的路灯平面等照度曲线的测量方法

6.1.1 概　述

在路灯照明设计中,灯具在路面上合理的光分布一直是路灯照明设计人员所追求的重要技术指标,因为它直接影响着路面的平均照度和照度均匀度。而路灯的平面等照度曲线能够直观形象地展示出路面上的光强和照度分布情况,因此,路灯的等照度曲线的检测在道路照明中有着重要意义。目前,路灯的等照度曲线测量方法有两种:一种是室内测量方法,即使用分布光度计,测出灯具的空间光强分布,利用照度距离平方反比定律和照度余弦定律得出路面上各点的照度值,从而绘制出平面等照度曲线;另一种是在室外的道路照明现场密集地采集路灯下各点的照度分布,手持照度计逐点测量的检测方法,最终人工绘制等照度曲线。第一种方法需要借助分布光度计才能完成,且耗时比较长,更主要的是无法实现户外现场测量;第二种方法需要到道路现场测量,测量点比较多,费事费力,存在着很大的安全隐患。考虑到以上两种测量方法的缺陷,现介绍一种快速测试、准确绘制等照度曲线的方法,该方法是基于车载式道路照明检测系统及数据采集处理软件,能方便、快速、准确地在道路照明现场测量路灯的等照度曲线。采用此方法对路灯现场进行多次测量,取得了良好的效果。

6.1.2 路灯的平面等照度曲线及重要性

路灯平面等照度曲线是指点亮的路灯照射到路面上,将路面上具有相同照度的所有点利用适当坐标系(如直角坐标系或极坐标系)绘成的曲线,灯具在极坐标系中的等照度曲线,如图6-1所示。

在道路照明中,路灯在路面上的等照度曲线形象直观地表示出路面上的照度分布情况和照度均匀度水平,特别对新型路灯灯具的设计、选型、改进以及施工质量验收,提供了有效的数据支持,而且对路灯的

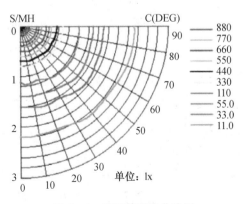

图 6-1　平面等照度曲线图

杆高、杆距的优化设计提供直接、可靠的检测依据。

6.1.3 基于车载式道路照明检测系统的路灯的平面等照度曲线的检测方法

车载式道路照明检测系统由两只照度传感器、主机、手提电脑等组成。将其安装在轿车上,沿被测道路正常行驶即可,准确、快速、安全地测量路灯现场的平均照度、平均亮度、照度均匀度、亮度均匀度等技术指标,尤其是该系统具有 10 次/s 以上的照度采集速度,为路面照度参数的密集测量、等照度曲线的现场检测提供有效的技术支持。

1. 车载式道路照明检测系统特性

照度测量的精度:±5%;

照度的测量范围:0~250 lux;

取样速度:10 次/s;

RS-232 传输速率:9600 bps;

汽车的行进速度:20~30 km/h。

仪器的外形如图 6-2 所示。

图 6-2 道路照明检测仪器

车载式道路照明检测系统安装示意图如图 6-3 所示。

使用时,将两只改装后的照度传感器安装于汽车前面的引擎盖上,并使两只传感器相距 1 m,将照度传感器调整水平,由于该系统的照度采样速度达到 10 次/s。汽车以 5 km/h 速度匀速行驶在同一路灯两侧

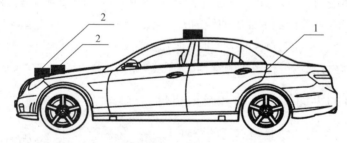

图 6-3 车载式道路照明控制系统安装的示意图

1—汽车;2—相距 1 m 的两只照度传感器

等距的位置时,可实现每隔 0.2 m 读取一位照度数字,如此密集的采样速度为等照度曲线的准确测量提供了大量有效的测量数据。通过计算机软件采集数据及图片处理,即可得到路面的照度曲线。

2. 采集照度数据

(1)测量对象选择:选择灯具的间距、高度、悬挑、仰角和光源的一致性等方面都具有代表性的路灯作为测量路段,从该测量路段中选择一盏路灯作为被测对象。

（2）测量路段范围：从被测灯杆与一边灯杆间距离的中心位置到被测灯杆与另一边灯杆间距离的中心位置，两中心位置之间的路段为所选测量路段，具体选择测量路段如图6-4所示。

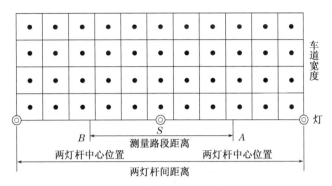

图6-4　路段照度测量选点示意图

（3）汽车行驶路线：将装有车载式道路照明检测系统的汽车沿靠着路牙的车道从A点行驶至B点，从A点开始采集数据，汽车行驶至B点时，停止采集数据并保存数据。此时测得的数据为第一车道AB间的照度数据分布。按照上述步骤依次测量第二车道、第三车道等车道，测量所有车道时汽车行驶方向必须朝同一个方向，不得中途更改行驶方向。测量时行驶方向一直保持为正向，变换测量车道时只需改变当前所测车道数。

（4）测量完所有车道并保存了所有车道数据，计算机即可利用其软件自动完成绘制平面等照度曲线。

（5）图6-5为宁波市镇海区某路段第37号路灯在直角坐标系下的等照度曲线，其中横坐标为以37号路灯为中心，分别向两侧分布的被测的光照度的点数，纵坐标是以被测路段的路牙为原点，逐次向上延伸的直至对面路牙的纵向分布的光照度的点数，图中曲线的颜色深浅表示照度数值的大小，具体什么颜色为多少照度值，参照右侧颜色与数值对应长条。

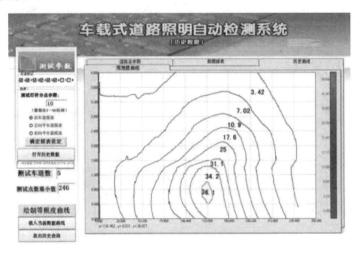

图6-5　利用软件自动完成绘制平面等照度曲线

基于车载式道路照明检测系统的路灯平面等照度曲线的测量方法,解决了人工测量费时费力和现场测量危险性大的难题。这种方法可以直接在现场安全准确地测量,不需借助分布光度计,可充分反映测量现场的实际情况。

3. 检测注意事项

(1)路灯选取应尽量减少其他电光源的干扰。

(2)选取路灯应在车流量少、车速低的路段。

(3)测量前,应将灯点燃 20~30 min 后方可进行测量。

(4)应在清洁和干燥的路面上进行测量,不宜在明月、测量场地有积水(积雪)时进行测量。

(5)测量照度时,照度传感器应放在水平位置。

采用此方法对宁波市镇海区等地的道路不同路灯的等照度曲线进行现场测量,都取得了良好的检测效果。实践证明,采用此方法完全可以对路灯的等照度曲线实现现场测量,并具有测量效率高、准确性高和安全可靠等优点,为测试道路照明效果的现场测量探索出了一条新的技术路径。目前正在进一步地完善该项测量技术,努力使其更规范、更符合国家相关测量标准,以便为道路照明路灯的等照度曲线的现场测量提供新的科学、准确、方便、可行的技术支持。

6.2 基于车载式道路照明检测系统的变功率镇流器运行情况的测量方法

6.2.1 概　述

近年来,随着能源危机的日益严重,我国对城市照明的节能改造加大投入力度并取得了一定的成绩。节能方案层出不穷,但缺乏对这些节能方案的运行情况进行跟踪测量和管理,致使一些节能方案没有达到预期的节能指标。本节将结合一些实践的经验和城市道路照明行业的实际情况,介绍一种快速、准确的测量变功率镇流器运行情况的方法以及相关的测量注意点。

6.2.2 变功率镇流器工作原理

所谓变功率镇流器,实际是一种节能型的电感镇流器,镇流器的电感量是可以进行变换的,从而使灯管的功率随之发生变化。在车多人密的前半夜使镇流器在全功率下运行,等到车少人稀的后半夜时,通过定时器开关增大镇流器的电感量,镇流器的电感量增加时灯管的功率会随之下降从而达到节能,其原理图如图 6-6。

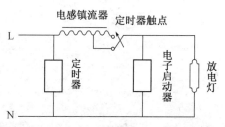

图 6-6　单铁芯串联型变功率镇流器电路

6.2.3　检测原理

由于灯管的功率下降势必会造成路面照度的下降,我们就抓住这一点,分别对上下半夜道路的照度曲线进行测量对比,然后通过数据分析,得出每盏路灯的变功率镇流器的运行情况。

但这时又有一个问题摆在我们面前,如果单纯依靠传统的照度计,每套路灯依次测量,工作量将会非常巨大。截至 2011 年无锡市的路灯总数已超过 25 万盏,装有变功率镇流器的路灯超过了 10 万盏,每年还在以 2 万盏的数量递增。于是我们设计出基于车载式道路照明检测系统的变功率镇流器运行情况的测量方法,实践证明该方法快速、准确、安全可靠。

1. 车载式道路照明检测系统特性

照度测量的精度:±5%;

照度的测量范围:0~250 lux;

取样速度:10 次/秒;

RS－232 传输速率:9600 bps;

汽车的行进速度:20~30 km/h;

计算机配置:CPU:inteal T4200;内存:2 G;硬盘:160 G;

电池容量:12AH;

工作环境温度:-20 ℃~40 ℃;

工作环境湿度:10%~70%RH

安装示意图如图 6-3 所示。

将传感器安装在汽车的引擎盖上,系统主机和笔记本电脑在汽车内部,传感器的连接线通过汽车的窗子连接到车载式道路照明检测系统的主机上,将主机与笔记本电脑用数据线连接,打开仪器电源和笔记本电脑,打开软件,把要测量的道路的参数输入到软件中,就可以开始测量道路照度了。

6.2.4　测量方法

将两只照度传感器安装于汽车前面的引擎盖上,并使两只传感器相距 1 m,将照度传感器调整水平。汽车匀速行驶在路灯正下方的车道,记下第一套路灯的编号和测量路灯的总数以及最后一套路灯的编号。通过计算机软件采集数据并处理,得到路面的照度曲线。后半夜时采用同样的方法对同样的道路再进行一次照度曲线的测量,然后通过计算机软件对比前后半夜的两次照度曲线,分析出每盏路灯变功率镇流器的工作情况。

以图 6-7 无锡市运河西路 15 套路灯的照度对比曲线为例,路灯编号为 LD52-LD24,取偶数。X 轴为路灯的编号,Y 轴为照度值。图中照度值较大的曲线为前半夜时的照度曲线,较小的为后半夜的照度曲线。从图中可以很清楚地看出,LD36 号路灯在后半夜的时候照度值并没有下降,说明变功率镇流器运行不正常。这样可以迅速安排维修人员去现场查明原因,进行维修。可见此方法快捷、准确、安全可靠。

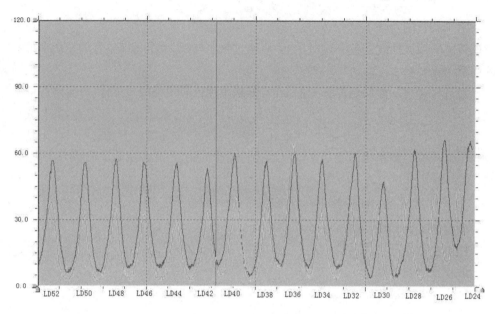

图 6-7　照度对比曲线

测量注意点:

(1) 前半夜和后半夜的检测车行驶的速度尽量保持一致,这样方便后期数据的处理。

(2) 前半夜和后半夜的测量应该保持在同一车道上。

(3) 如果测量的过程中遇到不亮的路灯,应该记下该路灯的编号,提高后期数据的准确性。

(4) 前半夜和后半夜的测量最好在同一天完成,这样可以排除环境等因素对检测结果的影响。

6.3　基于车载式道路照明眩光检测系统的高架护栏灯眩光的测量方法

6.3.1　概　述

护栏灯是一种安装在道路护栏内的道路用灯,通常以高压钠灯或 LED 灯等作为光源,以连续的护栏为载体,形成线性或近似线性的护栏灯带。护栏灯既可以作为车辆或行人引导性照明,也可以作为夜景亮化照明,其安装的隐蔽性及良好的诱导性是其最大的优点,主要用于市区高架的出入口处,以引导车辆的安全行驶。

常州市区高架全长 65.9 km,主要有高架一期、高架二期、青洋路高架北延、机场路高架西延等四个路段。桥面匝道采用双侧对称布置嵌入式护栏灯,间距 5 m,光源配置为 NG70W,共计 16 992 套,最新竣工的机场路高架西延段嵌入式护栏灯采用了 LED22W 光源,共计 1520 套。其中高架一期和二期分别获得"金杯奖",青洋路高架北延获得"扬子杯",为市区的道路通畅和夜景照明发挥了积极的作用。但经过一段较长时间的使用与运行,我们发现护栏灯由于安装高度较低引发的问题也逐渐产生,如一些驾乘人员反映其存在较强眩光而对驾驶人员的视觉产生不良影响;由于车辆快速通过护栏灯对驾驶人员的视觉所产生的"频闪"效应也给正常驾驶带来视觉干扰;针对上述情况我们分别对护栏灯的眩光和"频闪"效应的测量方法和抑制手段开展了研究,本节主要将我们对护栏灯的眩光测量方法的探索结果与同行们共享。高架护栏灯的实景图如图 6-8 所示。

图 6-8　高架护栏灯的实景图

图 6-9　驾乘人员的视觉圈

6.3.2　高架护栏灯产生眩光的原因及测量计算方法

不同于常规的路面路灯灯杆间隔 30 m 左右,护栏灯的间隔通常在 3~5 m。尤其是因为护栏灯为低位照明灯安装高度较低,其光源所产生的眩光正好处在驾乘人员的视觉圈内,如图 6-9 所示。在行驶过程中依次进入人的眼睛,密集的光源加上 LED 光源等的方向性强、亮度高,同时背景路面亮度较暗,容易因为眩光从而导致安全事故的发生,因此准确地测量护栏灯产生的眩光阈值增量显得尤为重要。

依据 GBT38439—2019《室外照明干扰光测量规范》,利用现有的城市道路的非道路照明设施对驾驶员产生眩光的阈值增量的计算方法,可以对护栏灯照明所产生的失能眩光进行测量与计算,并可以得到眩光阈值增量的基本结果。

根据 GBT38439—2019 中城市道路的非道路照明设施所产生的眩光阈值增量的计算为:

$$TI = \frac{k}{L^{\alpha}} \sum \frac{E_{eye}}{\theta^2} \tag{6-1}$$

式中:TI——城市道路的非道路照明设施对机动车驾驶员产生干扰光的阈值增量;

　　$\sum$——待测照明装置贡献之和;

θ——各待测照明装置与观测点连线和假定视线之间的夹角,用于计算的 θ 单位为弧度,公式适用条件应为 $1.5°<\theta<60°$;

L——机动车道路面平均亮度,单位为坎德拉每平方米(cd/m^2);

k——常数,当 $0.05<L<5\ cd/m^2$,取 650;当 $L\geq5\ cd/m^2$ 时,取 950;

α——常数,当 $0.05<L<5\ cd/m^2$,取 0.8;当 $L\geq5\ cd/m^2$ 时,取 1.05;

E_{eye}——某一待测照明装置在与假定视线方向正交的平面上观测点位置处产生的照度(初始值),单位为勒克斯(Lux)。

通过科学的建模和反复的计算,并采用 Microsoft Visual Studio Professional 2015 C 软件。我们认为上述计算公式和测量方法可以基本满足对护栏灯眩光的现场测量要求。

6.3.3 车载式眩光检测系统与现场测试案例

1. 仪器系统组成

基于计算公式(6-1)和相关测量方法所设计车载式道路照明眩光检测系统主要包括:眩光测试系统主机及软件、动态平衡器、蓝牙控制系统、电脑、车载支架等。其仪器实物图如图6-10。

图 6-10　仪器实物图

2. 眩光测试系统技术参数

解析度:5184×3450(图像),2592×1728(亮度);

动态范围:1∶32 000;

重复性:1.3%～3.4%;

测试精度:5.8%～9%;

校正精度:2.5%;

计算机配置:联想 ThinkPad E480;

通讯方式:USB。

3. 现场测试案例

表 6-1 常州市高架护栏灯眩光测试

测量项目	高架护栏灯眩光分析			
测量地点	常州市区玉龙路与龙城大道交叉口			
测量机位	眩光测量系统与最近护栏灯距离	路面平均亮度	单侧护栏灯的阈值增量	实景伪彩图
1	60 m	2.4572	1.74293	
2	50 m	2.5132	2.15486	
3	40 m	2.5364	2.69452	
4	30 m	2.5586	3.35846	

（续表）

测量项目	高架护栏灯眩光分析			
测量地点	常州市区玉龙路与龙城大道交叉口			
测量机位	眩光测量系统与最近护栏灯距离	路面平均亮度	单侧护栏灯的阈值增量	实景伪彩图
5	20 m	2.5591	4.42656	
6	10 m	2.6712	5.80236	
测试说明	通过车载式道路照明眩光检测系统在常州市区玉龙路与龙城大道交叉口对其护栏灯的眩光进行了初步的测量，限于测量条件和环境影响，我们仅在距匝道入口处10～60 m的距离测量，对单侧护栏灯的眩光进行了测量。			

测试结果：从上述测试数据分析，不难看出当测量车辆离护栏灯距离更近，尤其是检测车辆驶入两侧有护栏灯的路面地带时，将会同时受到两侧护栏灯的眩光干扰，其眩光阈值增量将会更高，对驾驶人员的影响也将会更大。它在车辆行驶到某些特定的区域，尤其是检测车辆驶入两侧有护栏灯的路面地带时，其阈值增量将远远的大于普通道路照明所产生的不良影响，直接事关行车安全。

以上为我们对高架护栏灯产生的眩光的测量方法的初步探索，通过多次对不同道路的护栏灯眩光数据的软件分析结果证明，利用 GBT38439—2019 中城市道路的非道路照明设施所产生的眩光阈值增量的计算，并采用车载式道路照明眩光检测系统所测得的护栏灯的眩光阈值增量与原道路照明设计单位所提供的相关护栏灯的眩光阈值增量的设计指标基本吻合，其可重复性与测量稳定性良好。因此，我们认为将GBT38439—2019 中城市道路的非道路照明设施所产生的眩光阈值增量的计算公式（6-1）用于护栏灯眩光阈值增量是科学的，基于该计算公式和测量方法所设计车载式道路照明眩光检测系统及软件是可行的。当然，由于目前国内尚无专门适用于护栏灯照明所产生的眩光阈值增量的测量的国家标准，如需进一步的深入研究，有待于我们参照现有的国际、国内及相关行业标准,在科学合理的理论推算与多次的现场测量的基础上,更好地解决该课题的检测理论与检测方法等问题,并在现有的车载式道路照明眩光检测系统的基础上,经过硬件改造与软件升级最终实现对护栏灯照明所产的眩光阈值增量得更加精确、可靠、方便及安全的测量,最终为眩光阈值增量超标的高架护栏灯提供一套行之有效的抑制手段,以保证行车安全。同时也为高架护栏灯眩光检测的国家标准或行业规范的制定提供科学的理论依据,积累有效的测量数据,奠定必要的技术基础。

第七章　电光源检测中心的建设

随着城市道路照明事业的迅速发展,在国内有些城市道路照明管理部门和照明工程公司已相继建设了自己的电光源检测中心,以满足户外道路照明施工质量的现场验收需要,同时也具备本单位对所采购的电光源、灯具及配套电器的使用性能和安全性能的检测工作需要,并可作为第三方检测机构为本市或其他城市的道路照明施工、管理部门、电光源、灯具及配套电器生产厂家提供检测服务,以提高检测设备利用率,使城市道路照明检测工作上了一个新台阶。

7.1　电光源检测中心建设仪器配置方案

城市照明管理部门电光源检测中心的建设方案中所涉及的检测仪器,一类为用于对电光源或者灯具及相关电器的使用性能和安全性能检测的室内检测仪器,如电光源的光、色、电检测系统灯具的配光曲线检测系统等仪器;另一类为用于户外城市道路施工质量或维修改造质量现场验收的检测仪器,如车载式道路照明检测系统、路灯安装质量检测系统等仪器。

以下为国内某路灯管理部门的电光源检测中心仪器配置方案。

7.1.1　检测中心建设目的

满足本单位对户外道路照明施工质量的现场验收需要,同时也具备本单位对所采购的电光源、灯具及配套电器的使用性能和安全性能的检测工作需要,以解决对上述产品的选型定型、进货验收和修旧利废的定量检测问题。该检测中心可作为省、市产品质量监督检测所的下属光源、灯具及其配套电器检测机构,承接对全市的电光源类产品的质量监督检验工作;也可为省内的光源、灯具及其配套电器生产厂家提供有偿检测服务,以提高仪器设备利用率,提高经济、社会效益,扩大本单位在社会上的影响力和知名度。

根据检测中心仪器配置的先进性、合理性和相对完整、独立性的建设指导思想,提出建设方案。

7.1.2　实验室检测仪器配置及主要检查项目

1. 电光源光、色、电测量系统

主要用于实现 HID 灯、LED 灯、节能灯、荧光灯、白炽灯、卤钨灯等各种电源的光、色、电性能测试。

测试项目包括：光通量、光效、光谱分析、色温、显色指数等十余项光、色指标的检测。

表 7 - 1　系统具体仪器配置

序号	仪器名称	型号	数量	备注
1	Sync-Skan 高精度光谱分析系统	PMS - 80	1	① 光谱分析系统软件 V2.00； ② PMS - 80_光谱分析系统（380～800 nm）。
2	积分球及光纤切换器	Φ1.0 m	1	
3	积分球	Φ2.0 m	1	
4	通用标准光源	D204	1	
5	精密数显直流稳流稳压电源	WY305	1	
6	高精度数字功率计	PF2010A	1	0.05％精度
7	精密变频交流稳压电源	VPS1060	1	6 kVA
8	HID 多用基准镇流器	YF150	1	220 V/50 Hz
9	升压变压器		1	2 kVA/460 V
10	HID 测试控制单元		1	
11	光电色测试系统机柜	YF1000	1	
12	联想电脑及打印机		1	

此部分实验室空间要求：6 m（长度）＊6 m（宽度）＊2.5 m（高度）或以上，无特殊要求.

2. 灯具配光曲线测试系统

主要用于各种道路照明灯具、投光灯、室内灯具、户外灯具（其中包括 LED 灯具和太阳能灯具）的空间光度分布、总光通量及灯具效率测试。

表 7 - 2　GO—2000 分布光度计系统（灯具配光曲线测试系统）仪器配置

序号	仪器名称	型号	数量	备注
1	分布光度计	GO—2000	1	含精密转台、控制单元、高精度光度计、探测器专用支架、测控软件和精密激光对准系统注：① 带前放恒温光度探头；② 高精度角度编码器；③ 采用日本三菱电机或松下电机；④ 采用专门为分布式光度计设计和制造的精密变速箱，保证更高精度；⑤ 采用耐磨损精密导电滑环；⑥ 采用精密激光对准系统精确定光度中心；⑦ 被测灯具最大尺寸（含夹具）达 2000 mm；⑧ 挡光很少的灯臂设计；⑨ 光度与角度精密同步技术，保证更高精度。
2	带激光对准反射镜光强标准灯		1	

（续表）

序号	仪器名称	型号	数量	备注
3	精密数显直流稳流稳压电源	WY3010	1	
4	高精度数字功率计	PF2010A	1	0.05％精度
5	单相变频稳压电源	VPS－1060	1	6 kVA
6	专用机柜	YF1000	1	
7	联想电脑及彩色打印机	1	11	

本方案暗室尺寸基本要求：2.5 m（高度）＊3.0 m（宽度）＊20 m（长度）。

3. 电磁兼容测试系统

主要用于各种电子镇流器及其相关高频电源、开关电源的裁断传导干扰和辐射干扰。

表 7－3　仪器配置

序号	仪器名称	型号	数量	备注
1	人工电源网络、高精度隔离稳压电源等	EMC200A	1	
2	接收机	EMC500	1	
3	电场探头、磁场探头		1	

实验室面积要求：20 m²。

4. 灯具温升试验系统

主要用于对各种灯具的温升安全指标进行测试。

参考标准：GB7000.1—2015《灯具一般安全要求和试验》。

表 7－4　仪器配置

序号	仪器名称	型号	数量	备注
1	灯具温升试验系统	YFF－10	1	① 标准防风试验箱一只；② 高精度铂金传感器六只；③ YF300 多通道无纸记录仪一台。

实验室面积要求：30 m²。

5. 电气安全试验系统

主要用于对各种灯具及配套电器的交直流耐压、绝缘电阻、泄漏电流、接地电阻等安全指标进行测试。

参考标准：GB7000.1—2015《灯具一般安全要求和试验》。

表 7-5 仪器配置

序号	仪器名称	型号	数量	备注
1	安规测试仪	GPI745A	1	集合交直流耐压、绝缘电阻、接地电阻四种测试功能于一体
2	泄漏电流测试	9652H	1	

实验室面积要求:20 m²。

6. 太阳能电池组件测试仪

主要用于对各种太阳能路灯的太阳能电池组件中的 $I-V$ 曲线、$P-V$ 曲线、转换效率、短路电流、开路电压、峰值功率等主要参数进行测量。

产品名称:DLSK-SOL7 型太阳能电池组件测试仪。

表 7-6 技术参数

序号	仪器名称	型号	数量	备注
1	光源系统		1	陶瓷反射器+AM1.5G 滤光片+脉冲氙灯
2	电源系统		1	高压触发及控制电源
3	数据采集		1	电子负载(3 挡,多量程)+A/D 数据采集卡+偏置补偿电源
4	标准太阳电池(二级)		1	用于测量光源的辐照度

实验室面积要求:40 m²。

7. 蓄电池综合测试仪

主要用于对蓄电池的寿命试验、容量测试、恒流充电、恒压限流充电、恒功率放电、恒流放电、恒电阻放电及各种充放电组合的循环放电试验。

产品名称:MCZH—蓄电池综合试验机

表 7-7 仪器配置

序号	仪器名称	型号	数量	备注
1	控制屏		1	240 * 128 汉字液晶显示、触摸按钮、232/485 串口连接
2	软件	自主开发设计	1	试验功能丰富、专业性强、联网操作、面板操作皆可,方便实用
3	主控器件		1	采用美德合资专业整流器件,精度高、稳定性好

实验室面积要求:30 m²。

8. 风力发电机测量系统

主要用于对各种风力发电路灯的风力发电机中的 I-V 曲线、P-V、P-I 曲线、效率、短路电流、开路电压、峰值功率、工作温度等主要参数进行测量。

实验室面积要求：$10~m^2$。

9. 摆管淋雨试验装置 IPX3、IPX4 防水设备

该设备主要是测试产品在淋雨的气候环境下贮存、运输和使用时的性能试验，用于对灯具、电柜、电器元件、汽车、摩托车及其零部件等产品在模拟淋雨的气候条件下，对产品的物理以及其他相关性能进行测试，测试后通过检定来判断产品的性能是否能够达到要求，以便供产品的设计、改进、检定及出厂检验使用。

表 7-8　主要参数

型　号	BL
摆管半径(mm)	400、600、800、1000、1200、1400、1600
喷水孔尺寸(mm)	0.4
喷水孔间距(mm)	50
摆管内径(mm)	15
摆管摆幅	$\pm60°$、$\pm90°$ $\pm180°$(接近)
淋雨水压(kPa)	50～150(可调)
试验台尺寸(mm)	$\phi600$
试验台转速(r/min)	1～17
转台高度调节范围(mm)	300
摆管转速(r/min)	12(可调)
支撑箱材质	SUS304 发纹不锈钢板
转台材质	不锈钢
摆管材质	不锈钢无缝管
保护装置	漏电
电源(V)	380
功率(kW)	2
符合标准	GB/T4208，IEC60529

实验室面积要求：$40~m^2$。

10. 高低温湿热试验箱/恒温恒湿箱

该设备主要是测试产品在高温、低温、湿热的气候环境下贮存、运输和使用时的性能试验，用于对电工、电子产品，元器件、零部件、金属材料及其材料在模拟高温、低温、湿热的气候条件下，对产品的物理以及其他相关性能进行测试，测试后通过检定来判断产品的性能是否能够达到要求，以便供产品的设计、改进、检定及出厂检验使用。

表 7-9　主要参数

型　号		GDS-100
工作室尺寸(mm)	深	400
	宽	500
	高	500
外形尺寸(mm)约	深	900
	宽	1000
	高	1650
温度范围		$-40\sim+150$ ℃
湿度范围		$20\sim98\%$RH
温度均匀度		±2 ℃
温度波动度		±0.5 ℃
湿度均匀度		$\pm3\%$RH
湿度波动度		$\pm2\%$RH
箱体外箱材质		SUS304 发纹不锈钢板
箱体内箱材质		SUS304 镜面不锈钢板
观察窗		350 * 280 mm,导电,自动除雾除霜
引线孔		¢ 50 mm,1 个
控制器		进口温湿度控制器,LED 显示
感应器		PT100,白金感应,2 支
储水箱		容量 30 升、内置式水箱 1 只
保护装置		超压、漏电、缺水、缺相、超温
电源(V)		380
总功率(kW)		视低温而定
符合标准		GB10589—89、GB10592—89、GB10586—89、GB11158—89、GB/T5170.2—96、

实验室面积要求：20 m²。

11. 灯泡灯头的扭转力矩测试系统

（1）主要检测对象

高压钠灯、低压钠灯、金卤灯、高压汞灯、节能灯、白炽灯等光源。

（2）主要检测项目

各类灯泡灯头的正转扭矩、各类灯泡灯头的反转扭矩。

12. 全数字路灯电器综合检测台

本测试台测试内容是高压钠灯、高压汞灯、金属卤化物灯及其镇流器、触发器、电容器，其测试规格与项目如下：

（1）测试灯泡规格与项目

规格：各种规格的高压钠灯、高压汞灯、金属卤化物灯、LED灯、无极灯等。

项目：启动电压、启动电流、熄弧电压、管压降、功耗。

测试台设 E27、E40 灯头各一只，每次可测一个品种的一只灯泡，测试仪表精度为1.5级。

（2）测试镇流器规格与项目

规格：与所测灯泡规格相同。

项目：工作电压，工作电流，启动电流，谐波电流、阻抗，功耗，功率因数、温升。

（3）测试触发器项目

规格：与所测灯泡配套用触发器。

项目：启动电压，由示波器测出其触发脉冲幅度、触发脉冲宽度、启动时间。

（4）测试补偿电容项目：电容器电容量、电容器温升。

（5）测试镇流器项目：镇流器电感量、镇流器温升。

（6）测试台设有安全保护装置、过流保护装置。

（7）测试台设有电源电压稳定系统，交流稳压器功率：2 kW。

（8）仪器设有 RS232 计算机通信接口，配套计算机可实现测试数据、曲线的打印和存储。

实验室面积要求：10 m²。

13. 空气开关、钳形表、电流互感器测试系统

本系统可对路灯行业常用空气开关的过载延时保护特性、整定电流保护特性、瞬间保护特性进行测试，并可为钳形表、电流互感器的校验提供测试平台。

（1）测试电流：0～1000 A；

（2）测试时间：0.001～99 999 s；

（3）测试精度：±1.5%；

（4）实验室面积要求：10 m²。

14．AT-2 型 LED 路灯开关电源检测系统

（1）主要功能

对功率为 50～400 W 的 LED 路灯开关电源的使用性能和安全性能进行综合检测。

（2）主要检测项目

① 开关电源工作效率测量；

② 开关电源电压工作特性测量；

③ 开关电源的谐波电流、谐波电压分量测量；

④ 开关电源工作温度、温升特性测量；

⑤ 开关电源工作寿命试验。

15．电力电缆质量检测仪

该仪器可依据国家标准对电力电缆的铜芯线单位长度内(一般为 1m)的直流电阻进行精密测量，以便用户对电缆质量进行快速检测与验收。

主要技术参数：

① 直流电阻量程：1μ—20 kΩ；

② 测量精度：±1.5%；

③ 适用范围：路灯行业常用电力电缆；

④ 测量导线长度：1000 mm；

⑤ 最大试样截面：630 mm^2；

⑥ 仪器配有计算机接口。

7.1.3　中心的其他配置

若采用上述仪器配置方案，预计仪器设备费用为 200 多万元，实验室建筑面积为 300 m^2，考虑到国家产品质量监督部门对检测站的具体要求，其实际建筑面积应达到 400 m^2 以上。

另外一个值得提及的问题是测试技术人员的数量和素质要求。按照国家科技部对大型测量仪器的人员配置要求，预计其专业测试人员需 4～6 名，学历为本科及以上学历，专业为电子技术 2 名，物理光学 2 名，计算机 2 名，并需要经过为期 30 天以上的专业技术培训。

同时，检测中心的软件建设也应加快开展，如有关城市道路照明施工验收规范、与道路照明测量相关的国家标准、电光源和灯具及相关电子产品的国家标准、行业标准、企业标准的收集，国内外有关电光源和灯具及相关电子产品的新型检测方法、检测技术和检测仪器的跟踪，与国内权威检测机构和有关高校的学术交流都十分重要。

进一步详细的建设方案将在此基本方案确定后另行商定。

以上方案仅供参考。

7.2 某电光源检测中心仪器安置平面图

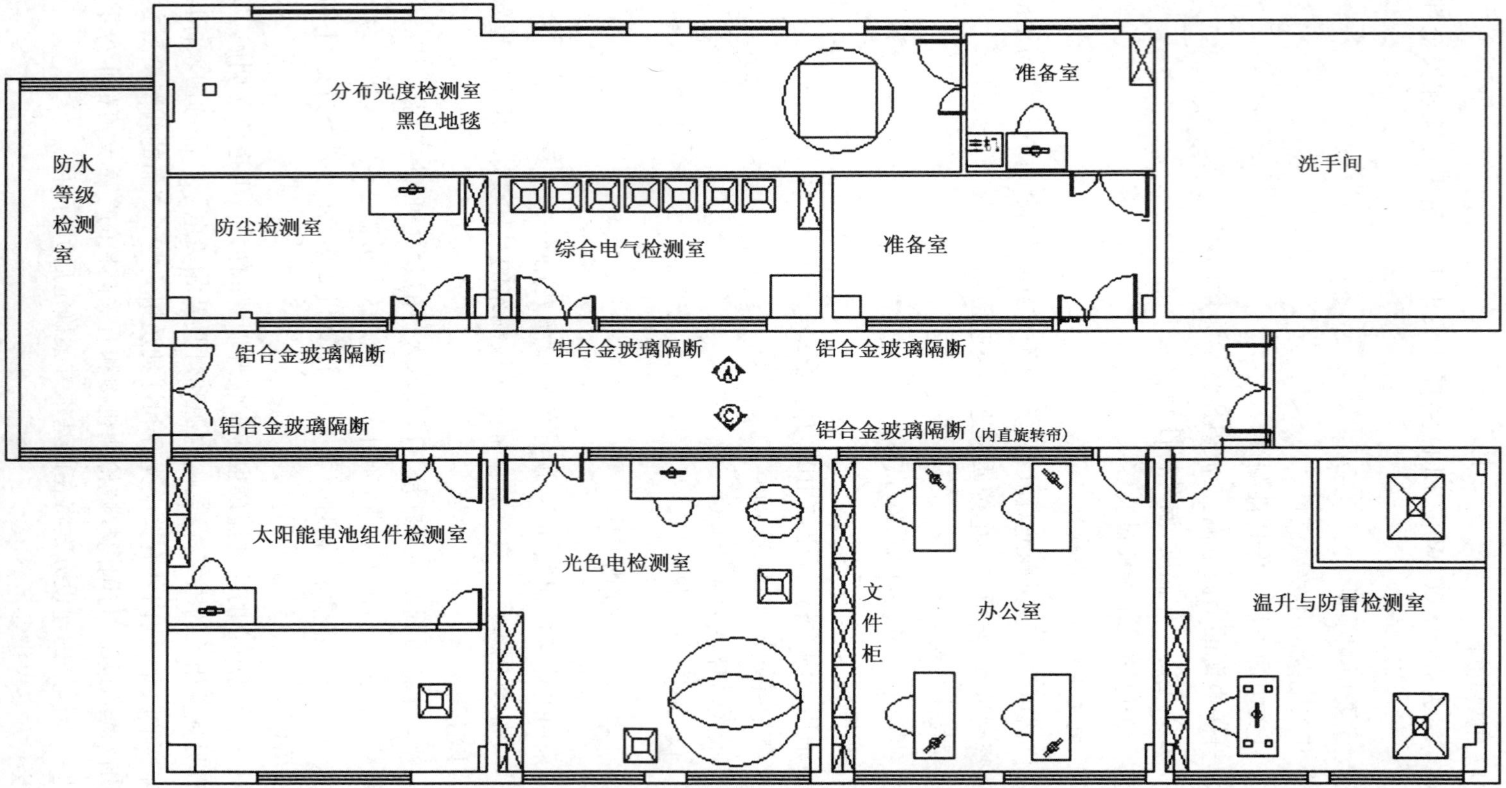

图 7-1 某电光源检测中心仪器安置平面图

7.3　仪器操作规程列举

7.3.1　某电光源检测中心光、色、电检测系统操作规程

1. SPR3000 操作规程

（1）测量准备

硬件连接，如图 7-2 所示。

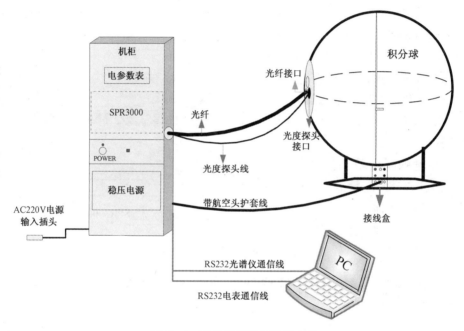

图 7-2　配机柜系统连接示意图

① SPR—3000 光谱辐射分析仪与积分球连接：光纤连接和参考信号线连接。

② 用 RS232 通讯线连接 SPR—3000 光谱仪 RS232 串口与计算机的 COM 口。

③ 打开 SPR—3000 光谱辐射分析仪电源（一般稳定 30 min 后开始测试）。

④ 连接积分球灯座电源引出线插头与稳压电源。

⑤ 根据实际需要连接各通信线。

⑥ 连接各仪器电源。

特殊说明：如果有系统机柜，可参照图 7-2 连接系统。打开机柜钥匙开关（机柜总电源开关），打开机柜内各仪表电源。对于被测光源整灯（及不需要外接辅助器件如：镇流器等）将机柜面板控制开关打到 LAMP 档，直接安装测试；对需外接镇流器的被测光源，将镇流器连接在机柜预留镇流器接口（可由我公司客服工程师根据用户要求连接安装），根据不同功率光源调节好 DYJ 档位，将机柜面板控制开关打到 TUBE 档，然后安装测试。

（2）运行软件

① 打开计算机，待进入 Windows 界面，双击桌面上的测量软件图标 SPR3000 测试软件快捷方式 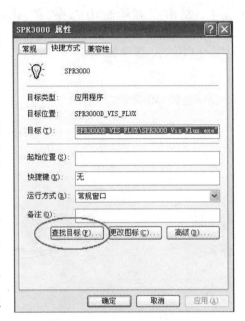，打开测试软件。

② 打开软件后，点击主界面进行参数设定，包括通信端口设定、测试选项及信息填写、电参数表型号选择。设定好后关闭软件。

③ 将标准光源数据"as5. spr"和"ps5. spr"（标准光源数据在发货配套标准灯数据光盘内）拷贝到软件安装目录下，操作方法参照以下步骤（不同操作系统界面可能会不同，以下只作为一种方法，仅供参考）：

a. 将配套标准灯数据光盘放入计算机光驱，打开找到 as5. spr 和 ps5. spr，然后复制该文件。

b. 在电脑桌面找到测试软件快捷方式，单击鼠标右键，左键点击属性选项出现如图 7-3 所示界面。

图 7-3　SPR3000 属性界面

c. 左键点击"查找目标"，出现如图7-4所示界面，即找到了测试软件安装界面下的"lightbase"文件夹。

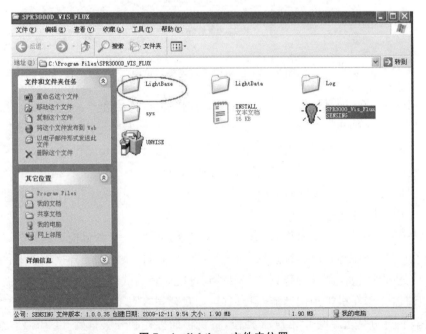

图 7-4　lightbase 文件夹位置

d. 打开"lightbase"文件夹,如图 7 - 5。

图 7 - 5　lightbase 文件夹内容

e. 然后将标准光源的数据文件"as5. spr"和"ps5. spr"拷贝在此目录下即可。

f. 重新打开测试软件,检测通信是否正常。如不正常,检查各部分连线与软件参数设定是否正确。

(3) 零位测量

在积分球内安装光源,将标准光源安装在积分球主灯座上,上下调整灯具座的位置,使标准光源的直射光不直接进入探测器入射口。

关好积分球球门,点击主界面零位采集按钮进行零位采集。采集零位过程中确保测试环境内尽量暗,没有光信号进入。

(4) 仪器校正

① 零位采集完成后,打开电参数表开关和稳压源电源开关(打开输出开关前将输出电压调到最小,以免烧坏标准光源),调节稳压电源输出,同时观察电参数表电压与电流显示值,将电参数值调节到标准光源标准电参数下,正常点亮标准源后稳定 2～3 min。

② 然后点击"光谱校正",在弹出的如图 7 - 6 窗口内填入标准光源的标准光通量,单击"确定"进行校正。校正好之后,读取下标准光源,再点击"光色测量",进行复测。

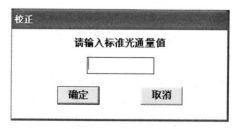

图 7 - 6　光谱校正界面

③ 对比测试结果与检验证书上的数据应是否在误差范围内。否则,检查标准灯数据是否与校正用标准灯对应一致、参数设定是否正确等,调整后再重新校正,直至复测数据与标准灯证书上的数据基本一致。

④ 辅助灯测试(选作),如无须辅助灯修正可直接进行下一步。

⑤ 测好之后,关闭稳压电源的输出开关,关闭标准灯。打开积分球,让灯冷却,用纱布把灯取下,放回原处。

(5) 测量

① 光谱校正好后,安装被测灯,将被测灯安装在积分球主灯座上,点亮被测灯,调整稳压电源的输出为标准灯的额定电压和频率,点亮被测灯。

② 待被测灯发光稳定,点击主界面上的"光色测量"进行测量。

③ 测量结束,根据需要保存或打印测试数据。

④ 数据保存,点数据存取键,选择"保存"按键,输入文件名,点"保存"即可保存在相应的目录下。

若读取以前所存的数据,则点数据存取键,点读取,选定文件名,点"打开"即可。

若打印,则把所需打印的数据打开即读取成为当前界面,点打印报告键,确认已打开打印机电源即可自动打印报告。

若两次测量的光谱需要比较,则点光谱比较键,选取文件名,点击可看到所选的光谱以白色出现与当前界面上的谱线进行比较。

(6) 测试注意事项

① 连接光纤时,要让光纤自然弯曲,不要用力以免损坏光纤。

② 仪器电源要一个接一个的打开,不要同时打开。

③ 仪器操作过程中,不可移动光纤与参考探头。

④ 积分球内应保持干净,球内表面不能有灰尘。

⑤ 若通过稳定电流测灯时应考虑线路上的压降。

⑥ 点灯预热时间一定要充分,待光源发光稳定后测试。

7.3.2 某电光源检测中心灯具配光曲线检测系统操作规程

1. GMS1800 操作规程

(1) 准备

如图 7-7 连接系统。

① 检查本测试系统各部分之间信号线、控制线以及电源线是否正常连接。

② 旋转机柜面板上钥匙开关,打开总电源,接着按下"GoniophotMotor"按钮打开机械部分电源,按下"Meter"按钮打开机柜内光度测试仪以及角度测控仪电源,然后按下电表开关打开电表电源。

③ 观察此时机柜内各个测试仪器是否和机械部分正常联机。在正常情况下,仪器内除参考信号全部显示"0"外,其余马上都有数据显示,若显示"0",则表明测试仪器和机械部分联机失败,关掉机柜内各仪器电源,重新打开即可。

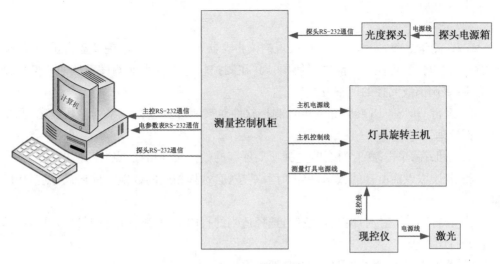

图 7-7　系统连接图

④ 打开计算机系统电源,待计算机进入 Windows 界面,双击 GMS—1800 分布光度计测控软件。

（2）安装和点亮灯具

① 挑选待测灯具（或光源）。所挑选的待测灯具（或光源）应符合国家相关标准,有代表性,能反映被测灯具（或光源）种类的性能。对于新光源,应符合产品的企业标准,测试前要求进行老化处理。

② 安装被测灯具（或光源）时,应戴干净的手套,测试前应擦去灯具（或光源）表面的污斑,检查灯具（或光源）内部线路连接是否正确。

③ 利用激光器的双向激光对中功能,在空间形成一个"＋"字,使用单立柱或双立柱安装被测灯具（或光源）到测试系统时,要注意将灯具发光面中心（或光源发光中心）对准"＋"字中心。

④ 将线夹夹在被测灯具（或光源）电源两端。请注意一个线夹的两个插针插在红色和蓝色插座上,另一个线夹的两个插针插在黄色和绿色插座上,夹线时请注意不要短路。在确认接线正确的情况下,接通变频精密测试电源（船形开关合到 INNER）。

⑤ 在仪器第一次使用时,需对测控软件进行"零位测量"。零位测量完成后,自动将结果存放于系统文件中。请注意:"零位测试"需在灯未点亮的情况下进行。

⑥ 如果被测灯具（或光源）功率不超过 1 kW,则将机柜面板上船形开关打到"INNER"位置,调节变频电源输出开关,直到电表上显示的电压数据至灯具（或光源）所对应的额定电压大小,点亮被测灯具（或光源）并且等待灯具（或光源）发光稳定。一般热辐射光源需要 15 min,气体放电光源需要 30 min。

⑦ 如果被测灯具（或光源）功率超过 1 kW,则将机柜面板上船形开关打到"OUTER"位置,由净化电源和调压器直接供电给被测灯具（或光源）,点亮被测灯具（或光源）并且等待灯具（或光源）发光稳定。一般热辐射光源需要 15 min,气体放电光

源需要 30 min。

（3）测量

① 在测量之前，先用测控软件或现控仪将仪器转动，使仪器的刻度盘指示归零（请注意，测控软件和现控仪不能同时使用），并在测控软件中将当前测试系统的角度值设置为零（采用离线测控的调整方式）。

② 运行 GMS—1800 分布光度计测控软件对被测灯具进行一系列参数设定、测量及数据处理。

③ 若保存，单击"保存"按钮，选择所要保存的数据文件格式，点"保存"即可。

④ 若读取以前所存的数据，单击"读取"按钮，选择相应的数据文件格式，点"打开"即可。

⑤ 若打印，单击"打印报告"按钮，选择适当的打印选项，确认已打开打印机电源即可自动打印报告。

⑥ 若退出系统，单击"退出"按钮，即可退出。

⑦ 关闭被测灯具（或光源）电源，取下被测灯具（或光源）。

⑧ 关闭机柜内各仪表电源，关闭机械部分电源，最后关闭总电源。

7.4 电光源检测中心制度建设

7.4.1 某电光源检测中心管理制度

（1）检测人员应做好室内卫生的清洁工作，严禁无关人员进入检测室，严禁在检测中心区域内吸烟、进餐，请勿会客喧哗，保持检测中心区域及其周围卫生清洁，确保良好的工作环境。

（2）检测用的仪器、工具、量具应按类进行设置、摆放，不应随意放置或丢失。保持本室仪器、物品整齐，同时不许挪作他用，以防损坏。一切仪器和工具用完放回原处。

（3）检测室的精密仪器和大型仪器设备的维护、保管要落实专门人负责，建立精密仪器和大型仪器设备管理档案，做到定期维护保养，定期校检。

（4）工作期间必须按要求做好自身安全防护，必须按照相应的操作程序进行规范操作，杜绝违规操作产生的意外事故。

（5）检测人员在检测产品过程中，应随时保持有人在旁守候监护，检测相关人员不应离开检验室，测试结束后才可离开。

（6）做好检测原始记录，认真填写检验结果报告，保持记录的整洁、真实，并将记录存档，不得伪造、删改检测数据。

（7）检验完毕，及时清理现场和用具，对检测器具要合理存放，常用常维护，始终保持检测仪器处于良好运行状态。

（8）节约用水、电、耗材等，对工作中发现的问题及时向有关领导或负责人汇报。

（9）下班前，各室负责人要检查各自分管区域门、窗、水电是否处于关闭状态，个人分管仪器是否处于断电状态以免损坏仪器引起火灾,确保人身安全和国家财产安全。

7.4.2 某电光源检测中心工作制度

1. 目的

为了规范电光源检测中心(以下简称检测中心)的规范化和科学化管理,保证检测中心工作正常、有序地运转,特制定本制度。

2. 适用范围

本制度适用于检测中心工作人员,同时进入检测中心进行操作的人员也必须遵守此制度。

3. 职责

总师办负责人负责本文件的起草,检测中心相关工作人员负责此制度的监督实施和实行。

4. 内容

(1)检测中心工作人员应自觉遵守纪律,按时上下班,不得迟到、早退、脱岗。

(2)检测中心工作人员负责打扫卫生、安全保卫等日常工作,工作人员应坚持做好工作,确保检测中心的安全和清洁。

(3)检测中心工作人员操作时必须注意安全,检测中心结束后及时进行清场、清洗设备的工作,对非检测中心工作人员进行监督,确保检测中心整洁有序。

(4)检测中心工作人员应严格按照设备的操作规范进行操作,并按要求进行设备使用情况记录,若发现异常情况,及时向负责人报告,以便进行维修。

(5)工作人员要保证实验记录的真实性、完整性和可追溯性,保证实验记录的工整。

(6)对于易燃、易爆、易腐蚀等危险物品要严格按规定进行保管、使用,严防爆炸、腐蚀等事故的发生。

(7)每天下班前必须检查门窗、水、电、气等情况,注意检测中心安全。

(8)非检测中心工作人员不得拥有检测中心钥匙,检测中心工作人员不得私自为他人提供检测用房及设备。

(9)仪器、设备、低耗材料由专人负责,确保不流失。

(10)检测中心工作人员应模范遵守检测中心的各项规章制度,如有违反而发生事故者,视情节处理。

7.5 某电光源检测中心工作内容及操作流程图

(1)建立样品数据库,如图7-8。

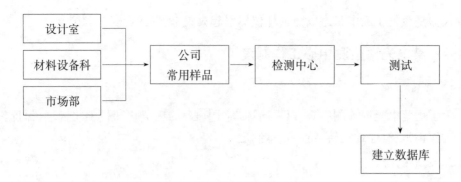

图 7-8 建立样品数据库流程图

（2）安装器材抽检，如图 7-9。

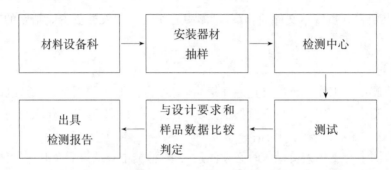

图 7-9 安装器材抽检流程图

（3）招标检测，如图 7-10。

图 7-10 招标检测流程图

（4）工程维护、整改方案，如图 7-11。

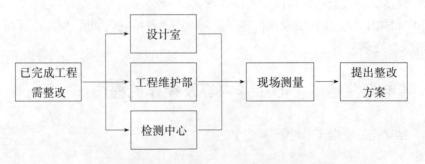

图 7-11 工程维护、整改方案流程图

（5）委托检测，如图 7-12。

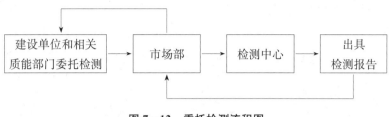

图 7-12　委托检测流程图

（6）单位仪器校验，如图 7-13。

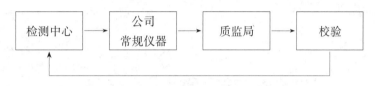

图 7-13　单位仪器校验流程图

7.6　道路照明移动检测中心的建设

随着我国城市化的迅速发展，道路照明工程的施工、验收工作量也随之增加，势必需要工程验收技术的进步提供支撑。为此，依据建设部"城市道路照明工程施工及验收规范"，一种检测功能齐全、使用操作方便的城市道路照明移动检测中心应运而生，并已经在丰登电子仪器有限公司投入生产，很好地适应了日益繁重的城市照明工程验收检测需要，促进了道路照明工程验收工作的科学化、规范化进程。

7.6.1　设计思想

根据 GB/T5700—2008《照明测量方法》、GB/T12454—2008《视觉环境评价方法》、GB/T24827—2015《道路与街道照明灯具性能要求》、CJJ89—2012《城市道路照明工程验收规程》等国家与行业标准，研发成功一种方便快捷、检测功能齐全的城市道路照明移动检测中心，以适应道路照明工程的验收检测需要。该中心以中型面包车或小轿车为运载平台，载有十多个检测模块。可利用互联网与路灯控制中心实现远程通信与实时数据传输，用户可根据自身需要选购或定制检测，选配合适的车型，以更好地适应城市道路照明管理部门的验收、检测需求。

7.6.2　道路照明移动检测中心整体结构和功能介绍

道路照明移动检测中心福特全顺 17 座面包车为平台改装的豪华型检测车，其实物如图 7-14 和图 7-15 所示。主要检测模块有：路灯安装质量验收模块、车载式道路照明自动检测模块、路灯接地电阻测量验收模块、路灯绝缘电阻测量验收模块、路灯电缆定位检测模块、路灯电能质量检测分析模块、路灯混凝土强度检测模块、架空电缆高度测量模块、灯杆壁厚度测量验收模块、灯杆壁涂层厚度测量验收模块、气象环境测量验收模块、摄像模块等主要功能模块、实现远程通信与实时数据传输模块。其中每一个模块都配置有 USB 或 RS232 接口,可以方便地与车内电脑进行测量数据的传送和存储。

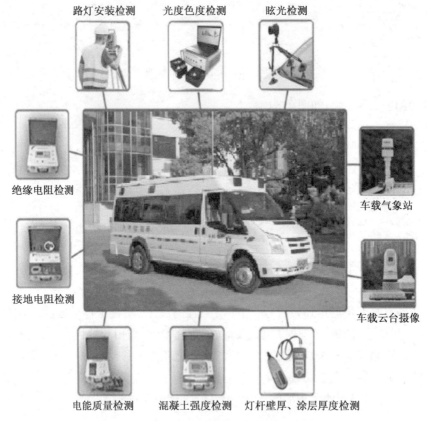

图 7-14　检测车整体图

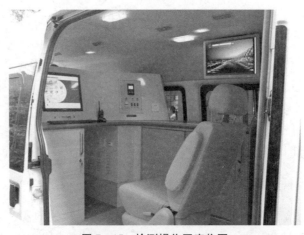

图 7-15　检测操作区实物图

　　道路照明移动检测中心的操作台、控制屏与显示器及储物仓等内部结构如图7-16所示。

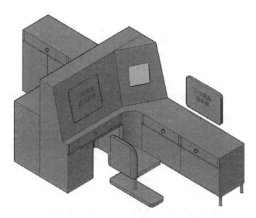

图 7 - 16　内部结构示意图

7.6.3　其他车型

道路照明移动检测中心除了福特全顺 17 座面包车,还有以郑州日产厢式卡交为平台的小型检测车,在郑州日产厢式卡轿车的基础上进行内部结构和功能改进,其车辆及主要检测功能如图 7 - 17 所示,在空间上总体分为两部分,一为驾驶舱,内含主要仪器测量、显示、控制设备;二为仪器舱。

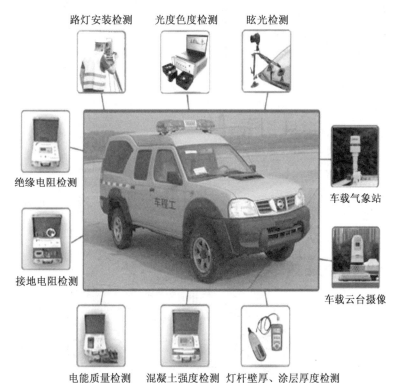

图 7 - 17　检测车主要功能模块

仪器舱仪器橱柜结构如图 7-18 所示。

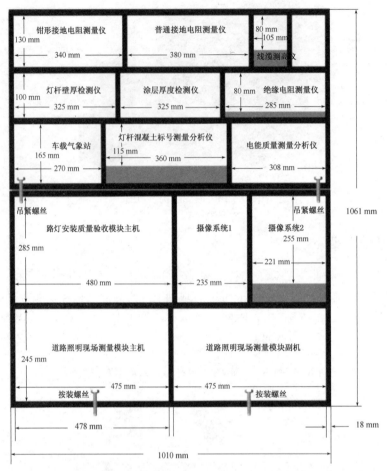

安装螺丝:共 4 只,仪器柜底板与车厢底板相固定

吊紧螺丝:共 4 只,上下仪器柜吊紧

图 7-18　仪器舱的内部布局图

道路照明移动检测中心车顶测量传感器的安装示意图如图 7-19 所示。

图 7-19　道路照明移动检测中心的顶部测量传感器安装图

该道路照明移动检测中心经过近两年的市场调研和技术研发,其第一代产品已经成型,并在广泛征求专家和用户意见的基础上进一步改进与完善。该道路照明移动检测中心的研制成功填补了国内在这方面的技术与产品空白,为城市道路照明工程质量现场检测做出了积极贡献。

7.6.4 道路照明移动检测中心仪器配置及主要检查项目

1. 车载式道路照明自动检测模块

该程序采用车载式计算机自动检测系统,由计算机、照度传感器、主机、GPS 模块等组成。它可以快速、准确、方便地测量主要技术参数,如道路的平均照度和照度均匀度及环境比。根据软件提示设置好被测道路车道数、校正系数、测量车速等参数,再点击进入测量系统进行照度测试。该系统软件可测试道路车道的平均照度、照度均匀度、平均亮度、亮度均匀度、色温和显色指数。在测试完各车道后可点击进入历史数据查询界面,查看各车道的历史数据、照度曲线、亮度曲线,并可根据测试人员的实际需求生产道路总车道报表、正向半车道报表、反向半车道报表。

2. 车载式眩光检测系统自动检测模块

车载式眩光检测系统的测量主要有经过精确校正的 CCD 相机及其专用测量分析软件及车载式支架等组成,CCD 相机可以通过拍摄被测物体,得到被测物本身的光信号强度以及空间位置信息。因此通过合理的校准技术,去除 CCD 本身的瞬时噪声和暗电流的影响,修正镜头平场效应并采用与人眼响应相一致的 $V(\lambda)$ 滤光片得到被测发光体和环境的亮度信息。通过与曝光时间相关的高动态测量算法,实现高亮度对比度的环境眩光、景观照明、仪表盘亮度、显示屏亮度和 mura 分析、光源和发光器件、电影电视、交通信号标志、建筑、大气光度等的测量。通过校准 CCD 像素对应的空间坐标的位置得到照明现场路灯和道路的角度信息以及对应的立体角,进而实现道路阈值增量 TI 的测量;采用鱼眼镜头可以实现室内 UGR 窗的不舒适眩光指数的分析;特殊的视角镜头可以快速实现显示器视场特性的测量。

3. 车载式道路照明 LED 蓝光自动检测模块

车载式道路照明 LED 蓝光检测系统是一款可同时实现光、色和蓝光辐射度等光生物安全参数测量分析的便捷式测量设备,满足 CIES 009/E:2002,IEC 62471—2006,GB/T 20145—2006 等标准要求。尽管在道路照明现场的路灯下方检测时由于光源与检测仪器之间的距离偏大、照度偏低的原因,其所测到的蓝光辐照度数值一般偏低且蓝光危害较小,但该数值可以准确地评定出被测灯具蓝光质量的好坏。

经理论分析及大量试验数据证明,在正常的工作路灯下,当测出其蓝光辐照度超过 $25\ \mathrm{mW\cdot m^{-2}}$ 而且在此环境下的曝辐时间超过一小时将会对行人或驾乘人员的视网膜造成一定的伤害。

4. 路灯安装质量验收模块

路灯安装质量验收模块的硬件部分主要包括全站仪主机、三角支架、平板电脑等。

路灯安装质量验收模块的测量原理主要是基于选择灯杆上选取任意两点来计算出所选择的两点三维坐标,则可求出空间任意两点的距离和空间直线方程,因而也可求出空间任意两条直线之间的夹角。通过理论建模,测得的灯杆垂直偏移、灯臂仰角、灯臂中心线与灯具中心线夹角、灯具横向水平、灯具安装高度、灯臂中心线与道路纵向线夹角等参数,主要质量指标,如灯的水平高度、灯的安装高度等技术参数都可以实时收集和处理,显示。

在设置好数据传输串口后,工控机中软件自动接收由现场测试模块发回的原始数据,软件后台处理路灯安装质量验收模块软件界面相关位置显示所测的各项原始参数和分析结果,保存后可存储到动态数据库中,供以后查询和访问。

5. 路灯接地电阻测量验收模块

路灯接地电阻由钳形接地电阻测量,测量回路电阻如图 7-20 所示。钳表的钳口部分由电压线圈及电流线圈组成。电压线圈提供刺激信号,并在被测回路上感应一个电势 E。在电势 E 的作用下将在被测回路产生电流 I。钳形表对 E 及 I,并且通过 $R = E/I$ 获得测量的电阻 R。

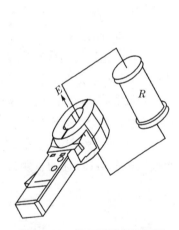

图 7-20 路灯接地电阻测量
验收模块

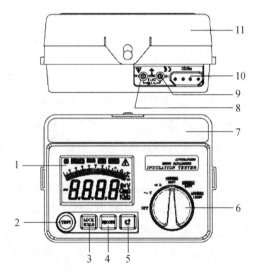

图 7-21 路灯绝缘电阻测量仪

1—液晶显示器;2—高阻挡测试键;3—高阻文件测试电源锁定键、交流电压及低阻文件的读值锁定键;4—数据记录键;5—背光显示键(自动关机后的开机键);6—功能范围选择开关;7—测试棒存放区;8—Lo 输入端;9—Hi 输入端;10—RS-232 界面;11—上盖。

6. 路灯绝缘电阻测量验收模块

绝缘电阻测试仪通过用电压激励被测器件或网络,然后测量激励产生的电流,通过欧姆定律测量电阻。路灯绝缘电阻测量验收模块可以方便地测试路灯 A、B、C 三相电缆之间以及三相线缆与中心线的绝缘电阻,即 A—B,B—A,C—A,A—O,B—O,C—O,其测试仪如图 7-21 所示。

7. 路灯电缆定位和故障检测模块

路灯电缆定位和故障检测模块主要测试路灯施工中电缆埋设深度、电缆短路和漏电等故障检测。在对路灯电缆故障点的区域判断时,可根据带有负载线路中判别故障点前后同一相线上信号的变化对路灯线路中断线、短路和漏电等电缆故障点的区域进行判别,其中漏电包括线对土壤漏电、线间漏电、对灯杆泄漏电、对潮气的漏电等测试内容。

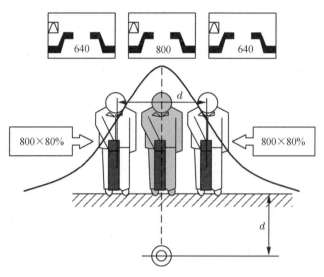

图 7 - 22　电缆深度和故障测试示意图

8. 路灯电能质量检测分析模块

路灯电能质量检测分析模块主要是解决路灯施工过程中配电柜(箱)安装分项工程质量、电缆三相电流测试、电缆末端电压测试问题,配电柜(箱)安装子项目的测量主要包括三相输入电压,三相有功功率,三相无功功率,三相末端电压,三相总电流,三相功率因数,三相视在功率,三相压降等测试内容,另外在施工现场测试时也可对路灯各支路三相电流进行测试,给出三相负载不对称度。

9. 路灯混凝土强度检测模块

根据中华人民共和国行业标准《回弹仪》(GB9138—88)和国家标准"回弹仪法检测混凝土抗压强度技术规程"(JGJ/T23—2001)的要求,路灯混凝土强度检测模块主要用于路灯灯杆施工中普通混凝土抗压强度的非破损检测和评定。对现场检测,记录回弹值,碳化深度值,设定角度,试验表面等参数测量完成之后,可以立即给出构件的强度估计结果。

在一条新施工道路上,随机选取 5～10 个灯杆的地基混凝土进行测试,选定好的这 5～10 个灯杆每一个都是一个测区,在一个测区中测试 16 个回弹值。通过每个测区上碳化深度测试仪测试碳化深度。

10. 线缆高度测量模块

测高仪,线路维修工可以手工操作,并即时测量传输和配电线与地面的垂直距离。

可以测量 3 根或 6 根电缆(线)的垂直距离,以快速获得电缆(线)之间的距离。它可大大降低维修人员的劳动强度,提高工作效率。

快速测量:同时测量 6 根线缆高度(通过面板上的选择开关,可从上往下测量,或从下往上测量)时,节省时间、成本,最长达 38 m,自动换算电缆之间的垂直距离(交叉)。它测量从房间到墙壁的距离,对电杆、变压器和其他目标,可以达到 25 m 的距离。

安全保障:超声波测量原理,无须接触待测导体。

11. 路灯灯杆壁厚测量模块

超声波测厚仪测量厚度的原理类似于光波测量原理。探头发射的超声波脉冲到达待测物体并在物体中传播,并在到达物质界面时反射回探头。通过精确测量超声波在材料中行进的时间来确定待测材料的厚度。超声波测厚仪采用超声波测量原理,适用于测量各种材料的厚度,使超声波以一恒定速度在其内部传播,并从背面反射。监测管道和压力容器以监测在使用过程中受腐蚀后的减薄程度。

12. 路灯灯杆涂层厚度测量方法

该仪器是一种超小型测量仪器,测量非磁性(锌、铝、铬、铜、橡胶、油漆等)的覆盖层厚度。本仪器符合下列有关标准:GB/T 4956—2003《磁性基材上非磁性涂层覆盖厚度测量　磁性法》可广泛应用于制造、金属加工、化工业、商检等测试领域。其体积小、集成了探头与仪器,因此特别适用于工程现场测量。

测量方法及原理:

(1) 磁感应测量法(F 型测头)

当探头与覆盖层接触时,由于存在非磁性覆盖层,探头和磁性金属基体构成一闭合磁路,改变磁路的磁阻,并且可以通过测量其变化来导出覆盖层的厚度。

(2) 电涡流测量法(N 型测头)

使用高频交变电流在线圈中产生电磁场,当探头与覆盖层接触时,在金属基体上产生电涡流,在探头中的线圈上产生反馈效果,并且可以通过测量反馈动作的大小导出灯杆覆盖层的厚度。

13. 车载摄像测量检测模块

该模块可对道路照明的现场情况进行视频摄像及视频资料的存储和调阅。

模块特点:

(1) 支持对接各家网络编码板,以访问各种制造商的平台。

(2) 可通过 RS485 和 RJ45 网口控制云台及镜头。

(3) 采用德国进口点阵红外灯,夜视距离 50 m。

(4) 标配除霜除雾装置,确保在温差突变的情况下正常使用。

(5) 支持坐标显示和角度接受指令。

(6) 内置稳压模块,保护设备稳定耐用。

(7) 最高分辨率 1920×1080(支持对接索尼、海康、大华、国产等 130 万和 200 万机芯)。

(8) 集成全方位云台(水平 360°无限位连续旋转)。

14. 车载气象站测量模块

一体式气象传感器能够对道路照明现场的真实风速、真实风向、大气压力、空气温度、计算风寒温度、相对湿度等参数进行测量、存储。

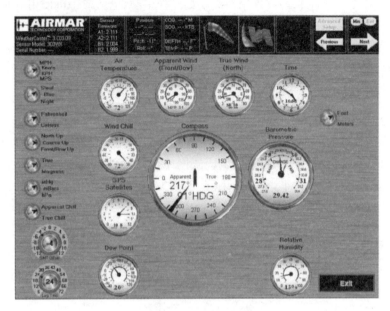

图 7 - 23　软件界面图

模块特点:集成了 7 个传感器且没有任何移动部件;仪器出厂经过风洞校准;宽工作电压 9~40 V DC;IPX6 防护等级;免费的 WeatherCaster 软件;抗紫外线,结构紧凑,完全防水;可带有 USB 接口或使用无线传输方式;输出格式:RS422/CAN BUS 或 RS232/CAN BUS。

7.6.5　移动检测中心数据共享云平台

数据共享云平台是为检测车各个检测模块的检测数据,实现实时的网络传输及数据共享所专门提供的服务系统,利用该系统城市道路照明施工质量检测结果可以迅速地上传到城市管理部门的监控中心、相关管理人员的电脑及手机上,并对检测车的各类检测仪器的检测数据进行收集、存储、分类、重组分析、再利用等一系列的智能化处理,以便于部门领导和相关管理技术人员能及时地了解施工检测结果及检测车的实时位置,方便检测结果共享并对检测结果进行更科学合理的分析和判断,并对其检测数据与历史数据进行比对和分析。同时该云平台具有双向通信功能,用户终端在接收检测车所发出的一系列检测数据的同时,还可以利用该云平台向检测车的工作人员发出数据咨询、调整检测对象、布置新的检测任务等指令,以便于检测工作的顺利开展与完成。旨在为在城市道路照明检测领域实现互联网传输,进而为数字化城市的建设提供技术与设备支持。

现以车载式道路照明检测系统为例来介绍云平台运行过程,首先用车载式道路照明检测系统对现场道路照明照度、亮度、光谱等数据进行检测，检测人员通过笔记本电脑中的无线网卡向数据共享云平台发送检测数据，云平台对数据进行存储、分类、编号，用户即可以在监控中心屏幕上实时显示，或者用电脑、手机等工具登录检测数据共享云平台的网址，查看数据结果。如果用户终端如监控中心、电脑或手机使用者对检测数据存有疑问，可利用该云平台传输相关信息，以便现场检测人员及时答复。

该云平台的建设也同时为济南城市照明工程有限公司的电光源检测中心的各类检测数据传输、整合、存储、分析奠定了良好的技术与设备基础。

1. 数据共享云平台网络构架图

云平台整体结构清晰，主要由数据服务器和对外网站 WEB 服务器组成，服务器租用现在评价比较好的阿里云服务器，免除了服务器购置费用和机器日常维护费用，但需要每年付租用费用。对外网站自适应响应式网站，网页可以自动判断设备是电脑还是手机，并且显示适合屏幕大小，交互效果好，使用方便。检测数据共享云平台网络构架如图 7 - 24 所示。

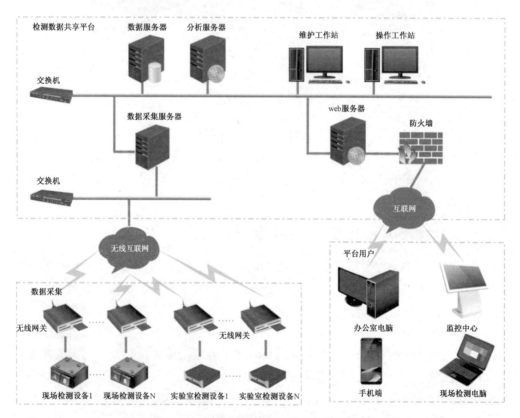

图 7 - 24　检测数据共享云平台网络构架图

图 7‑25 检测数据共享云平台电脑界面显示图

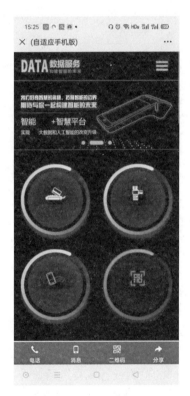

图 7‑26 检测数据共享云平台手机界面显示图

2. 云平台配置

表 7‑10

序号	名称	详细说明	数量
1	检测数据共享云平台软件	包括数据服务器后台系统、采集管理系统、对外发布自适应响应式网站程序	1

(续表)

序号	名称	详细说明	数量
2	数据服务器	主机:阿里云服务器(也可选独立服务器) 内存:4 G(含)以上 CPU:2 核及以上 带宽:100 M 及以上 数据盘:500 G 以上 服务器系统:Windows Server 2012 64 位中文版	1
3	WEB 服务器	主机:阿里云服务器(也可选独立服务器) 内存:16 G(含)以上 CPU:4 核及以上 带宽:100 M 及以上 数据盘:30 G 以上 服务器系统:Windows Server 2012 64 位中文版	1
4	网站域名	用户可用电脑或手机等工具登录检测数据共享云平台的对外网站、网址,查看数据结果	1
5	云平台系统维护	对检测数据共享云平台程序和服务器运行进行日常维护	1
6	电信无线网卡	用电脑为道路照明现场检测提供上网服务,数量根据检测中心检测人员使用情况自行购买	

3. 云平台后台功能

(1)日志管理功能:对云平台采集过的数据进行云存储,做到检验检测的每一步都有迹可循、有据可依,存储方式安全,数据不会遗失。

(2)双向通信功能:用户终端在接收检测车所发出的一系列检测数据的同时,还可以利用该云平台向检测车的工作人员发出数据咨询、调整检测对象、布置新的检测任务等指令。

(3)缓存监控功能:对云平台采集的数据进行实时监控,保证采集的数据出现问题可以第一时间发现,极大地提高了采集数据的高效性。

(4)任务轨迹功能:对已完成和正在进行的项目进行轨迹追踪,方便工作人员通过数据可视化直观地看到项目的进行情况。

(5)流程管理功能:对不同的检测任务流程进行监控,可以实时地监控到不同任务的工作情况以及工作进度,并且可以对正在进行的项目流程进行调整,方便检测人员管理项目。

(6)表单设计功能:根据需要,可以在线对采集的数据在线生成合适的表单,编辑方式灵活多变,可以满足多种数据格式要求。

(7)表单管理功能:对已生成的表单进行大批量管理,可以对已有的表单进行删除、提交和修改。

第八章 实验室(电光源检测中心)管理体系

依据 GB/T27025—2008《检测和校准实验室能力的通用要求》,管理体系中包含了检测和校准实验室为证明其按管理体系运行、具有技术能力并能提供正确的技术结果所必须满足的所有要求。该标准等同采用 ISO(国际标准化组织)/IEC(国际电工技术委员会)17025:2005"检测和校准实验室能力的通用要求",同时本管理体系包含了 ISO 9001 中与实验室管理体系所覆盖的检测和校准服务有关的所有要求。

8.1 管理要求

8.1.1 组 织

(1) 实验室或其所在组织应是一个能够承担法律责任的实体。

(2) 实验室有责任确保所从事检测和校准工作符合本准则的要求,并能满足客户、法定管理机构或对其提供承认的组织的需求。

(3) 实验室的管理体系应覆盖实验室在固定设施内、离开其固定设施的场所,或在相关的临时或移动设施中进行的工作。

(4) 如果实验室所在的组织还从事检测或校准以外的活动,为识别潜在利益冲突,应规定该组织中涉及检测或校准、或对检测或校准有影响的关键人员的职责。

(5) 实验室应该具备:

① 有管理人员和技术人员,不论他们的其他责任,应具有所需的权力和资源来履行包括实施、保持和改进管理体系的职责,识别对管理体系或检测和/或校准程序的偏离,以及采取预防或减少这些偏离的措施;

② 有措施确保其管理层和员工不受任何对工作质量有不良影响的、来自内外部的不正当的商业、财务和其他方面的压力和影响;

③ 有保护客户的机密信息和所有权的政策和程序,包括保护电子存储和传输结果的程序;

④ 有政策和程序以避免卷入任何会降低其在能力、公正性、判断力或运作诚实性方面的可信度的活动;

⑤ 确定实验室的组织和管理结构、其在母体组织中的地位,以及质量管理、技术运作和支持服务之间的关系;

⑥ 规定对检测和/或校准质量有影响的所有管理、操作和核查人员的职责、权力和相互关系;

⑦ 由熟悉各项检测和/或校准的方法、程序、目的和结果评价的人员,对检测和校准人员包括在培员工,进行充分的监督;

⑧ 有技术管理者,全面负责技术运作和提供确保实验室运作质量所需的资源;

⑨ 指定一名员工作为质量主管(不论如何称谓),不论其他职责,应赋予其在任何时候都能确保与质量有关的管理体系得到实施和遵循的责任和权力。质量主管应有直接渠道接触决定实验室政策或资源的高管理者;

⑩ 指定关键管理人员的代理人;

⑪ 确保实验室人员理解他们活动的相互关系和重要性,以及如何为管理体系质量目标的实现做出贡献。

(6) 高管理者应确保在实验室内部建立适宜的沟通机制,并就确保与管理体系有效性的事宜进行沟通。

8.1.2 管理体系

(1) 实验室应建立、实施和保持与其活动范围相适应的管理体系;应将其政策、制度、计划、程序和指导书制订成文件,并达到确保实验室检测或校准结果质量所需的要求。体系文件应传达至有关人员,并被其理解、获取和执行。

(2) 实验室管理体系中与质量有关的政策,包括质量方针声明,应在质量手册(不论如何称谓)中阐明。应制定总体目标并在管理评审时加以评审。质量方针声明应在高管理者的授权下发布,至少包括下列内容:

① 实验室管理者对良好职业行为和为客户提供检测和校准服务质量的承诺;

② 管理者关于实验室服务标准的声明;

③ 与质量有关的管理体系的目的;

④ 要求实验室所有与检测和校准活动有关的人员熟悉质量文件,并在工作中执行这些政策和程序;

⑤ 实验室管理者对遵循本准则及持续改进管理体系有效性的承诺。

(3) 高管理者应提供建立和实施管理体系以及持续改进其有效性承诺的证据。

(4) 高管理者应将满足客户要求和法定要求的重要性传达到组织。

(5) 质量手册应包括或指明含技术程序在内的支持性程序,并概述管理体系中所用文件的架构。

(6) 质量手册中应规定技术管理者和质量主管的作用和责任,包括确保遵循本准则的责任。

(7) 当策划和实施管理体系的变更时,高管理者应确保管理体系的完整性。

8.1.3 文件控制

1. 总 则

实验室应建立和保持程序来控制构成其管理体系的所有文件(内部制订或来自外部的),诸如法规、标准、其他规范化文件、检测或校准方法,以及图纸、软件、规范、指导书和手册。

2. 文件的批准和发布

① 凡作为管理体系组成部分发给实验室人员的所有文件,在发布之前应由授权人员审查并批准使用。应建立识别管理体系中文件当前的修订状态和分发的控制清单或等效的文件控制程序并使之易于获得,以防止使用无效或作废的文件。

(2) 文件控制程序应确保

① 在对实验室有效运作起重要作用的所有作业场所都能得到相应文件的授权版本;

② 定期审查文件,必要时进行修订,以确保其持续适用和满足使用的要求;

③ 及时地从所有使用或发布处撤除无效或作废文件,或用其他方法保证防止误用;

④ 出于法律或知识保存目的而保留的作废文件,应有适当的标记。

(3) 实验室制订的管理体系文件应有唯一性标识。该标识应包括发布日期和修订标识、页码、总页数或表示文件结束的标记和发布机构。

8.1.4　文件变更

(1) 除非另有特别指定,文件的变更应由原审查责任人进行审查和批准。被指定的人员应获得进行审查和批准所依据的有关背景资料。

(2) 若可行,更改的或新的内容应在文件或适当的附件中标明。

(3) 如果实验室的文件控制系统允许在文件再版之前对文件进行手写修改,则应确定修改的程序和权限。修改之处应有清晰的标注、签名缩写并注明日期。修订的文件应尽快地正式发布。

(4) 应制订程序来描述如何更改和控制保存在计算机系统中的文件。

8.1.5　要求、标书和合同的评审

(1) 实验室应建立和保持评审客户要求、标书和合同的程序。这些为签订检测或校准合同而进行评审的政策和程序应确保。

① 对包括所用方法在内的要求应予充分规定,形成文件,并易于理解;

② 实验室有能力和资源满足这些要求;

③ 选择适当的、能满足客户要求的检测或校准方法。

注:客户的要求或标书与合同之间的任何差异,应在工作开始之前得到解决。每项合同应得到实验室和客户双方的接受。

(2) 应保存包括任何重大变化在内的评审的记录。在执行合同期间,就客户的要求或工作结果与客户进行讨论的有关记录,也应予以保存。

注:对例行和其他简单任务的评审,由实验室中负责合同工作的人员注明日期并加以标识(如签名缩写)即可。对于重复性的例行工作,如果客户要求不变,仅需在初期调查阶段,或在与客户的总协议下对持续进行的例行工作合同批准时进行评审。对于新

的、复杂的或先进的检测或校准任务,则应当保存更为全面的记录。

（3）评审的内容应包括被实验室分包出去的任何工作。

（4）对合同的任何偏离均应通知客户。

（5）工作开始后如果需要修改合同,应重复进行同样的合同评审过程,并将所有修改内容通知所有受到影响的人员。

8.1.6 检测和校准的分包

（1）实验室由于未预料的原因(如工作量、需要更多专业技术或暂时不具备能力)或持续性的原因(如通过长期分包、代理或特殊协议)需将工作分包时,应分包给有能力的分包方,例如能够按照本准则开展工作的分包方。

（2）实验室应将分包安排以书面形式通知客户,适当时应得到客户的准许,最好是书面的同意。

（3）实验室应就分包方的工作对客户负责,由客户或法定管理机构指定的分包方除外。

（4）实验室应保存检测和/或校准中使用的所有分包方的注册记录,并保存其工作符合本准则的证明记录。

8.1.7 服务和供应品的采购

（1）实验室应有选择和购买对检测或校准质量有影响的服务和供应品的政策和程序。还应有与检测和校准有关的试剂和消耗材料的购买、接收和存储的程序。

（2）实验室应确保所购买的、影响检测或校准质量的供应品、试剂和消耗材料,只有在经检查或以其他方式验证了符合有关检测和/或校准方法中规定的标准规范或要求之后才投入使用。所使用的服务和供应品应符合规定的要求。应保存所采取的符合性检查活动的记录。

（3）影响实验室输出质量的物品的采购文件,应包含描述所购服务和供应品的资料。这些采购文件在发出之前,其技术内容应经过审查和批准。

（4）实验室应对影响检测和校准质量的重要消耗品、供应品和服务的供应商进行评价,并保存这些评价的记录和获批准的供应商名单。

8.1.8 服务客户

（1）在确保其他客户机密的前提下,实验室应在明确客户要求、监视实验室中与工作相关操作方面,积极与客户或其代表合作。

（2）实验室应向客户征求反馈,无论是正面的还是负面的。应使用和分析这些意见并改进管理体系、检测和校准活动及客户服务。

8.1.9 投 诉

实验室应有政策和程序处理来自客户或其他方面的投诉。应保存所有投诉的记录以及实验室针对投诉所开展的调查和纠正措施的记录。

8.1.10 不符合检测或校准工作的控制

（1）实验室应有政策和程序,当检测和/或校准工作的任何方面,或该工作的结果不符合其程序或与客户达成一致的要求时,予以实施。该政策和程序应确保。

① 确定对不符合工作进行管理的责任和权力,规定当识别出不符合工作时所采取的措施(包括必要时暂停工作、扣发检测报告和校准证书);

② 对不符合工作的严重性进行评价;

③ 立即进行纠正,同时对不符合工作的可接受性作出决定;

④ 必要时,通知客户并取消工作;

⑤ 规定批准恢复工作的职责。

（2）当评价表明不符合工作可能再度发生,或对实验室的运作与其政策和程序的符合性产生怀疑时,应按规定纠正措施程序。

8.1.11 改 进

实验室应通过实施质量方针和质量目标,应用审核结果、数据分析、纠正措施和预防措施以及管理评审来持续改进管理体系的有效性。

8.1.12 纠正措施

1. 总 则

实验室应制定政策和程序并规定相应的权力,以便在识别出不符合工作和对管理体系或技术运作中的政策和程序的偏离后实施纠正措施。

2. 原因分析

纠正措施程序应从确定问题根本原因的调查开始。

3. 纠正措施的选择和实施

需要采取纠正措施时,实验室应对潜在的各项纠正措施进行识别,并选择和实施可能消除问题和防止问题再次发生的措施。纠正措施应与问题的严重程度和风险大小相适应。实验室应将纠正措施调查所要求的任何变更制定成文件并加以实施。

4. 纠正措施的监控

实验室应对纠正措施的结果进行监控,以确保所采取的纠正措施是有效的。

5. 附加审核

当对不符合或偏离的识别引起对实验室符合其政策和程序,或符合本准则产生怀疑时,实验室应尽快依据规定对相关活动区域进行审核。

8.1.13 预防措施

（1）应识别潜在不符合的原因和所需的改进,无论是技术方面的还是相关管理体系方面。当识别出改进机会,或需采取预防措施时,应制定、执行和监控这些措施计划,以减少类似不符合情况发生的可能性并借机改进。

(2)预防措施程序应包括措施的启动和控制,以确保其有效性。

8.1.14 记录的控制

1. 总 则

(1)实验室应建立和保持识别、收集、索引、存取、存档、存放、维护和清理质量记录和技术记录的程序。质量记录应包括内部审核报告和管理评审报告以及纠正措施和预防措施的记录。

(2)所有记录应清晰明了,并以便于存取的方式存放和保存在具有防止损坏、变质、丢失的适宜环境的设施中。应规定记录的保存期。

(3)所有记录应予安全保护和保密。

(4)实验室应有程序来保护和备份以电子形式存储的记录,并防止未经授权的侵入或修改。

2. 技术记录

(1)实验室应将原始观察、导出资料和建立审核路径的充分信息的记录、校准记录、员工记录以及发出的每份检测报告或校准证书的副本按规定的时间保存。每项检测或校准的记录应包含充分的信息,以便在可能时识别不确定度的影响因素,并确保该检测或校准在尽可能接近原条件的情况下能够重复。记录应包括负责抽样的人员、每项检测和/或校准的操作人员以及结果校核人员的标识。

(2)观察结果、数据和计算应在产生的当时予以记录,并能按照特定任务分类识别。

(3)当记录中出现错误时,每一错误应划改,不可擦涂掉,以免字迹模糊或消失,并将正确值填写在其旁边。对记录的所有改动应有改动人的签名或签名缩写。对电子存储的记录也应采取同等措施,以避免原始数据的丢失或改动。

8.1.15 内部审核

(1)实验室应根据预定的日程表和程序,定期地对其活动进行内部审核,以验证其运作持续符合管理体系和本准则的要求。内部审核计划应涉及管理体系的全部要素,包括检测或校准活动。质量主管负责按照日程表的要求和管理层的需要策划和组织内部审核。审核应由经过培训和具备资格的人员来执行,只要资源允许,审核人员应独立于被审核的活动。

(2)当审核中发现的问题导致对运作的有效性,或对实验室检测或校准结果的正确性或有效性产生怀疑时,实验室应及时采取纠正措施。如果调查表明实验室的结果可能已受影响,应书面通知客户。

(3)审核活动的领域、审核发现的情况和因此采取的纠正措施,应予以记录。

（4）跟踪审核活动应验证和记录纠正措施的实施情况及有效性。

8.1.16　管理评审

（1）实验室的高管理者应根据预定的日程表和程序,定期地对实验室的管理体系和检测和/或校准活动进行评审,以确保其持续适用和有效,并进行必要的变更或改进。评审应考虑到:

① 政策和程序的适用性;

② 管理和监督人员的报告;

③ 近期内部审核的结果;

④ 纠正措施和预防措施;

⑤ 由外部机构进行的评审;

⑥ 实验室间比对或能力验证的结果;

⑦ 工作量和工作类型的变化;

⑧ 客户反馈;

⑨ 投诉;

⑩ 改进的建议;

⑪ 其他相关因素,如质量控制活动、资源以及员工培训。

（2）应记录管理评审中的发现和由此采取的措施。管理者应确保这些措施在适当和约定的时限内得到实施。

8.2　技术要求

8.2.1　总　则

（1）决定实验室检测或校准的正确性和可靠性的因素有很多,其中包括:① 人员;② 设施和环境条件;③ 检测和校准方法及方法确认;④ 设备;⑤ 测量的溯源性;⑥ 抽样;⑦ 检测和校准物品的处置。

（2）上述因素对总的测量不确定度的影响程度,在(各类)检测之间和(各类)校准之间明显不同。实验室在制定检测和校准的方法和程序、培训和考核人员、选择和校准所用设备时,应考虑到这些因素。

8.2.2　人　员

（1）实验室管理者应确保所有操作专门设备、从事检测或校准、评价结果、签署检测报告和校准证书的人员的能力。当使用在培员工时,应对其安排适当的监督。对从事特定工作的人员,应按要求根据相应的教育、培训、经验或可证明的技能进行资格确认。

（2）实验室管理者应制订实验室人员的教育、培训和技能目标。应有确定培训需求和提供人员培训的政策和程序。培训计划应与实验室当前和预期的任务相适应。应评价这些培训活动的有效性。

（3）实验室应使用长期雇佣人员或签约人员。在使用签约人员及其他的技术人员及关键支持人员时，实验室应确保这些人员是胜任的且受到监督，并按照实验室管理体系要求工作。

（4）对与检测或校准有关的管理人员、技术人员和关键支持人员，实验室应保留其当有的人员编制。

（5）管理层应授权专门人员进行特定类型的抽样、检测或校准、签发检测报告和校准证书、提出意见和解释以及操作特定类型的设备。实验室应保留所有技术人员（包括签约人员）的相关授权、能力、教育和专业资格、培训、技能和经验的记录，并包含授权或能力确认的日期。

8.2.3　设施和环境条件

（1）用于检测和校准的实验室设施，包括但不限于能源、照明和环境条件，应有利于检测和校准的正确实施。实验室应确保其环境条件不会使结果无效，或对所要求的测量质量产生不良影响。在实验室固定设施以外的场所进行抽样、检测或校准时，应予特别注意。对影响检测和校准结果的设施和环境条件的技术要求应制定成文件。

（2）相关的规范、方法和程序有要求，或对结果的质量有影响时，实验室应监测、控制和记录环境条件。对诸如生物消毒、灰尘、电磁干扰、辐射、湿度、供电、温度、声级和振级等应予重视，使其适应于相关的技术活动。当环境条件危及检测或校准的结果时，应停止检测和校准。

（3）应将不相容活动的相邻区域进行有效隔离。应采取措施以防止交叉污染。

（4）应对影响检测或校准质量的区域的进入和使用加以控制。实验室应根据其特定情况确定控制的范围。

（5）应采取措施确保实验室的良好内务，必要时应制定专门的程序。

8.2.4　检测和校准方法及方法的确认

1. 总　　则

实验室应使用适合的方法和程序进行所有检测和/或校准，包括被检测或校准物品的抽样、处理、运输、存储和准备，适当时还应包括测量不确定度的评定和分析检测或校准数据的统计技术。

如果缺少指导书可能影响检测或校准结果，实验室应具有所有相关设备的使用和操作指导书以及处置、准备检测或校准物品的指导书，或者两者兼有。所有与实验室工作有关的指导书、标准、手册和参考资料应保持现行有效并易于员工取阅。对检测和校准方法的偏离，仅应在该偏离已被文件规定，经技术判断、授权和客户接受的情况下才允许发生。

2. 方法的选择

实验室应采用满足客户需求并适用于所进行的检测或校准的方法,包括抽样的方法。应优先使用以国际、区域或国家标准发布的方法。实验室应确保使用标准的新有效版本,除非该版本不适宜或不可能使用。必要时,应采用附加细则对标准加以补充,以确保应用的一致性。

当客户未指定所用方法时,实验室应从国际、区域或国家标准中发布的,或由知名的技术组织或有关科学书籍和期刊公布的,或由设备制造商指定的方法中选择合适的方法。实验室制定的或采用的方法如能满足预期用途并经过确认,也可使用,所选用的方法应通知客户。在引入检测或校准之前,实验室应证实能够正确地运用这些标准方法。如果标准方法发生了变化,应重新进行证实。

当认为客户建议的方法不适合或已过期时,实验室应通知客户。

3. 实验室制定的方法

实验室为其应用而制定检测和校准方法的过程应是有计划的活动,并应指定具有足够资源的有资格的人员进行。

计划应随方法制定的进度加以更新,并确保所有有关人员之间的有效沟通。

4. 非标准方法

当必须使用标准方法中未包含的方法时,应遵守与客户达成的协议,且应包括对客户要求的清晰说明以及检测或校准的目的。所制定的方法在使用前应经适当的确认。

对新的检测或校准方法,在进行检测或校准之前应当制定程序。程序中至少应该包含下列信息:

(1) 适当的标识。

(2) 范围。

(3) 被检测或校准物品类型的描述。

(4) 被测定的参数或量和范围。

(5) 仪器和设备,包括技术性能要求。

(6) 所需的参考标准和标准物质(参考物质)。

(7) 要求的环境条件和所需的稳定周期。

(8) 程序的描述,包括:

① 物品的附加识别标志、处置、运输、存储和准备;

② 工作开始前所进行的检查;

③ 检查设备工作是否正常,需要时,在每次使用之前对设备进行校准和调整;

④ 观察和结果的记录方法;

⑤ 需遵循的安全措施。

(9) 接受(或拒绝)的准则或要求。

(10) 需记录的数据以及分析和表达的方法。

(11) 不确定度或评定不确定度的程序。

5. 方法的确认

(1) 确认是通过检查并提供客观证据,以证实某一特定预期用途的特定要求得到满足。

(2) 实验室应对非标准方法、实验室设计(制定)方法、超出其预定范围使用的标准方法、扩充和修改过的标准方法进行确认,以证实该方法适用于预期的用途。确认应尽可能全面,以满足预定用途或应用领域的需要。实验室应记录所获得的结果、使用的确认程序以及该方法是否适合预期用途的声明。

注1:确认可包括对抽样、处置和运输程序的确认。

注2:用于确定某方法性能的技术应当是下列之一,或是其组合:

① 使用参考标准或标准物质(参考物质)进行校准;

② 与其他方法所得的结果进行比较;

③ 实验室间比对;

④ 对影响结果的因素作系统性评审;

⑤ 根据对方法的理论原理和实践经验的科学理解,对所得结果不确定度进行的评定。

注3:当对已确认的非标准方法做某些改动时,应当将这些改动的影响制订成文件,适当时应当重新进行确认。

(3) 按预期用途进行评价所确认的方法得到的值的范围和准确度,应与客户的需求紧密相关。这些值诸如:结果的不确定度、检出限、方法的选择性、线性、重复性限和/或复现性限、抵御外来影响的稳健度和/或抵御来自样品(或测试物)基体干扰的交互灵敏度。

注1:确认包括对要求的详细说明、对方法特性量的测定、对利用该方法能满足要求的核查以及对有效性的声明。

注2:在方法制定过程中,需进行定期的评审,以证实客户的需求仍能得到满足。要求中的认可变更需要对方法制定计划进行调整时,应当得到批准和授权。

注3:确认通常是成本、风险和技术可行性之间的一种平衡。许多情况下,由于缺乏信息,数值(如准确度、检出限、选择性、线性、重复性、复现性、稳健度和交互灵敏度)的范围和不确定度只能以简化的方式给出。

6. 测量不确定度的评定

(1) 校准实验室或进行自校准的检测实验室,对所有的校准和各种校准类型都应具有并应用评定测量不确定度的程序。

(2) 检测实验室应具有并应用评定测量不确定度的程序。某些情况下,检测方法的性质会妨碍对测量不确定度进行严密的计量学和统计学上的有效计算。这种情况下,实验室至少应努力找出不确定度的所有分量且作出合理评定,并确保结果的报告方式不会对不确定度造成错觉。合理的评定应依据对方法特性的理解和测量范围,并利用诸如过去的经验和确认的数据。

注1:测量不确定度评定所需的严密程度取决于某些因素,诸如:

① 检测方法的要求;

② 客户的要求;

③ 据以作出满足某规范决定的窄限。

注2:某些情况下,公认的检测方法规定了测量不确定度主要来源的值的极限,并规定了计算结果的表示方式,这时实验室只要遵守该检测方法和报告的说明,即被认为符合本款的要求。

(3) 在评定测量不确定度时,对给定情况下的所有重要不确定度分量,均应采用适当的分析方法加以考虑。

注1:不确定度的来源包括(但不限于)所用的参考标准和标准物质(参考物质)、方法和设备、环境条件、被检测或校准物品的性能和状态以及操作人员。

注2:在评定测量不确定度时,通常不考虑被检测或校准物品预计的长期性能。

注3:进一步信息参见 ISO 5725 和"测量不确定度表述指南"。

7. 数据控制

(1) 应对计算和数据转移进行系统和适当的检查。

(2) 当利用计算机或自动设备对检测或校准数据进行采集、处理、记录、报告、存储或检索时,实验室应确保:

① 由使用者开发的计算机软件应被制定成足够详细的文件,并对其适用性进行适当确认;

② 建立并实施数据保护的程序,这些程序应包括(但不限于):数据输入或采集、数据存储、数据转移和数据处理的完整性和保密性;

③ 维护计算机和自动设备以确保其功能正常,并提供保护检测和校准数据完整性所必需的环境和运行条件。

注:通用的商业现成软件(如文字处理、数据库和统计程序),在其设计的应用范围内可认为是经充分确认的,但实验室对软件进行了配置或调整,则应当进行确认。

8.2.5　设　备

(1) 实验室应配备正确进行检测或校准(包括抽样、物品制备、数据处理与分析)所要求的所有抽样、测量和检测设备。

(2) 用于检测、校准和抽样的设备及其软件应达到要求的准确度,并符合检测或校准相应的规范要求。对结果有重要影响的仪器的关键量或值,应制定校准计划。设备(包括用于抽样的设备)在投入服务前应进行校准或核查,以证实其能够满足实验室的规范要求和相应的标准规范。设备在使用前应进行核查和/或校准。

(3) 设备应由经过授权的人员操作。设备使用和维护的新版说明书(包括设备制造商提供的有关手册)应便于合适的实验室有关人员取用。

(4) 用于检测和校准并对结果有影响的每一设备及其软件,如可能,均应加以唯一性标识。

（5）应保存对检测或校准具有重要影响的每一设备及其软件的记录。该记录至少应包括：

① 设备及其软件的识别；

② 制造商名称、型式标识、系列号或其他唯一性标识；

③ 对设备是否符合规范的核查；

④ 当前的位置（如果适用）；

⑤ 制造商的说明书（如果有），或指明其地点；

⑥ 所有校准报告和证书的日期、结果及复印件，设备调整、验收准则和下次校准的预定日期；

⑦ 设备维护计划，以及已进行的维护（适当时）；

⑧ 设备的任何损坏、故障、改装或修理。

（6）实验室应具有安全处置、运输、存放、使用和有计划维护测量设备的程序，以确保其功能正常并防止污染或性能退化。

注：在实验室固定场所外使用测量设备进行检测、校准或抽样时，可能需要附加的程序。

（7）曾经过载或处置不当、给出可疑结果，或已显示出缺陷、超出规定限度的设备，均应停止使用。这些设备应予隔离以防误用，或加贴标签、标记以清晰表明该设备已停用，直至修复并通过校准或检测表明能正常工作为止。实验室应核查这些缺陷或偏离规定极限对先前的检测和/或校准的影响，并执行"不符合工作控制"程序。

（8）实验室控制下的需校准的所有设备，只要可行，应使用标签、编码或其他标识表明其校准状态，包括上次校准的日期、再校准或失效日期。

（9）无论什么原因，若设备脱离了实验室的直接控制，实验室应确保该设备返回后，在使用前对其功能和校准状态进行核查并能显示满意结果。

（10）当需要利用期间核查以保持设备校准状态的可信度时，应按照规定的程序进行。

（11）当校准产生了一组修正因子时，实验室应有程序确保其所有备份（例如计算机软件中的备份）得到正确更新。

（12）检测和校准设备包括硬件和软件应得到保护，以避免发生致使检测或校准结果失效的调整。

8.2.6　测量溯源性

1. 总　　则

用于检测和/或校准的对检测、校准和抽样结果的准确性或有效性有显著影响的所有设备，包括辅助测量设备（例如用于测量环境条件的设备），在投入使用前应进行校准。实验室应制定设备校准的计划和程序。

注：该计划应当包含一个对测量标准、用作测量标准的标准物质（参考物质）以及用于检测和校准的测量与检测设备进行选择、使用、校准、核查、控制和维护的系统。

2. 特定要求

(1) 校准

① 对于校准实验室,设备校准计划的制定和实施应确保实验室所进行的校准和测量可溯源到国际单位制(SI)。

校准实验室通过不间断的校准链或比较链与相应测量的 SI 单位基准相连接,以建立测量标准和测量仪器对 SI 的溯源性。对 SI 的链接可以通过参比国家测量标准来达到。国家测量标准可以是基准,它们是 SI 单位的原级实现或是以基本物理常量为根据的 SI 单位约定的表达式,或是由其他国家计量院所校准的次级标准。当使用外部校准服务时,应使用能够证明资格、测量能力和溯源性的实验室的校准服务,以保证测量的溯源性。由这些实验室发布的校准证书应有包括测量不确定度和/或符合确定的计量规范声明的测量结果。

注1:满足本准则要求的校准实验室即被认为是有资格的。由依据本准则认可的校准实验室发布的带有认可机构标志的校准证书,对相关校准来说,是所报告校准数据溯源性的充分证明。

注2:对测量 SI 单位的溯源可以通过参比适当的基准,或参比一个自然常数来达到,用相对 SI 单位表示的该常数的值是已知的,并由国际计量大会(CGPM)和国际计量委员会(CIPM)推荐。

注3:持有自己的基准或基于基本物理常量的 SI 单位表达式的校准实验室,只有在将这些标准直接或间接地与国家计量院的类似标准进行比对之后,方能宣称溯源到 SI 单位制。

注4:"确定的计量规范"是指在校准证书中必须清楚表明该测量已与何种规范进行过比对,这可以通过在证书中包含该规范或明确指出已参照了该规范来达到。

注5:当"国际标准"和"国家标准"与溯源性关联使用时,则是假定这些标准满足了实现 SI 单位基准的性能。

注6:对国家测量标准的溯源不要求必须使用实验室所在国的国家计量院。

注7:如果校准实验室希望或需要溯源到本国以外的其他国家计量院,应当选择直接参与或通过区域组织积极参与国际计量局(BIPM)活动的国家计量院。

注8:不间断的校准或比较链,可以通过不同的、能证明溯源性的实验室经过若干步骤来实现。

② 某些校准目前尚不能严格按照 SI 单位进行,这种情况下,校准应通过建立对适当测量标准的溯源来提供测量的可信度,例如:

使用有能力的供应者提供的有证标准物质(参考物质)来对某种材料给出可靠的物理或化学特性;

使用规定的方法和/或被有关各方接受并且描述清晰的协议标准。可能时,要求参加适当的实验室间比对计划。

(2) 检测

① 对检测实验室中给出的要求适用于测量设备和具有测量功能的检测设备,除非

已经证实校准带来的贡献对检测结果总的不确定度几乎没有影响。这种情况下，实验室应确保所用设备能够提供所需的测量不确定度。

注：遵循程度应当取决于校准的不确定度对总的不确定度的相对贡献。如果校准是主导因素，则应当严格遵循该要求。

② 测量无法溯源到 SI 单位或与之无关时，与对校准实验室的要求一样，要求测量能够溯源到诸如有证标准物质（参考物质）、约定的方法或协议标准。

3. 参考标准和标准物质

（1）参考标准

实验室应有校准其参考标准的计划和程序。参考标准所述的能够提供溯源的机构进行校准。实验室持有的测量参考标准应仅用于校准而不用于其他目的，除非能证明作为参考标准的性能不会失效。参考标准在任何调整之前和之后均应校准。

（2）标准物质

可能时，标准物质（参考物质）应溯源到 SI 测量单位或有证标准物质（参考物质）。只要技术和经济条件允许，应对内部标准物质（参考物质）进行核查。

（3）期间核查

应根据规定的程序和日程对参考标准、基准、传递标准或工作标准以及标准物质（参考物质）进行核查，以保持其校准状态的置信度。

（4）运输和储存

实验室应有程序来安全处置、运输、存储和使用参考标准和标准物质（参考物质），以防止污染或损坏，确保其完整性。

注：当参考标准和标准物质（参考物质）用于实验室固定场所以外的检测、校准或抽样时，也许有必要制定附加的程序。

8.2.7 抽 样

（1）实验室为后续检测或校准而对物质、材料或产品进行抽样时，应有用于抽样的抽样计划和程序。抽样计划和程序在抽样的地点应能够得到。只要合理，抽样计划应根据适当的统计方法制定。抽样过程应注意需要控制的因素，以确保检测和校准结果的有效性。

注1：抽样是取出物质、材料或产品的一部分作为其整体的代表性样品进行检测或校准的一种规定程序。抽样也可能是由检测或校准该物质、材料或产品的相关规范要求的。某些情况下（如法庭科学分析），样品可能不具备代表性，而是由其可获性所决定。

注2：抽样程序应当对取自某个物质、材料或产品的一个或多个样品的选择、抽样计划、提取和制备进行描述，以提供所需的信息。

（2）当客户对文件规定的抽样程序有偏离、添加或删节的要求时，这些要求应与相关抽样资料一起被详细记录，并被纳入包含检测和/或校准结果的所有文件中，同时告知相关人员。

(3) 当抽样作为检测或校准工作的一部分时,实验室应有程序记录与抽样有关的资料和操作。这些记录应包括所用的抽样程序、抽样人的识别、环境条件(如果相关)、必要时有抽样位置的图示或其他等效方法,如果合适,还应包括抽样程序所依据的统计方法。

8.2.8　检测和校准物品(样品)的处置

(1) 实验室应有用于检测或校准物品的运输、接收、处置、保护、存储、保留或清理的程序,包括为保护检测或校准物品的完整性以及实验室与客户利益所需的全部条款。

(2) 实验室应具有检测或校准物品的标识系统。物品在实验室的整个期间应保留该标识。标识系统的设计和使用应确保物品不会在实物上或在涉及的记录和其他文件中混淆。如果合适,标识系统应包含物品群组的细分和物品在实验室内外部的传递。

(3) 在接收检测或校准物品时,应记录异常情况或对检测或校准方法中所述正常(或规定)条件的偏离。当对物品是否适合于检测或校准存有疑问,或当物品不符合所提供的描述,或对所要求的检测或校准规定得不够详尽时,实验室应在开始工作之前问询客户,以得到进一步的说明,并记录下讨论的内容。

(4) 实验室应有程序和适当的设施避免检测或校准物品在存储、处置和准备过程中发生退化、丢失或损坏。应遵守随物品提供的处理说明。当物品需要被存放或在规定的环境条件下养护时,应保持、监控和记录这些条件。当一个检测或校准物品或其一部分需要安全保护时,实验室应对存放和安全作出安排,以保护该物品或其有关部分的状态和完整性。

注1:在检测之后要重新投入使用的测试物,需特别注意确保物品的处置、检测或存储等待过程中不被破坏或损伤。

注2:应当向负责抽样和运输样品的人员提供抽样程序,及有关样品存储和运输的信息,包括影响检测或校准结果的抽样因素的信息。

注3:维护检测或校准样品安全的缘由可能出自记录、安全或价值的原因,或是为了日后进行补充的检测和/或校准。

8.2.9　检测和校准结果质量的保证

(1) 实验室应有质量控制程序以监控检测和校准的有效性。所得数据的记录方式应便于可发现其发展趋势,如可行,应采用统计技术对结果进行审查。这种监控应有计划并加以评审,可包括(但不限于)下列内容:

① 定期使用有证标准物质(参考物质)进行监控或使用次级标准物质(参考物质)开展内部质量控制;

② 参加实验室间的比对或能力验证计划;

③ 使用相同或不同方法进行重复检测或校准;

④ 对存留物品进行再检测或再校准;

⑤ 分析一个物品不同特性结果的相关性。

注:选用的方法应当与所进行工作的类型和工作量相适应。

(2)应分析质量控制的数据,当发现质量控制数据将要超出预先确定的判据时,应采取有计划的措施来纠正出现的问题,并防止报告错误的结果。

8.2.10 结果报告

1. 总 则

实验室应准确、清晰、明确和客观地报告每一项检测、校准或一系列的检测或校准的结果,并符合检测或校准方法中规定的要求。

结果通常应以检测报告或校准证书的形式出具,并且应包括客户要求的、说明检测或校准结果所必需的和所用方法要求的全部信息。这些信息通常是要求在为内部客户进行检测和校准的内容。或与客户有书面协议的情况下,可用简化的方式报告结果。对于检测报告和校准证书中所列却未向客户报告的信息,应能方便地从进行检测或校准的实验室中获得。

注1:检测报告和校准证书有时分别称为检测证书和校准报告。

注2:只要满足本准则的要求,检测报告或校准证书可用硬拷贝或电子数据传输的方式发布。

2. 检测报告和校准证书

除非实验室有充分的理由,否则每份检测报告或校准证书应至少包括下列信息:

(1)标题(例如"检测报告"或"校准证书")。

(2)实验室的名称和地址,进行检测和/或校准的地点(如果与实验室的地址不同)。

(3)检测报告或校准证书的唯一性标识(如系列号)和每一页上的标识,以确保能够识别该页是属于检测报告或校准证书的一部分,以及表明检测报告或校准证书结束的清晰标识。

(4)客户的名称和地址。

(5)所用方法的识别。

(6)检测或校准物品的描述、状态和明确的标识。

(7)对结果的有效性和应用至关重要的检测或校准物品的接收日期和进行检测或校准的日期。

(8)如与结果的有效性或应用相关时,实验室或其他机构所用的抽样计划和程序的说明。

(9)检测和校准的结果,适用时,带有测量单位。

(10)检测报告或校准证书批准人的姓名、职务、签字或等效的标识。

(11)相关时,结果仅与被检测或被校准物品有关的声明。

注1:检测报告和校准证书的硬拷贝应当有页码和总页数。

注2:建议实验室作出未经实验室书面批准,不得复制(全文复制除外)检测报告或

校准证书的声明。

3. 检测报告

(1) 当需对检测结果作出解释时,除检测报告和校准证书中所列的要求之外,检测报告中还应包括下列内容:

① 对检测方法的偏离、增添或删节,以及特定检测条件的信息,如环境条件;

② 相关时,符合(或不符合)要求或规范的声明;

③ 适用时,评定测量不确定度的声明。当不确定度与检测结果的有效性或应用有关,或客户的指令中有要求,或当不确定度影响到对规范限度的符合性时,检测报告中还需要包括有关不确定度的信息;

④ 适用且需要时,提出意见和解释;

⑤ 特定方法、客户或客户群体要求的附加信息。

(2) 当需对检测结果作解释时,对含抽样结果在内的检测报告所列的要求之外,还应包括下列内容:

① 抽样日期;

② 抽取的物质、材料或产品的清晰标识(适当时,包括制造者的名称、标示的型号或类型和相应的系列号);

③ 抽样位置,包括任何简图、草图或照片;

④ 列出所用的抽样计划和程序;

⑤ 抽样过程中可能影响检测结果解释的环境条件的详细信息;

⑥ 与抽样方法或程序有关的标准或规范,以及对这些规范的偏离、增添或删节。

4. 校准证书

(1) 如需对校准结果进行解释时,除检测报告和校准证书中所列的要求之外,校准证书还应包含下列内容:

① 校准活动中对测量结果有影响的条件(例如环境条件);

② 测量不确定度或符合确定的计量规范或条款的声明;

③ 测量可溯源的证据(见 8.3.2 注 2)。

(2) 校准证书应仅与量和功能性检测的结果有关。如欲作出符合某规范的声明,应指明符合或不符合该规范的哪些条款。

当符合某规范的声明中略去了测量结果和相关的不确定度时,实验室应记录并保存这些结果,以备日后查阅。作出符合性声明时,应考虑测量不确定度。

(3) 当被校准的仪器已被调整或修理时,如果可获得,应报告调整或修理前后的校准结果。

(4) 校准证书(或校准标签)不应包含对校准时间间隔的建议,除非已与客户达成协议。该要求可能被法规取代。

5. 意见和解释

当含有意见和解释时,实验室应把作出意见和解释的依据制定成文件。意见和解释应像在检测报告中的一样被清晰标注。

注 1：意见和解释不应与 ISO/IEC 17020 和 ISO/IEC 指南中所指的检查和产品认证相混淆。

注 2：检测报告中包含的意见和解释可以包括（但不限于）下列内容：

（1）对结果符合（或不符合）要求的声明的意见；

（2）合同要求的履行；

（3）如何使用结果的建议；

（4）用于改进的指导。

注 3：许多情况下，通过与客户直接对话来传达意见和解释或许更为恰当，但这些对话应当有文字记录。

6. 从分包方获得的检测和校准结果

当检测报告包含了由分包方所出具的检测结果时，这些结果应予清晰标明。分包方应以书面或电子方式报告结果。

当校准工作被分包时，执行该工作的实验室应向分包给其工作的实验室出具校准证书。

7. 结果的电子传送

当用电话、电传、传真或其他电子或电磁方式传送检测或校准结果时，应满足本准则的要求。

8. 报告和证书的格式

报告和证书的格式应设计为适用于所进行的各种检测或校准类型，并尽量减小产生误解或误用的可能性。

注 1：应当注意检测报告或校准证书的编排，尤其是检测或校准数据的表达方式，并易于读者理解。

注 2：表头应当尽可能地标准化。

9. 检测报告和校准证书的修改

对已发布的检测报告或校准证书的实质性修改，应仅以追加文件或资料更换的形式，并包括如下声明：

"对检测报告（或校准证书）的补充，系列号……（或其他标识）"，或其他等效的文字形式。

这种修改应满足本准则的所有要求。

当有必要发布全新的检测报告或校准证书时，应注以唯一性标识，并注明所替代的原件。

第九章　认证机构及检测报告样本

9.1　认证机构及标志

认证是由第三方经授权的独立的权威机构根据相关的国家或国际法规标准,对生产厂家的产品或生产体系进行检测与监督,并就通过与否签发检测报告与证书的过程。如果取得认证,也就说明产品质量符合了相关国家或国际标准。

1. 长城标志

长城标志又称 CCEE 安全认证标志(China Commission for Conformity Certification of Electrical Equipment),为电工产品专用认证标志。中国电工产品认证委员会(CCEE)是国家技术监督局授权,代表中国参加国际电工委员会电工产品安全认证组织(IECEE)的唯一合法机构,代表国家组织对电工产品实施安全认证——长城标志认证。

中国电工产品安全认证

图 9-1　长城标志

按照《中华人民共和国标准化法》和《中华人民共和国产品质量认证管理条例》,电工产品开展安全认证是以等效转化国际电工委员会(IEC)安全标准的强制性国家标准和行业标准为依据,按此类标准开展的认证必须进行强制性监督管理,凡未经安全认证的此类产品,不准出厂、销售、进口和使用。

PRC 标志为电子元器件专用认证标志,其颜色及其印制必须遵守国务院标准化行政主管部门,以及中国电子元器件质量认证委员会有关认证标志管理办法的规定。

2. CCC 认证标志

2001 年,国家质量监督检验检疫总局发布了《强制性产品认证管理规定》,同时制定了《第一批实施强制性产品认证的产品目录》。文件规定自 2003 年 5 月 1 日起,未获得强制性产品认证证书和未加施中国强制认证标志的产品不得出厂、进口、销售。中国强制性产品认证(China Compulsory Certification,即 CCC 认证)由此诞生。

在第一批实施强制性产品认证的产品目录中只

图 9-2　CCC 标志

包含了三类灯具,分别为固定式通用灯具、嵌入式灯具和可移动式通用灯具。随着社会经济的不断发展以及人民群众对于产品质量的日益重视,国家质量监督检验检疫总局对强制性产品认证管理规定以及相应的产品目录进行了修订和调整,越来越多的灯具类型被列入目录。截至 2017 年底,目录总共涵盖了七类灯具:① 固定式通用灯具;② 可移动式通用灯具;③ 嵌入式灯具;④ 儿童用可移式灯具;⑤ 地面嵌入式灯具;⑥ 电源插座安装的夜灯;⑦ 水族箱灯具。

3. 中国节能认证

节能产品认证制度是国家经贸委为配合《中华人民共和国节约能源法》的有效实施而推出的一项重要节能措施,是适应并发展社会主义市场经济的需要,旨在推动节能技术进步,促进节能产品的健康发展和市场公平竞争,维护生产企业和广大消费者的利益。

我国节能产品几乎涉及国民经济和社会生活的各个领域。本着逐步开展、分类进行认证的原则,中国节能产品认证管理委员会确定首批拟开展认证的产品有三大类:① 绿色照明产品,包括紧凑型荧光灯和交流

图 9-3　中国节能认证

电子镇流器;② 家用电冰箱;③ 工业耗能产品,包括风机和水泵。这些产品使用日历大,面广,节能潜力巨大,由节能带来的环保效益和经济效益也十分显著。

节能产品认证是依据我国相关的认证标准和技术要求,按照国际上通行的产品认证制定与程序,经中国节能产品认证管理委员会确认并通过颁布认证证书和节能标志,证明某一产品为节能产品的活动,属于国际上通行的产品质量认证范畴。

4. UL 认证标志

UL 是美国保险商试验所(Underwriters Laboratories Incorporation)的缩写,它是一个国际认可的安全检验及 UL 标志的授权机构,对机电包括民用电器类产品颁发安全保证标志。一百多年来,一直致力于对有关材料、工具、产品、设备、构造、方法和系统等对生命财产的危险性进行评估实验。美国安全检测实验室公司提出了为公众所接受的科学测试方法和要求,它制订了七百多种安全标准,其中部分 UL 安全标准被美国政府采纳为国家标准。产品要行销美国市场,UL 认证标志是不可缺少的条件。

图 9-4　UL 标志

5. CE 标志

CE 标志是欧洲共同市场安全标志(CONFORMITE EUROPEENNE)的缩写,是一种宣称产品符合欧盟相关指令的标识。使用 CE 标志是欧盟成员对销售产品的强制性要求。目前欧盟已颁布 12 类产品指令,主要有玩具、低压电器、医疗设备、电讯终端

（电话类）、自动衡器、电磁兼容、机械等。

图 9-5 CE 标志

图 9-6 GS 标志

6. GS 标志

GS 标志是德国安全认证标志（Geprüfte Sicherheit）的缩写，它是德国劳工部授权由特殊的 TUV 法人机构实施的一种在世界各地进行产品销售的欧洲认证标志。GS 标志虽然不是法律强制要求，但是它确实能在产品发生故障而造成意外事故时，使制造商受到严格的德国（欧洲）产品安全法的约束，所以 GS 标志是强有力的市场工具，能增强顾客的信心及购买欲望，通常 GS 认证产品销售单价更高而且更加畅销。

欧共体 CE 规定，从 1997 年 1 月 1 日起管制"低电压指令（LVD）"。GS 已经包含了"低电压指令（LVD）"的全部要求。所以获得 GS 标志后，TUV 会例外免费颁发该产品 LVD 的 CE 证明（COC），1997 年后 TUV Rhein land 的证书则在 GS 证书中包含了 LVD 证书。厂商申请 GS 标志的同时获得了 LVD 证明。瑞士和波兰产品安全认证标志产品范围同 GS 标志。

7. TUV 标志

TUV 标志是德国零部件产品型式认证标志（Technischer Überwachungs-Verein）的缩写，适用于电气零部件，如：电源、变压器、调光器、继电器、插接件、插头、导线等机械产品零部件及运动器材零部件。随着电气电子技术的发展，家用电器产品日益普及。广播电视、邮电通讯和计算机网络的日益发达，电磁环境日益复杂和恶化，使得电气电子产品的电磁兼容性问题受到各国政府和生产企业的日益重视。欧共体政府规定，从 1996 年 1 月 1 日起，所有电气电子产

图 9-7 TUV 标志

品必须通过 EMC 认证，加贴 CE 标志后才能在欧共体市场上销售。此举在世界上引起广泛反响，各国政府纷纷采取措施，对电气电子产品的 EMC 性能实行强制性管理。国家标准 GM4343《家用和类似用途电动、电热器具，电动工具以及类似电器无线电干扰特性测量方法和限值》已于 1996 年 12 月 1 日起强制实施，国内的家用电器生产厂家必

须尽早行动起来,重视 EMC 认证工作,了解和提高产品 EMC 性能,紧随 EMC 认证的新形势,以取得市场上的主动地位。

8. JIS 标志

JIS 标志是 Japanese Industrial Standards 的缩写,日本标准化组织(JISC)对经指定部门检验合格的电器产品、纺织品颁发产品标志。

图 9-8　JIS 标志

图 9-9　BEB 标志

9. BEB 标志

BEB 标志是英国家用电器审核局对电器及电器设备经指定的第三方认证机构确认合格后,颁发的安全质量认证标志。

10. NF 标志

NF 是法国标准的代号,1938 年开始实行,其管理机构是法国标准化协会(AFNOR)。法国每 3 年编制一次标准修订计划,每年进行一次调整。法国标准化协会指导 17 个大标准化规划组(GPN)的技术工作,指导其与规划委员会(COP)的工作进行协调。每一个规划组有一个战略方针委员会(COS)指导工作,它集中了相关经济领域的决策者,还负责确定优先开展的工作,参与寻找资助,以及预定项目的经费分配。NF 产品认证包括:工业产品、大众消费品、生态标签和农产食品。

图 9-10　NF 标志

NF 服务认证是证实一项服务的质量和可靠性符合法国、欧洲和国际标准所规定的质量性能的自愿性的 NF 标志认证,涉及搬场、家具贮存单位、旅行社、抢修和拖曳、客运、个人安全、终身教育。法国制定的旅游业服务标准较为著名,包括接待、旅馆、交通和满意度调查等方面。

NF 认证还包括 ISO9000 和 ISO14000 体系认证。

11. CB认证

IECEE-CB体系是由国际电工委员会电工产品和部件合格评定组织(IECEE)运作管理的一种关于电工产品测试证书的国际互认体系。该体系的主要目标是通过推动国家标准与国际标准的统一协调以及各个国家产品认证机构之间的合作,使制造商在进行产品测试认证时更接近于理想的"一次测试,多处适用"的目标,从而促进国际贸易。目前加入IECEE-CB体系的成员国共有54个。

图9-11　CB标志

我国具备灯具产品CB检测资质的有17家,具体名录见表9-1。

表9-1　灯具产品CB检测实验室

CB实验室名称	所在地区
国家电光源质量监督检验中心(NLTC)	北京
中国家用电器检测研究院(CTIHEA)	北京
国家广播电视产品质量监督检验中心(TIRT)	北京
国家电光源质量监督检验中心(SQI_ZM)	上海
上海出入境检验检疫局机电产品检测技术中心(SMEC)	上海
威凯认证检测有限公司(CVC)	广东
中国赛宝实验室	广东
中国质量认证中心华南实验室(CQCSCL)	广东
广东产品质量监督检验研究院(GQL)	广东
广东出入境检验检疫局广州电气安全实验室(GZESL)	广东
方圆广电检验检测股份有限公司(FGTEST)	广东
东莞标检产品检测有限公司	广东
中认英泰检测技术有限公司	江苏
江苏出入境检验检疫局机电产品及车辆检测中心	江苏
浙江省检验检疫科学技术研究院电器安全检测实验室(STLEA)	浙江
中认(沈阳)北方实验室有限公司	辽宁
香港标准及检定中心有限公司(HKSTC)	中国香港

9.2 检测及校准报告样本

1. 检测报告样本

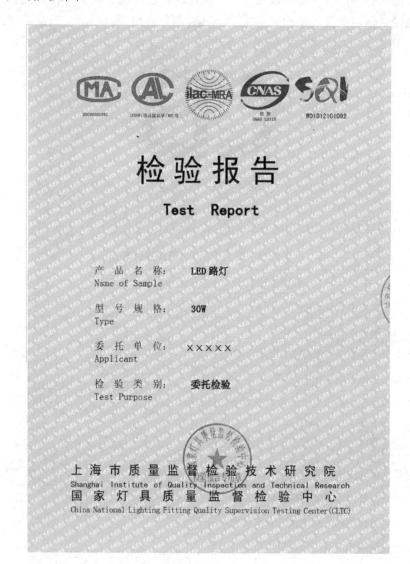

国家灯具质量监督检验中心

检验报告

报告编号：W01012101093

第1页 共8页

样品名称	LED 路灯		检验类别	委托检验
型号规格等级	30W 合格品		商标	/
委托单位	X X X X			
受检单位	X X X X			
标称生产单位	X X X X			
委托书编号	/	委托/日期	2015 年 3 月 9 日	
到样日期	2015 年 3 月 11 日	抽样地点	/	
样本数量	1个	受检批数量	/	
生产日期	/	批号/编号	/	
样品到样状态	完好			
检验地点	上海市徐汇区苍梧路 900 号			
检验依据	GB/T 9468—2008 灯具分布光度测量的一般要求 IESLM-79-08 固态照明产品电气和光度测量方法			
检验日期	2015 年 3 月 16 日 至 2015 年 3 月 24 日			
检验结论	本报告仅提供实测值，详见检验结果汇总页。 （检验报告专用章） 签发日期：2015年3月25日			
委托单位 通讯资料	地址	苏州市苏虹东路 388 号		
	邮编	215100	电话	0512-67905298
备注	本报告检验结论是根据检验依据仅对所检项目得出的，不代表未经检验的项目或功能符合要求。			

批准 俞安琪 俞安琪 审核 张璐 主检 刘彦

授权签字人

SQUKJ-JL/BFG-01

检 验 报 告

报告编号：W01012101093

国家灯具质量监督检验中心

第2页 共8页

非标准方法的说明：

—

偏离标准方法的说明：

—

抽样程序的说明：

—

有关结果的不确定度的说明：

—

样品特征状况：

备注："—"表示要求不适用于该产品、"/"表示不进行该项试验或无内容。

检 验 报 告

报告编号：W01012101093

国家灯具质量监督检验中心

第3页 共8页

序号	检验项目	技术要求	检验结果	单项判定	备注
		检验结果汇总			
1	灯具效率	测试仪器和实验条件、测试用光源和被测灯具的要求、测试方法和过程（测试参数见第4页）	—	—	/
2	路边向上光通量（lm）		0 lm	—	/
3	路边向下光通量（lm）		3000lm	—	/
4	屋边向上光通量（lm）		0 lm	—	/
5	屋边向下光通量（lm）		3050m	—	/
6	子午面光强分布曲线		见第5页	—	/
7	圆锥面光强分布曲线		见第6页	—	/
8	等光强曲线		见第7页	—	/
9	等照度曲线		见第8页	—	/
10	利用系数曲线		—	—	/
11	灯具效能[2]		102 lm/w	—	/
12	功率因数		0.900	—	/
13	相关色温		4100K	—	/
14	显色指数		88.4	—	/

注1：每1000lm光源光通量的灯具光输出。

注2：灯具效能是指在使用灯具自带的灯的控制装置条件下，实测的灯具总光通量和灯具总功率的比值。

检 验 报 告

报告编号：W01012101093

依据标准	GB/T 9468—2008 灯具分布光度测量的一般要求 IESLM-79-08 固态照明产品电气和光度测量方法				
试验设备	卧式分布光度系统，增强型光谱分析系统				
灯具说明：					
试品名称	LED 路灯				
型号规格	30W				
灯具尺寸	杆高：6.65m 上口径：0.06m 下口径：0.135m 灯具：Φ240*400mm				
每个灯具光源数	1个		灯座型号	—	
灯具额定电压	220V				
测试用镇流器说明：					
名称型号	LED 恒流源				
测试用光源说明：					
名称型号	发光二级管				
额定光通	不详				
测试条件：					
室温	25℃	试验电压	220V	测试距离	2m
相对湿度	55%	电源频率	50Hz		
测试电参数	输入功率	32W			
	电源电流	0.15A			
	电源电压	220V			
控光部件说明	灯座位置	—			
	安装角度 是否可调	固定	测试角度	水平	
	光学部件	每组 LED 自带密闭型玻璃罩。			
防护等级	IP65				
备 注	/				

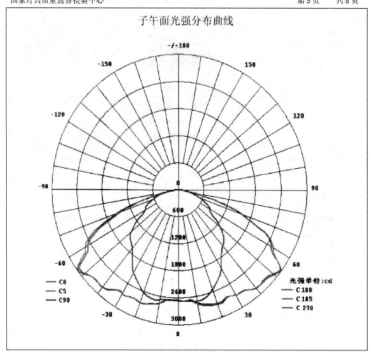

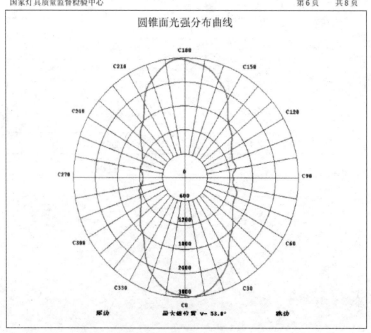

检验报告

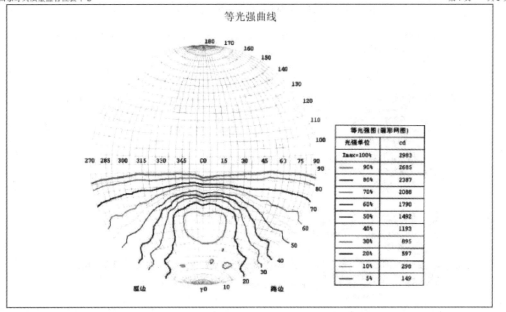

检验报告

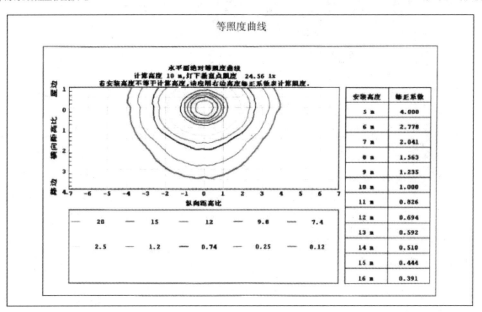

上海市质量监督检验技术研究院所属单位一览表

1. 食品质量检验所（代码SP）／国家食品质量监督检验中心（上海）／上海市食品质量监督检验站／国家保洁产品质量监督检验中心
   地址：上海市徐汇区苍梧路381号　　　　　　邮编：200233
   电话：021-54263342，021-54263362　　　　传真：021-54263342
   E-mail：spzx@sqi.com.cn

2. 上海时代之光照明电器检测有限公司（代码ZM）／国家电光源质量监督检验中心（上海）／国家灯具质量监督检验中心／国家轻工业灯具质量监督检测中心／上海市照明产品质量监督检验站
   地址：上海市徐汇区苍梧路381号　　　　　　邮编：200233
   电话：021-54264312，021-51097935转　　　传真：021-54264342
   E-mail：sdzg@sqi.com.cn

3. 化工产品质量检验所（代码HG）／上海市化工产品质量监督检验站
   地址：上海市徐汇区龙吴路410弄75号　　　　邮编：200232
   电话：021-54363092，021-54363093　　　　传真：021-54363092，021-54363093
   E-mail：hgs@sqi.com.cn

4. 机电产品质量检验所（代码JD）／上海市机电产品质量监督检验站
   地址：上海市闸北区万荣路918号　　　　　　邮编：200072
   电话：021-56035307，021-56652534　　　　传真：021-56652624
   E-mail：jds@sqi.com.cn

5. 轻工业产品质量检验所（代码QG）／化学工业鞋类质量监督检验中心／上海市轻工产品质量监督检验站
   地址：上海市徐汇区苍梧路381号　　　　　　邮编：200233
   电话：021-64851013，021-64851816　　　　传真：021-64851013，021-64851816
   E-mail：qgs@sqi.com.cn

6. 建材家居装饰装修质量检验所（代码JG）／国家家具质量监督检验中心／国家轻工业家具质量督检督检验中心／国家轻工业建筑五金质量检验中心／国家建筑材料及装饰装修材料质量监督检验中心／上海市建筑材料及装饰装修材料质量监督检验站／上海市室内装饰质量监督检验站
   地址：上海市徐汇区龙吴路410弄75号　　　　邮编：200232
   电话：021-54359360，021-54362692　　　　传真：021-54359360
   E-mail：jcs@sqi.com.cn

7. 电子电器家用电器质量检验所（代码DZ、DQ）／中国商业联合会交电家电商品质量监督检验测试中心（上海）／上海市电子电器家用电器质量监督检验站／国家电器能效与安全质量监督检验中心
   地址：上海市徐汇区永嘉路627号　　　　　　邮编：200031
   电话：021-64336605，021-64335275转　　　传真：021-64312574
   E-mail：dzs@sqi.com.cn
   地址：上海市徐汇区苍梧路381号　　　　　　邮编：200233
   电话：021-64850806，021-54263939转　　　传真：021-64850806
   E-mail：dqs@sqi.com.cn

8. 计量检测所（代码JL）
   计量检测所所部：上海市静安区延安中路955弄12号　邮编：200040
   电话：021-62470247转，021-62896309　　　传真：021-62892960
   仪器收发室：021-62791300，021-62794798
   E-mail：jls@sqi.com.cn
   万荣路分部：上海市闸北区万荣路918号　　　邮编：200072
   电话：021-56032007

9. 上海质量技术认证中心（代码SH）
   地址：上海市徐汇区永嘉路627号　　　　　　邮编：200031
   电话：021-64318322，021-64740688　　　　传真：021-64715086
   E-mail：shs@sqi.com.cn　　　sqc@sqc.org.cn

10. 检验技术研究及培训中心（代码PX）
    地址：上海市闸北区万荣路918号　　　　　　邮编：200072
    电话：021-56776627（主任室），021-56773282　传真：021-56773282
    E-mail：pxzx@sqi.com.cn

地址：上海市徐汇区苍梧路381号　　Add:No381Cangwu Road Shanghai
邮编：200233　　　　　　　　　　　P.C:200233
电话:021-54263939（转各部门）　　Tel:021-54263939
传真：021-54263297　　　　　　　　Fax:021-54263297
业务电话：021-54263405　　　　　　Business Tel:021-54263405
投诉电话：021-54263467　　　　　　Complainess Tel:021-54263467
http://www.sqi.com.cn　　　　　　E-nail:sqi@sqi.com.cn

2. 校准报告样本

华南国家计量测试中心
广东省计量科学研究院
SOUTH CHINA NATIONAL CENTER OF METROLOGY
GUANGDONG INSTITUTE OF METROLOGY

CNAS L0730

校 准 证 书
CALIBRATION CERTIFICATE

证书编号 Certificate No.	WSP20112215
	第 1 页，共 3 页 Page of

委托方
Client　　　　　X X X X

委托方地址
Add. of Client

计量器具名称
Description　　　电子秒表

型号规格
Model/Type　　　PC894

制造厂
Manufacturer

出厂编号　　　　———　　　　设备编号 HD01
Serial No.　　　　　　　　　　Equipment No.

接收日期　　　　2011 年　12 月　27 日
Date of Receipt　　　Y　　　M　　　D

结论　　　　　　见校准结果页
Conclusion

校准日期　　　　2011 年　12 月　31 日
Date of Calibration　Y　　　M　　　D

批准人
Approved Signatory

核验
Inspected by

校准
Calibrated by

证书专用章

本中心地址：中国广州市广园中路松柏东街30号　　　邮政编码：510405
电话：(8620)86594172 传真：(8620)86590743 投诉电话：(8620)28296063 E-mail: scm@scm.com.cn
Add: No.30, Songbaidong Street, Guangyuanzhong Road, Guangzhou, P. R. China
Post Code: 510405　Tel: (8620)86594172　Fax: (8620)86590743　Complaint Tel: (8620)26296063
证书真伪查询：www.scm.com.cn；www.mtpsp.com Certificate Authenticity Identify: www.scm.com.cn；www.mtpsp.com
111227022　　10

华南国家计量测试中心
广东省计量科学研究院
SOUTH CHINA NATIONAL CENTER OF METROLOGY
GUANGDONG INSTITUTE OF METROLOGY

校准
CNAS L0730

说 明
DIRECTIONS

证书编号 WSP20112215
Certificate No.

第 2 页, 共 3 页
Page   of

1. 本中心是国家质量监督检验检疫总局在华南地区设立的国家法定计量检定机构, 计量授权证书号是:
（国）法计（2007）01043号、（国）法计（2007）01032号。本中心是中国合格评定国家认可委员会（CNAS）认可实验室, 认可证书号为: CNAS L0730.

This laboratory is the National Legal Metrological Verification Institution in southern China set up by the General Administration of Quality Supervision, Inspection and Quarantine of the People's Republic of China (AQSIQ) under authorization certificates No.(2007)01043 & (2007)01032. This laboratory is accredited by China National Accreditation Service for Conformity Assessment under Laboratory Accreditation Certification No. CNAS L0730.

2. 本中心所出具的数据均可溯源至国家计量基准和国际单位制(SI)。
All data issued by this laboratory are traceable to national primary standards and International System of Units (SI).

3. 本次校准的技术依据:
Reference documents for the calibration:

JJG 237-2010 秒表检定规程 V.R. of Stopwatches

4. 本次校准所使用的主要计量标准器具:
Major standards of measurement used in the calibration:

设备名称/型号 Name of Equipment /Model	编号 Serial No.	证书号/有效期 Certificate No. /Due Date	计量特性 Metrological Characteristic
钟表分析仪 Clock and Watch Analyzer /5000	317	WSP20111533 /2012-09-04	U=1 s/month (k=2)
多用时间检定仪 Universal Time Interval Generator /SC-2	010	WSP20111534 /2012-09-04	频率准确度:2×10⁻⁶ Frequency accuracy:2×10^{-6}

5. 校准地点、环境条件:
Place and environmental conditions of the calibration:

地点 无线电室（Radio Lab.）   温度   (20±5) ℃   相对湿度   <80 %
Place   Temperature   RH

6. 被校准仪器限制使用条件:
Limiting condition of the instrument calibrated:
——

华南国家计量测试中心
广东省计量科学研究院
SOUTH CHINA NATIONAL CENTER OF METROLOGY
GUANGDONG INSTITUTE OF METROLOGY

CNAS L0730

校 准 结 果
RESULTS OF CALIBRATION

证书编号 WSP20112215　　　原始记录号 020112215　　　　第 3 页, 共 3 页
Certificate No.　　　　　　　Record No.　　　　　　　　　Page　 of

1 外观及工作正常性检查:合格
　Appearance and Functions checked: Pass

2 日差: +0.57 s/d
　Day Error

3 时间间隔测量误差:(见表1)
　Time Interval Measurement Error: (See Table 1)

表 1
Table 1

标准值 Reference Value T_0	测量值 Measured Value T_i	误 差 Error $\triangle T = T_i - T_0$
10 s	10.00 s	0.00 s
600 s	600.00 s	0.00 s
3600 s	3600 s	0 s

说明:
Notes:

1 测量结果的扩展不确定度:
　The expanded uncertainty related to measured result:

　日差(Day Error): U=0.05 s/d

　时间间隔(Time Interval): U=0.01 s

　包含因子 k=2
　Coverage factor

　(依据 "JJF 1059-1999 测量不确定度评定与表示")
　(According to JJF1059-1999 Evaluation and Expression of Uncertainty in Measurement)

2 日差允许误差应在-0.50 s/d~+0.50 s/d范围内
　Permissible error band of day error: -0.50 s/d~+0.50 s/d

3 建议校准周期不超过1年
　The period of calibration advised within one year.

附录　国家标准

1. GB/T 5700—2008 照明测量方法

2. CJJ 45—2015 城市道路照明设计标准

3. CJJ 89—2012 城市道路照明工程施工及验收规程

4. QB/T 3580—1999 高压钠灯光电参数的测量方法

5. GB/T 24824—2009 普通照明用 LED 模块测试方法

6. GB/T 24907—2010 道路照明用 LED 灯性能要求

7. GB/T 18595—2014 一般照明用设备电磁兼容抗扰度要求

8. GB 7000.1—2015 灯具第 1 部分:一般要求与试验

9. GB/T 9468—2008 灯具分布光度测量的一般要求

10. GB/T 35626—2017 室外照明干扰光限制规范

11. GB/T 38439—2019 室外照明干扰光测量规范

12. GB/T 20145—2006 灯和灯系统的光生物安全性

13. GB/T 24827—2015 道路与街路照明灯具性能要求

14. GB/T 32481—2016 隧道照明用 LED 灯具性能要求

15. JGJ-T 23—2011 回弹法检测混凝土抗压强度技术规程

参考文献

[1] 全国照明电器标准化技术委员会. 照明电器标准汇编[M]. 北京：中国标准出版社，2005.

[2] 陈一才. 建筑环境灯光工程设计手册[M]. 北京：中国建筑工业出版社，2001.

[3] 陈大华. 现代光源基础[M]. 上海：学林出版社，1987.

[4] 金伟其，胡威捷. 辐射度光度与色度及其测量[M]. 北京：北京理工大学出版社，2006.

[5] 张华. 城市照明设计与施工[M]. 北京：中国建筑工业出版社，2012.

[6] 李晓辉，等. 城市照明技术与管理[M]. 北京：机械工业出版社，2018.

[7] 贺洪斌，等. 电工测量基础与电路实验指导[M]. 北京：化学工业出版社，2005.

[8] 武建文，等. 电机现代测试技术[M]. 2版. 北京：机械工业出版社，2015.

[9] 常健生. 检测与转换技术[M]. 北京：机械工业出版社，1992.

[10] 贺良华. 现代检测技术[M]. 武汉：华中科技大学出版社，2008.

[11] 王跃科，等. 现代动态测试技术[M]. 北京：国防工业出版社，2003.

[12] 卢文祥，等. 工程测试与信息处理[M]. 武汉：华中科技大学出版社，2003.

[13] 赵继文，等. 传感器与应用电路设计[M]. 北京：科学出版社，2002.

[14] 孔强强，等. LED驱动电源的电磁兼容测试及整改[J]. 中国测试，2013.

[15] 马晔，等. 景观照明检测中亮度测量方法[J]. 照明工程学报，2019.

[16] 孙波，等. 基于车载式道路照明检测系统的变功率镇流器运行情况的检测[J]. 灯与照明，2014.

[17] Suzuki Yuta, et al. Colorful glares：Effects of colors on brightness illusions measured with pupillometry[J]. Acta psychologica 2019.

[18] Falchi F, et al. Light pollution in USA and Europe：The good，the bad and the ugly[J]. Journal of environmental management 2019.

[19] Grady W-M, et al. Power factor correction and power system harmonics[R]. Short course, New Mexico State University，1993.

[20] IEEE Working Group on Power System Harmonics. Power system harmonics [R]. Tutorial Course, 84 EHO 221 - 2-PWR. New York：IEEE Power Engineering Society，1984.

[21] IEEE519：1992. IEEE recommended practices and requirements for harmonic control in eleeuical power systems [S]. New York：IEEE，1992.

后 记

经过不懈的努力，我们撰写的《道路照明测量技术》终于出版了，本人深感欣慰！

本人是一名长期从事电光源及其相关课程教学的教师，也是一直从事城市道路照明测量技术与检测仪器研发的科研工作者。曾在浙江大学电气工程与自动化专业聆听汪槱生院士、韩祯祥院士、许大中教授等多位老师的长期教诲和指导，也一直在盐城师范学院的讲台上和实验室中度过人生最美好的时光。本人长期在物理系任教，教授职称，中国电子学会高级会员；现任盐城师范学院电光源检测技术研究所所长，曾先后任物理系电工电子教研室主任、盐城师范学院实验管理中心主任等职；主讲课程有电光源技术与实验、工厂供电及实验、电机拖动及实验等课程；曾被国家教育部授予全国高等学校实验室先进工作者、被江苏省教育厅授予优秀教育工作者、被盐城市人民政府授予盐城市科教兴市十佳青年、盐城市新长征突击手等称号。本人主要研究方向为城市道路照明检测技术、城市道路照明控制与节能技术，共在《照明工程学报》等学术期刊公开发表学术论文60余篇，先后出版《新型传感器技术》等专著三本，先后主持省、部级科研项目三项，均已通过科技成果鉴定；先后指导50余名学生参加全国大学生电子大赛和物理技术及实验作品大赛十余次，分获一等奖三次、二等奖四次。但本人最引以为傲的是自己的学生遍及祖国各地，大多已经成为平凡而伟大的人民教师或者是电光源、电子、电气等行业的技术骨干，都在为祖国的建设与发展发光放热。

参加本书编写工作的大多是盐城师范学院电光源检测技术研究所的同事和我的好友及学生。他们多是中青年学者和长期从事城市道路照明技术研究与技术管理或长期从事电光源检测工作的技术人员，我们合作的十分愉快，从他们身上本人感受到了青春的活力，并学到了许多新的知识。《城市照明》杂志社张华主编、我校学报编辑部的陈济平教授和南大出版社的蔡文彬副编审为本书的出版工作提供了具体的帮助和指导，此情难忘。

同时，我要感谢无锡照明股份有限公司的赵明教授级高级工程师、杨劲松和曹刚高级工程师，重庆市路灯管理局的程忠庆教授级高级工程师，盐城市路灯管理处的施杰教授级高级工程师，上海市路灯管理中心的薛浩中高级工程师，常州市城市照明管理处的刘锁龙和张训高级工程师，江苏电光源检测中心的刘钰工程师，清华大学建筑设计院电光源检测中心的朱佳楠工程师，杭州市虹谱光电的朱俊磊工程师等同仁，他们为本书的编写提供了许多宝贵的技术资料和大力支持，在此深表谢意！

秦大为

2021 年 6 月